教改实验荟萃

顾明远签

基于教育信息化的高中课堂教学模式研究

于秀英　主编

山东大学出版社
·济南·

图书在版编目(CIP)数据

基于教育信息化的高中课堂教学模式研究/于秀英主编.—济南:山东大学出版社,2020.9
(“教改实验荟萃”系列 / 姜晓波主编)
ISBN 978-7-5607-6751-2

Ⅰ.①基… Ⅱ.①于… Ⅲ.①信息技术—应用—课堂教学—教学研究—高中 Ⅳ.①G632.421-39

中国版本图书馆 CIP 数据核字(2020)第 196288 号

策划编辑 秦大忠
责任编辑 李昭辉
封面设计 米灿港

出版发行 山东大学出版社
社　　址 山东省济南市山大南路 20 号
邮政编码 250100
发行热线 (0531)88363008
经　　销 新华书店
印　　刷 山东和平商务有限公司
规　　格 720 毫米×1000 毫米 1/16
　　　　 18 印张 348 千字
版　　次 2020 年 9 月第 1 版
印　　次 2020 年 9 月第 1 次印刷
定　　价 46.00 元

《基于教育信息化的高中课堂教学模式研究》
编委会

策　划	姜晓波
主　编	于秀英
副主编	韩志兵　王可文　曹　钧　周学波　吕培树
编　委	成君华　韩永昭　姜　波　李艳华　史建芳
	王福吉　闫　娜　殷　涛　张　阳　赵显鹏
	郑　涛　郑　艳　仲崇文　庄娜娜　战秀杰
	战永青　朱丽维　刘　勇　郑玉珍　徐广艳

序言

当今时代，科学技术迅猛发展，在国家“科教兴国”总战略的指引下，将先进信息技术融合于教育过程，促进教育变革与创新以提高教育教学质量，已经成为广大教育工作者的共同追求。教育信息化改革在全国各地全面展开，在广大教育工作者的积极努力下，我国的教育信息化改革取得了令人瞩目的成绩。

在这场改革大潮中，我和我的团队一直致力于面向教育信息化发展的智慧学习环境的构建与应用研究。在研究过程中，我们接触了很多植根于教育教学一线、从事教育信息化探索与研究的教育工作者。他们立足于教育教学实践开展研究，研究成果又直接应用于教育教学实践，并在实践中不断接受检验、不断调整完善。这些来自于实践并能经得起实践检验的研究成果，也为我们的课题研究提供了大量宝贵的第一手资料。这些研究者中就有山东省龙口第一中学(下文简称“龙口一中”)的领导和教师们。

2016年3月，龙口一中主办了全国“互联网＋”课堂教学改革与创新研讨会，并提供了全开放的课堂教学观摩现场。在这次活动中，我和龙口一中的领导、教师们相识了，并对龙口一中的教育信息化改革有了初步了解。龙口一中在推进信息技术与教育教学的深度融合、教育教学模式的创新、教学内容的优化、学科拓展以及落实“立德树人”的根本任务等方面做了大量积极的尝试，在教师的专业成长和教育教学等方面取得了很好的成绩，其教育信息化改革实践在区域内形成了良好的辐射带动作用。

2016年年底，于秀英同志带领她的团队加入我主持的国家级课题“智慧学习环境的构建与应用研究”，并承担了子课题“智慧教学模式”研究工作。在课题研究的过程中，龙口一中的教师们能够根据课题总体要求，结合学科特点，借助智慧教育环境，在课改理念的引领下，基于时代发展对人才培养模式和培养目标的要求，探索教育技术与学科教学的有效融合，反复研讨打磨，提炼出符合学科特点的有效教学模式。这期间，于秀英同志多次邀请我到学校做学术报告，与教师们面对面交流研讨。正是有了这样的机会，我才能近距离地感受到龙口一中领导推进教育信息化改革的决心，看到教师们不断提升自己专业素质和信息素养的努力以及学生们一点一滴的可喜变化。

本书是于秀英同志和她的团队结合自己多年来的教育教学实践，对学校教育信息化工作的研究总结，也是教育信息化研究工作进行到一定阶段的成果展示。该书分为“普通高中实施教育信息化改革的意义和策略研究”“普通高中实施教育信息化改革的实践研究”“基于教育信息化的高中课堂教学模式及课例”“普通高中实施教育信息化对教学的影响和实践反思”四章，从发展思路、解决办法、参考案例、反思总结四个不同侧面展示了他们的实践样式。我相信，此书对正走在教育信息化改革道路上的学校和教师们具有参考意义。

就在这本书出版之前，龙口一中的“借力信息化改革促进教育质量提升”案例被山东省教育厅评为全省基础教育信息化应用学校典型案例，龙口一中还派人参加了由教育部教育管理信息中心举办的第十九届中国教育信息化应用成果展示交流活动。这表明，龙口一中正在进行的教育信息化改革已经获得了上级主管部门及社会各界的支持和肯定，改革是卓有成效的。

党的十九大以来，我国教育信息化事业实现了前所未有的快速发展，取得了全方位、历史性的成就。经过多年来的探索实践，信息技术对教育的革命性影响已初步显现，但与新时代的要求相比仍存在较大差距。尤其在普通高中，教育信息化改革仍然面临着诸多挑战，即使这样，仍有许多像龙口一中这样的学校率先并坚定地走在教育信息化改革的路上，他们克服重重困难，通过自己的研究探索、实践总结，为继续前行探明了方向，架起了桥梁。

在这里我想提醒大家的是，教育信息化改革不能停滞不前，也不能搞冒进，要认清技术在教育改革中的作用，教育创新可以有不同路径，不要迷信技术，也不要漠视技术，允许多样性存在才是可取之道。教育中采纳技术具有天然的“慢性”特征，因为教育从来都不是单纯根据技术的需求来变革的。我比较赞同“技术促进教育变革”的说法，这表明了先进教育理念引导教育变革的重要性。

教育的核心价值是给学生创造美好的学习与发展体验。我们认为，智慧教育的真谛就是通过构建技术融合的学习环境，让教师能够施展高成效的教学方法，让学习者能够获得适宜的个性化学习服务和美好的发展体验，使其由不能变为可能，由小能变为大能，从而培养具有良好的价值取向、较强的行动能力、较好的思维品质、较深的创造潜能的人才。我们提出的“智慧型教学模式”就是以先进教育教学理论为指导，构建技术融合的生态化学习环境，通过变革教与学的方式方法，支持个性化的教学与适性学习服务，从而有效改善学生的学习体验，提升学习质量与效率。书中的教育理念、教学模式及具体教学案例能够较好体现智慧教育的基本特征，因此值得称赞。

最后，希望于秀英同志和她的团队能够在前期研究式实践的基础上再接再厉，迭代优化，持续创新，产出更多更好的成果，并与更多同行分享。

华东师范大学终身教授
教育技术学博士生导师
全国教育科学规划“十二五”国家级课题
“智慧学习环境的构建与应用研究”课题组组长
2019 年仲秋

前言

普通高中教育是国民教育体系的重要组成部分，在人才培养中起着承上启下的关键作用。办好普通高中教育，对巩固义务教育普及成果、增强高等教育发展后劲和提高国民整体素质具有重要意义。

《普通高中课程方案和语文等学科课程标准(2017 年版)》明确提出，普通高中的培养目标是进一步提升学生的综合素质，着力发展核心素养，使学生具有理想信念和社会责任感，具有科学文化素养和终身学习能力，具有创新精神和实践能力，具有自主发展能力和沟通合作能力。

实施教育信息化改革是学校达成普通高中育人目标的重要途径。信息技术的迅猛发展及广泛应用，有力地推动着全球经济、社会的变革，深刻地影响着人们的生活、学习。在教育领域，教育信息化已成为新时代中国特色社会主义建设对教育的必然要求。同时，教育信息化不仅是教育现代化的重要内容，而且是推进教育现代化的关键途径，以教育信息化支撑引领教育现代化，是新时代我国教育改革发展的战略选择，对于构建教育强国和人力资源强国具有重要意义。

作为山东省龙口第一中学的基层教育工作者，我们一直关注国内外教育信息化的改革进程，注重结合时代发展不断实践和丰富我们的教育教学理念。我们响应国家号召，顺应时代需求，紧紧抓住发展机遇，与时俱进，不断开拓创新，在学校全面实施教育信息化改革的大背景下，对信息技术与教育教学深度融合做出了大量的、积极的探索。

作为教育信息化改革的先行者、探索者、实践者，在工作中，我们遇到过相当多的问题，可以说我们的改革之路就是在不断地发现问题、解决问题的过程中走过的。作为一名高中教育工作者，我们充分利用教育信息化改革的契机，提高自身的信息技术水平，增强自身的专业素养和教学能力，抓住机遇，迎接挑战，直面教育信息化改革中出现的各种问题，更新观念，统一思想，积极研究解决问题的办法，制订相关方案，采取有效措施，完善保障机制，保证教育信息化建设与应用在高中校园落地生根，开花结果，为我国早日实现教育现代化贡献自己的力量。

随着教育信息化改革走向深入，暴露出的问题越来越集中，这些问题既有技术层面的，也有教育理念和教学能力层面的。我们认识到，在硬件设施相对完善的条件下，教育信息化改革必须立足于课堂这一教育教学的主阵地，提高课堂教学效率是基层教育工作者追求的永恒主题。因此，如何将信息技术与课堂教学深度融合，打造智慧课堂，就成为我们教育信息化改革关注的主要内容。

通过理论学习和教学实践，我们认识到，信息技术应用于学科教学，不能只是停留在运用技术去改善"教与学环境"或"教与学方式"的较低层面上，必须在此基础上，将教学观念、教学目标、教学内容与信息技术进行深度有机融合，进一步去实现教育系统的结构性变革——也就是要改变传统的"以教师为中心"的课堂教学结构，构建出新型的"主导-主体相结合"的课堂教学结构。

为了能够获得更科学、更有效的指导，彻底解决上面提到的问题，我们在2016年年底有幸加入到祝智庭教授主持的"智慧学习环境的构建与应用研究"课题研究队伍中。2018年，我们申报了山东省基础教育科学"十三五"规划课题"基于教育信息化的高中有效教学策略研究"并成功立项。

在课题研究过程中，我们积极反思传统教学模式，在"先学后教，以学定教"的大的教学策略的框架之下，按照新课程理念的要求，探索基于教育信息化的新的课堂教学模式。经过几年实践，我们逐步形成了相对稳定的依托信息技术手段的学科课堂教学模式。"基于教育信息化的高中课堂教学模式"经过教学实践检验和不断完善，已经日趋成熟，在构建智慧课堂的实践中发挥着重要的作用。

本书共分四章，从不同角度论述了学校对基于教育信息化的高中课堂教学模式的探索及研究成果，探索在各学科教学中有效地使用信息技术来促进教学内容呈现方式、学生学习方式、教师教学方式和师生互动方式变革的有效途径，经过实践、分析、比较，使基于教育信息化的高中课堂教学模式经受检验，从而在一定范围内普及。

第一章主要论述“普通高中实施教育信息化改革的意义和策略研究”，分为“普通高中教育的育人目标和育人方式改革”“国家推进教育信息化的时代背景和要求”“目前普通高中实施教育信息化的现状研究”“普通高中实施教育信息化的策略研究”四个部分。

第二章主要论述“普通高中实施教育信息化改革的实践研究”，分为“学校教育信息化发展的缘起”“学校实施教育信息化改革的举措”“开展基于教育信息化的学科教学模式研究”三个部分。

第三章是本书的主要内容，主要介绍“基于教育信息化的高中课堂教学模式及课例”，分学科呈现了基于教育信息化的高中课堂教学模式及其解读，还配有典型课例。参与本章课堂教学模式研究并提供课堂教学案例的有韩志兵、于秀英、赵显鹏、庄娜娜、郑涛、李艳华、成君华、闫娜、殷涛、张阳、杨益梅、姜波、战秀杰、王福吉老师，提供课堂教学案例的还有战永青、刘勇、朱丽维、刘婷婷、宋玲艳、郑艳、邹吉莲、史雪艳、徐殿波、史爱萍、郑玉珍、吴德杰、董晓静、焦新红、成波、郝月、史建芳、刁磊、徐海燕、刘芳、孙丽萍、冯翠丽、解云红、徐广艳、张卉、杨蕊老师。在此对各位老师的辛苦付出表示感谢！

各学科课例的教材版本如下表所示：

学科	教材版本
高中语文	人民教育出版社
高中数学	人民教育出版社
高中英语	外语教学与研究出版社
高中物理	人民教育出版社
高中化学	山东科学技术出版社
高中生物	人民教育出版社
高中政治	人民教育出版社
高中历史	人民教育出版社
高中地理	山东教育出版社

第四章主要介绍了学校实施教育信息化对教学的影响和实践反思。

本书介绍的经验、模式凝聚了老师们的心血和智慧，虽未必完善，但已初见实效。希望我们的模式能够起到抛砖引玉的效果，使更多的同行参与到这种探讨和研究中来，推动中国的教育信息化改革向纵深发展。由于编者水平有限，在论述过程中难免有知识疏漏、观点偏颇、文字欠缺的地方，还望大家批评指正，多提宝贵意见！

编　者

2019 年 8 月

目录

第一章　普通高中实施教育信息化改革的意义和策略研究

第一节　普通高中教育的育人目标和育人方式改革

习近平总书记在全国教育大会上强调，要全面贯彻党的教育方针，培养德、智、体、美、劳全面发展的社会主义建设者和接班人，把“立德树人”融入思想道德教育、文化知识教育、社会实践教育各环节，围绕“立德树人”设计教学体系、教材体系、管理体系等，并强调要促进普通高中多样化有特色发展，这为新时代推进普通高中教育改革发展指明了前进方向，提供了根本遵循。

为落实党的十八大、十九大关于“立德树人”的要求，进一步深化基础教育课程改革，教育部印发了《普通高中课程方案和语文等学科课程标准(2017 年版)》，2020 年5 月 11 日，《普通高中课程方案和语文等学科课程标准(2017 年版、2020 年修订)》出台。

新课标明确了普通高中培养目标是进一步提升学生的综合素质，着力发展核心素养，使学生具有理想信念和社会责任感，具有科学文化素养和终身学习能力，具有创新精神和实践能力，具有自主发展能力和沟通合作能力。

中国学生发展核心素养，主要指学生应具备能够适应终身发展和社会发展需要的必备品格和关键能力。它以培养“全面发展的人”为核心，分为文化基础、自主发展、社会参与三个方面，综合表现为人文底蕴、科学精神、学会学习、健康生活、责任担当、实践创新六大素养，具体细化为人文积淀、人文情怀、审美情趣、社会责任、国家认同、国际理解、劳动意识、问题解决、技术应用等十八个基本要点。各素养之间相互联系、相互补充、相互促进，在不同情境中整体发挥作用。

中国学生发展核心素养是党的教育方针关于人的全面发展要求的具体化、细化。为建立核心素养与课程、教学的内在联系，充分发挥各学科课程、教学在全面贯彻党的教育方针、落实“立德树人”的根本任务、发展素质教育等方面的独特育人价值，各学科基于学科本质凝练了学科核心素养，明确了学生学习相应学科课程后应达成的正确价值观念、必备品格和关键能力，并围绕学科核心素养的落实，精选、重组教学内容，设计教学活动，提出考试评价的建议，目的是切实引导各学科教学在传授学科知识的过程中更加关注学科思想、思维方式等，克服重教书、轻育人的倾向。

普通高中教育是国民教育体系的重要组成部分，在人才培养中起着承上启下的关键作用。办好普通高中教育，对巩固义务教育普及成果、增强高等教育发展后劲和提高国民整体素质具有重要意义。

当前，普通高中教育正处于普及攻坚、课程改革、高考综合改革三项重大改革同步推进的关键时期。在新的时代背景下，为确保各项改革能够有效衔接、协同推进，国务院办公厅印发了《关于新时代推进普通高中育人方式改革的指导意见》(以下简称《指导意见》)。

作为21世纪以来国务院办公厅出台的第一个关于推进普通高中教育改革的重要纲领性文件，《指导意见》就推进普通高中教育教学改革、全面提高普通高中教育质量进行了系统设计和全面部署。

《指导意见》对新时代普通高中推进育人方式的改革内涵做了明确呈现，为新时代普通高中教育改革改什么、如何改提出了清晰的目标、原则、任务。《指导意见》提出了一个总体目标和六个具体目标。一个总体目标是：到2022年，德、智、体、美、劳全面培养的育人体系进一步完善，“立德树人”的落实机制进一步健全。六个具体目标包括：一是普通高中新课程新教材全面实施；二是适应学生全面而有个性发展的教育教学改革深入推进；三是选课走班教学管理机制基本完善；四是科学的教育评价和考试招生制度基本建立；五是师资和办学条件得到有效保障；六是普通高中多样化有特色发展的格局基本形成。

《指导意见》将促进高中教育进一步克服“唯分数论”“唯升学论”等不良导向，实现三个转变，即从“应试”教育模式向“全面育人”教育模式转变，从以“升学”为目标向“升学与生涯辅导相结合”为目标转变，从高中教育“分层发展”向“分层与分类相结合”方向转变。

当前的高中教育，改革是主旋律。作为有责任、有担当的普通高中管理者和一线教师，必须要紧扣普通高中的育人目标，充分利用信息革命成果，扎实推进高中课程改革，全面提升教育教学质量，注重培养学生的核心素养，贯彻落实“立德树人”的根本任务。

第二节　国家推进教育信息化的时代背景和要求

当今世界已经进入信息时代，互联网、物联网、大数据、云计算、人工智能成为信息时代的显著特征。信息技术的迅猛发展及广泛应用，有力地推动着全球经济、社会的变革，深刻地影响着人们的生活、学习，在教育领域，教育信息化已成为新时代中国特色社会主义建设对教育的必然要求。教育信息化必将成为“推动教育理念更新、模式变革、体系重构”，深化课程改革，培养中国学生发展核心素养，落实“立德树人”的根本任务，实现我国教育现代化的重要力量。

改革开放初期，邓小平同志高瞻远瞩，发出“教育要面向现代化，面向世界，面向未来”的号召，“三个面向”成为我国教育改革发展的长期战略指导方针，“面向现代化”是其核心内容，它确定了教育改革发展的时代主题；党的十九大作出了中国特色社会主义进入新时代的重大判断，开启了加快教育现代化、建设教育强国的新征程；《中国教育现代化 2035》明确提出我国“到 2035 年，总体实现教育现代化”的目标。

透过《国家中长期教育改革和发展规划纲要（2010—2020 年）》《国家教育事业发展“十三五”规划》《教育信息化十年发展规划（2011—2020 年）》《教育信息化“十三五”规划》《教育信息化 2.0 行动计划》等一系列文件，我们不难看出，教育信息化不仅是教育现代化的重要内容，而且是推进教育现代化的关键途径，以教育信息化支撑引领教育现代化，是新时代我国教育改革发展的战略选择，对于构建教育强国和人力资源强国具有重要意义。

在国家教育部门的大力推动下，在大量教育工作者的积极探索中，我国教育信息化建设工作高效开展，教育信息化相关投入不断增加，教育信息化环境建设日趋完善，教育信息化对我国基础教育阶段教与学目标、内容、方式的改变愈发明显，能够整合教育教学资源、有效解决教育资源不均衡等突出问题，并且将会促进教育质量和效率大幅度提升。

第三节　目前普通高中实施教育信息化的现状研究

党的十八大以来，我国教育信息化事业实现了前所未有的快速发展，取得了全方位、历史性的成就，实现了“三通两平台”建设与应用快速推进、教师信息技术应用能力明显提升、信息化技术水平显著提高、信息化对教育改革发展的推动作用大幅提升、国际影响力显著增强等进展，在构建教育信息化应用模式、建立全社会参与的推进机制、探索符合国情的教育信息化发展路子上实现了“三大突破”，为新时代教育信息化的进一步发展奠定了坚实的基础。

回顾我国教育信息化改革进程，有很多值得欣喜的地方。2010 年 7 月，中共中央、国务院印发了《国家中长期教育改革和发展规划纲要（2010—2020

年）》，首次提出信息技术对教育发展具有革命性影响，从此我国的教育信息化拉开了序幕；2012 年 3 月，教育部发布《教育信息化十年发展规划（2011—2020 年）》，教育信息化工作正式开启。

时至今日，我国教育信息化建设已走到 2.0 阶段，从教育信息化技术、平台、场景的搭建走向应用的普及，致力于信息技术与教育模式的深度融合与创新；从“三通两平台”的搭建，走向“三全两高一大”的基本目标。

“三全两高一大”基本目标的主要内容为：“三全”即教学应用覆盖全体教师，学习应用覆盖全体适龄学生，数字校园建设覆盖全体学校；“两高”即信息化应用水平普遍提高，师生信息素养普遍提高；“一大”即互联网＋教育大平台。在国家政策对教育信息化行业的持续大力推进下，我国教育信息化行业将持续深入发展。

2020 年年初，受新冠肺炎疫情影响，2020 年春季学期延期开学，教育部联合工信部发文《关于中小学延期开学期间“停课不停学”有关工作安排的通知》，该政策的出台无疑对我国教育信息化的建设与发展起到了推进作用。教育部“停课不停学”的政策，直接带动的是各层级政府与各地学校快马加鞭进行线上教学平台的搭建，教育信息化成为保障各地“停课不停学”方案顺利实施的直接和必要手段。

经过多年来的探索实践，信息技术对教育的革命性影响已初步显现，但与新时代的要求仍存在较大差距。尤其在普通高中，教育信息化改革仍然面临着诸多挑战，主要表现在以下几个方面：

一、教育信息化环境建设参差不齐，部分地方、学校存在“等”“靠”现象

教育信息化建设推进过程中，一些地方、学校积极响应国家号召，多方筹措资金，花大力气打造数字化、智慧型校园，学校硬件等基础资源的配置已经相当完备，为教育信息化改革的顺利开展铺平了道路。

但在部分地方、学校，暴露的问题比较突出，通过对问题的分析，我们发现这些问题的形成既有客观方面的原因，更有主观方面的因素。比如短期内配置数量充足、性能先进的信息设备，前期资金投入巨大，对地方财政是个严峻的考验。我国幅员辽阔，各地经济发展不均衡，经济发展水平较低的地区财政吃紧，教育部门筹措资金困难重重，教育信息化环境建设启动困难，教育信息化改革进展缓慢。再比如部分地方、学校的管理者面对资金难题，不是去积极地想办法，而是在徘徊、观望，等待上级主管部门和财政部门“派饭吃”，主动性不足；部分领导干部担心教育信息化改革中教师、家长、学生层面可能出现种种问题，因噎废食，不敢创新，担当意识不够。正因为有了这些消极的认识，部分

管理者面对挑战不主动想办法或干脆不作为，错失了教育信息化改革的良机。

二、教育信息化过程中硬件、软件投入大，更新慢，利用率低

教育信息化环境建设达标的学校，并不是说教育信息化改革就成功了，这只是万里长征走出的第一步。作为学校的管理者，“一步到位”的思想绝不能有，如果后期投入跟不上，在设备管理、维护、升级等方面就会出现新的问题。

信息技术的发展日新月异，信息设备更新换代周期短暂。不做长期规划便盲目投资是急功近利，一次投资便一劳永逸是目光短浅。前期规划不细致，后期资金跟不上，中间管理不到位，会出现很多问题。比如，在提高硬件资源投入的基础上，缺乏足够的软件资源投入；有些教学软件实用性较差，利用率偏低；后期设备维护、升级未跟进，设备、资源与实际需求不匹配等，导致教学活动无法正常开展；相关宣传、培训工作落实不力，部分教师信息技术水平有限；等等。这些情况既造成了很多信息化建设的设施利用率低甚至长期处于闲置状态，导致资源和资金的浪费，也影响了教师在教学中使用信息技术的积极性。

三、教育信息化改革缺乏统筹规划，评价激励机制不完善

教育信息化只是一句口号，天天喊，年年喊，就是不见成效，这种现象在部分学校依然存在。究其原因，主要是教育信息化改革的落实出了问题：教育信息化的建设和应用缺乏统筹规划，措施落实没有力度，改革参与者积极性不高，信息技术人才缺乏，评价激励机制不完善。

为了全面推进学校教育、教学及管理的信息化建设，进一步提升广大师生的信息素养和驾驭信息技术的能力，提高学校教育信息化的应用水平，教育信息化改革应该稳中求进，结合国家相关政策计划制定适合本校实际的教育信息化施行方案，有步骤、分层次、有针对地推行并逐步完善学校教育信息化评价激励机制，为实施教育信息化的顺利开展打好基础，做好保障。

四、教育信息化对教与学方式改变的推动作用不明显，“穿新鞋走老路”的现象依然存在

《基础教育课程改革指导纲要》中指出，要利用信息技术实现教学内容的呈现方式、教师的教学方式、学生的学习方式、教学中师生互动方式的变革。

以教育信息化为支撑引领教育现代化，旨在以先进的信息技术驱动教育变革与创新。其中，创新教与学的新方式，关键在于推动信息技术与学科教学的深度融合，利用大数据分析技术开展学习需求、过程与结果的诊断、追踪与评

价，推动学生培养和学习方式变革，并提升教师的信息化应用水平，引导教师开展个性化教学和指导。而在教育信息化改革实践中，教育信息化的评价还只是停留在有没有使用信息技术手段这一很浅的层次上，教育信息化优质课评选中表演因素明显，优质课成了炫技课；部分教师对信息技术在教学中应用的研究意识不强，信息技术与学科教学的融合不够科学；信息技术与课程整合目前还没有一个固定的模式，仍处于研究与实践阶段。在具体教学环节中这种不足表现得更为明显：课前不去研究教学目标和学情，漠视学生的主体地位和差异性，只是简单地把课本、作业移入网络平台，教学呈现“人灌转机灌”“穿新鞋走老路”的低效状态。一方面忽视教师的主导和组织作用，教学内容、环节安排松散，教学无序；另一方面忽视学生的主体地位，课堂依然是教师的课堂，学生完全在教师的操纵之下被动学习。很多教师为了迎合上级要求而使用技术，不科学使用、过度使用的问题突出，课堂超量的教学内容、各种视频、微课让学生眼花缭乱、应接不暇，视频展示取代了理、化、生等学科的演示实验和分组实验，学生思维活动被信息技术拖着跑，学生的能力实际上没有得到真正的提升，核心素养也没有得到多大的发展，课堂成了信息技术的秀场，忘却了教育信息化改革的初衷，偏离了教育教学目标。种种情况证明，现阶段教育信息化对教与学方式改变的推动作用不明显。

五、教育信息化培训内容单一，难以满足改革对培训的实际需求

为配合国家教育信息化改革，各个层级的教育信息化培训正积极开展，可谓花样繁多，但质量各异。信息技术培训多、思想理论培训少是各种培训存在的普遍问题。

前些年，教育行政部门及人事部门为推动教师专业化发展，要求教师职称评审时必须提供计算机应用能力合格证书，中小学信息技术培训一度火热。从培训效果看，教师计算机水平有所提高，但仅停留在一些简单的技术层面。学校自己举办的培训活动也大多集中在技术培训方面，而缺乏对学科本质、培养目标和教育技术、教学方法的融合研究，这些培训容易给教师留下错误印象，导致受训教师对教育信息化产生误读，这种误读直接反映在高中管理与教学实践中。比如，学校负责人没能及时更新教育理念，缺乏与时俱进的勇气；教师的信息技术水平难以满足教育信息化发展的要求，学科专业发展落后于信息技术发展的步伐，信息技术的应用大多模式单一，信息技术在教学中仅仅作为教师的演示工具使用，用来制作课件，播放视频；学生信息素养得不到培养，学习资源丰富，但有些资源的实际价值不高，学生的主体地位没有得到有效尊重，习惯被动接受。从以上现象可以看出，现阶段的教育信息化改革中出现的这些教学活

动只是信息技术应用的初级阶段，属于最低层次，谈不上信息技术改变了教与学的方式，更谈不上信息技术与学科教学的深度融合，信息技术真正的优势与作用并没有得到充分发挥。所以说，目前信息化培训并没有实现与教育教学的有机融合、深度融合，仅有技术的信息化培训缺乏针对性，相对于教育信息化改革对培训的实际需求，还有不小的差距。

六、参与者对教育信息化认识肤浅，改革流于形式

教育信息化改革已经有些年头，在改革过程中涌现出很多先进的区域、学校和个人，他们总结出大量的宝贵经验，为我们提供了丰富的经典案例。但我们还应该看到，仍有部分学校进展缓慢，对教育信息化改革落实不力，原因很多，对国家的教育政策、法规、现状和需求的认识不够、不深刻，是其中很重要的原因。

前面已经提到，对于教育信息化的认识肤浅会制约学校教育信息化的发展。部分地方、学校的管理者对教育信息化改革的目的和意义认识不清晰、不到位，往往被动地适应教育信息化发展，缺乏利用信息技术进行教育教学创新的意识和勇气。部分教育信息化改革的参与者简单地把教育信息化建设等同于硬件环境建设，认为教育信息化就是“多媒体化和计算机网络化”，认为建几间教室，添置上数量充足的电脑，铺上光缆，安装上高清摄像头就是搞了教育信息化；认为教学中用了信息技术手段，这堂课就是“智慧课堂”。从这些认识可以看出，教师们并没有理解教育信息化的真正含义，对教育信息化的发展趋势、战略意义和我国教育信息化的政策也知之甚少，导致信息化建设推进流于形式。

七、教育信息化改革与高考相剥离，高考享受不到信息化改革带来的红利

高考是高中教育教学的指挥棒。从表面看，高中阶段的一切变革都围绕高考而来，课程内容的设计和教师的教学方式、学生的学习方式、管理者的管理方式的调整、改变都是为了培养“会考试的人”。其实，高考改革是与落实中国学生发展核心素养密不可分的，高考的存在是为培养“全面发展的人”，最终目标还是落实教育“立德树人”的根本任务。

国家已经深刻认识到了高考对中学教学的引领作用，高考题的设计也在严格落实国家“立德树人”的育人目标，对学生的能力要求与课程标准完全吻合。所以，试图靠题海战术、靠死记硬背、靠一知半解来应对高考得高分的时代早已过去了。教育信息化可以帮助教师、学生打开思路和视野，让知识活起来、动起来、直观起来，让学生开动脑筋真正参与到学习过程中，深刻地体会并领悟知识的获得过程，这样获得的才是能够内化于心的真正的知识。

高中阶段，部分学校由于管理者思想观念陈旧，对现行高考和教育信息化的认识不够，认为推行教育信息化就会影响学校的教育教学成绩。有一部分校长尽管已经响应号召实行了教育信息化改革，但也只是走走样子，教育信息化改革停留于表象，对如何借助信息化手段提高教育教学效率缺乏深层次的研究和探索，使用效果差，教师使用教育信息化手段多数是被动的，这么做反而真影响了教育教学成绩。当然，更多的管理者能够适应形势需要，顺势而为，大胆启动教育信息化改革，为了不走或少走弯路，积极采取各种措施，切实保障教育信息化改革的效果。其实，高考的功能在于甄别和选拔人才，是对学生科学素养的全面考查，近些年来高考涵盖的知识面越来越宽泛，考查方式越来越灵活，对学生能力的要求也越来越全面。高考备考任务重、难度大，基于全体和个性化的指导必须兼顾进行。教育信息化改革可以在学生的知识获得、能力培养、个性化指导等各个方面给师生提供帮助，所以说，教育信息化与高考的育人指向是一致的。部分学校的管理者对国家推行教育信息化的目的和教育信息化的功能认识不够，对高考政策和高考试题缺乏研究，教学目标不准确且急功近利，从思想到行动上消极对待教育信息化改革，使学校的教育信息化改革进程停滞不前。

高考综合改革是我国教育系统综合改革的核心内容和关键抓手，是社会关注的热点和焦点。以教育信息化改革推动高考综合改革是必然选择。高中教育工作者应该转变思想观念，加强高考和教育信息化之间相互关系的研究，借助教育信息化为高考综合改革铺路架桥，形成一批有针对性、可操作性的信息化教学、管理创新模式，从而落实学生核心素养，完成“立德树人”的根本任务。从这个意义上说，教育信息化改革的推进势必会影响高考，而这种影响是一种正面的、积极的影响；同时，高考对教育教学的导向作用也会反过来推动高中教育信息化改革走向深入。

八、疫情期间线上教学使潜在问题凸显，信息化教学效果有待提高

从2020年年初开始，突如其来的新冠肺炎疫情打乱了所有人的生活节奏。在教育领域，受疫情影响，开学时间被无限期延迟，导致学生只能采用网课的形式上课。因为之前学生都是在学校接受面对面教学，这次让学生待在家里上网听课，不论是教师还是学生都需要做出全新的调整。随着线上教学的推进，一些潜在的问题慢慢浮现。

(1)教师层面的问题：老教师教学经验丰富，但是极不适应线上教学这种新的教学方式，设备操作不熟练、技术生疏、没有镜头感、家庭琐事缠身等，让他们产生了一定的焦虑情绪，教学实施效果不如线下；新教师在设备操控方面有一定的优势，但是教学经验欠缺，高一启用新教材，可供参考借鉴的资源过少，限

制了他们的授课效果，家里的网络和设备条件有的无法满足授课的要求，各种测试都在线上进行，测试频率高，主观题批改压力大。

(2)学生层面的问题：学生自制力差，易产生逆反心理，教师管控难到位，单纯依靠家长的监督确实不能保证学习效率的最大化，这是教师们最为担心的问题。居家学习有时还会面临断网、无设备、没教材等情况，难有教室集中学习的气场和氛围。学生长时间面对电脑和手机屏幕，特别容易产生视觉疲劳，注意力不够集中，直接影响学习效果。

以上这些都是我国推进教育信息化过程中面临的现实问题，像这样的问题还会有很多，一些新的问题还会不断出现，所以说教育信息化改革是一个长期工程，不是一朝一夕就能完成的，我们应该做好打持久战的准备，但这并不意味着我们只能按兵不动，止步不前，被困难吓到。相反，我们要迎难而上，集中我们的力量，去研究，去探索，去总结，去分享，推动我们的教育信息化改革不断向前，走向成功。

第四节　普通高中实施教育信息化的策略研究

2035 年，我国要在总体上实现教育现代化，教育信息化作为我国教育现代化发展的关键内容，其发展水平和成效直接影响了我国教育现代化的进程。因此，教育信息化必须加快推进，从而起到引领支撑教育现代化的作用。这对高中教育教学来讲，既是一个难得的机遇，又是一个较大的挑战。作为高中教育工作者，我们必须直面教育信息化改革中出现的各种问题，更新观念，统一思想，积极研究解决问题的办法，制定相关方案，采取有效措施，完善保障机制，保证教育信息化建设与应用在高中校园落地生根，开花结果。

一、应真诚回应改革需求，把理念更新当成教育信息化培训的首要任务

改革实践证明，要想保证教育信息化工作的正常启动及进一步落实，需要从思想意识层面上来提高认识，理念的更新、思想的统一是教育信息化改革成功的关键。要让高中教育工作者充分认识教育信息化是教育现代化的需要，是实现教育跨越式发展的需要；要充分认识教育信息化是教育改革的推进器和制高点，是新的历史条件下教育发展的必然要求。同时，也要充分认识到这一工程投入大、难度高、涉及面广，必须引起高度重视。

当前的困难给教育信息化的培训工作提出了更高的要求。首先必须明确一点，即教育信息化培训不仅仅是信息技术技能培训。今后的信息化培训应针

对高中教师的实际情况，拓宽培训范围，保证培训质量，多开展一些指向教育信息化背景意义、学科教学模式构建、信息技术与教育教学融合等理论及应用方面的培训，使教师对信息技术在教学中的应用能够有更深理解，能在更高的层面上使用信息技术，从而为教学服务，为教师自身的学习与科研服务。

其次，教育信息化培训应该分步进行。对教育信息化改革的管理者要进行先期培训，让改革负责人了解教育信息化改革提出的背景、历程及实践中存在的问题、对策，以便拓宽视野、转变理念、更好地发挥其带头人作用；然后培训实验教师，组建实验团队，提高实验教师的信息技术素养和水平，让实验教师在后期工作中发挥辐射带动作用；再进一步扩大培训范围，通过国家、省、市各级信息培训平台，组织全体教师研修，提升教师对教育信息化的认识和实施水平。

二、应建立完善组织架构，制定周密细致的教育信息化改革实施方案

“凡事预则立，不预则废。”教育信息化改革要扎实推进，没有强有力的领导和周密细致的计划安排是行不通的。

首先，教育相关管理部门要构建科学的管理组织架构，成立教育信息化改革领导小组。成立以校长为组长的教育信息化领导小组，加强对教育信息化工作的统筹安排，分层要求，积极推进。充分发挥其对学校教育信息化工作的规划、组织、指导和协调作用。领导小组理念要统一、技术有保障、考核能跟进，能做好管理监督、组织培训等服务工作。还要加强家校沟通，发挥家长委员会的作用，通过家长委员会监督促进学校教育信息化改革。

其次，学校应拟定教育信息化具体实施方案。改革不能急于求成，管理者更不能好大喜功，教育信息化改革应尽量采取分步实施、整体推进的策略，先用一段时间在高一级部选点实验，然后稳步推进，不断收集信息，不断总结经验和教训，不断扩大实验班级规模，待到时机成熟，再毫不犹豫地将改革全面铺开。

最后，将教育信息化改革同落实中国学生发展核心素养相结合，构建基于学生发展核心素养的三年一体化学科教学体系。可以设立专门的学科教研室，集中学校优秀的师资力量，专门研究怎样利用信息技术的优势优化配置学科教学资源，合理安排学科进度，分散降低教学难度，有效推进高中三年一体化教学改革，达成培养“全面发展的人”的目标。

三、应科学规划改革进度，合理有效地利用教育信息化建设资金

教育信息化建设和应用作为一项长期的系统工程，前期基础设施建设及配置要求高，后期设备的管理、更新、升级不能丢，信息化培训要及时，各个阶段都需要大量的资金支持。但各地财政状况不同，对教育信息化建设的投入也不尽

相同。经济发展水平高的地区资金相对充足，基础设施建设相对完备，教育信息化改革启动比较早，推进卓有成效；经济欠发达地区财政吃紧，资金难以满足改革需要，教育信息化改革步履维艰。

无论在什么情况下，困难总是有的，学校管理者应该意识到任何的改革都不会一帆风顺、一蹴而就，教育信息化改革也是如此。面对资金缺口，学校需要积极应对，一是要打开工作思路，创新工作方法，多方筹措资金，要坚持把同时发挥政府和市场的作用作为机制创新的优势。要坚持政府和市场“两条腿”走路，把“看不见的手”和“看得见的手”都用好，探索形成“政府政策支持、企业参与建设、学校持续使用”的机制。二是在进行教育信息化项目立项的过程中，要对投入进行综合分析，科学规划改革进度，对现有资金进行合理利用，在保证设备质量的前提下，分批逐步完成资源配置，配置规模不宜盲目扩大，要避免教育信息化建设走过场，成为徒有虚名的“形象工程”。

四、应着力抓好落实，加快教育信息化改革迈向成功的步伐

教育信息化的核心内容是教学信息化。在高中教育教学过程中，教育信息化对教学改革的引领支撑作用突出，对教学质量的提高作用明显。教育信息化能够让教育者站在学生的立场上改变课程观念，完善课程体系，丰富课程资源，将信息技术真正融入学科的教与学，构建基于教育信息化的高中教学模式，优化教学环节和内容，将教与学效率最大化。

教育信息化改革要想成功，调动教师的积极性、在教师层面上抓好落实是关键。学校可以根据本校实际情况，采取“活动推进”“课题引领”“评价激励”“规范管理”等措施，使教育信息化改革落到实处，持续推进教学改革，形成教育教学改革新形态，切实提高教学质量。

组织丰富多彩的教育信息化优质课评选、经验交流等活动，可充分调动教师，尤其是青年教师的积极性，加快推进教育信息化改革的实施；开展教育信息化相关的课题研究，促进教师提升教育信息化水平，将教育信息化改革引向深入；制定教育信息化考核评价办法，加强教师对教育信息化改革的重视程度，保障教师们有效全员参与，并对改革过程实施跟进督导，保证教育信息化改革顺利进行；规范管理学校信息化设备及教学流程，学校信息化设备要专人负责管理，专人负责维护、更新，确保正常使用，努力提高学校网络安全的管理水平，加强网站的安全防控，确保学校网络畅通，引导学生正确使用网络学习资源，使其对学习产生强大的助推作用。

五、应及时回顾总结，大力宣传推广教育信息化改革优秀成果

教育信息化改革是一项长期的系统工程，在普通高中学段，目前还没有一个统一的、可供参考的标准与模式，一切需要在教学实践中不断地研究与探索。

教育信息化改革实施过程中，由于没有先例可以借鉴，会出现各种各样的问题，比如基础设施配套问题、资金问题、改革参与者的理念与水平问题、信息技术与教育教学融合问题、教育教学模式重构问题等，这些问题会在一定时期给改革者带来困扰，造成困难，阻碍教育信息化改革的进一步推进。但我们也欣喜地看到大量的先行者勇敢地走在改革的路上，他们对教育信息化有着透彻的理解，对教育信息化的前景保持乐观，对自己的能力有充足的信心，对推行教育信息化改革义无反顾，他们大胆解放思想，勇于创新，通过自己的实践积极研究解决问题的方法对策。教育主管部门应该鼓励先行者及时总结经验，形成自己的研究成果，然后做好改革先进经验、优秀经典案例、课题研究成果的汇总归纳，并推送到教学资源平台上，实现共享，也可以利用培训、教研等机会，去做现场展示交流，以点带面，实现由“点”到“面”的突破，把教育信息化改革推向更新的阶段。

六、应立足教学实际，及时解决教育信息化进程中不断出现的新问题

教育信息化是当今教育的重要组成部分，教育信息化的发展对教育的发展有着重要影响。2020 年，突发的新冠疫情进一步凸显了教育信息化发展的重要性，“停课不停学”在全国范围内展开实施，“互联网＋”与教育教学深度融合，已成为教学改革与创新发展新的增长点和工作样态。网络在线课堂“渗透”到全国教育界各个角落，这是对我国教育信息化发展的一次提升机遇。同时，居家学习也暴露出线上学习存在的一些现实问题，解决这些问题、提升居家学习质量成了教育工作者近期的工作目标。

强化跟踪指导，组织精干力量组成技术指导小组，通过视频会议培训、制定直播课程指导文件等手段，有针对性地解决教师直播设备安装使用等问题。“停课不停学、不停教”，重点是“学”而不是“教”。我们积极探索优化了新型教育教学模式，严格控制教学节奏和教学进度，坚决杜绝满堂灌、满堂练、赶进度以及简单推送学案、课件、练习题等做法。我们提倡 AAB 模式，具体为一节课 40 分钟，分为三个模块。前两个模块各 15 分钟，学习方式为教师讲授和学生练习相结合；第三个模块 10 分钟，学习内容为答疑、复习和练习巩固。在此基础上整体教学以讲授、练习、检测、自主学习为主，减少无效互动，加强课堂教学流程控制，提高学业检测效果。强化以测促学，每节课结束前根据教学内容进行

包含各种题型的当堂检测。所有学科每节课至少有一次检测。提倡每节课中间设置课堂检测环节，通过教学平台推送客观试题，设置答题时间，控制答题效果。每学科每周有一次周测，级部统一安排时间或各科分散进行，检测一周所学内容，学科统一阅卷标准，年级统计汇总成绩，做好考试分析。学校教务处负责对课堂教学、教研、领导听课、班会等日常教学教研进行督导，发现问题，总结经验，推出典型。通过制度规范、科学引导，着力解决学生在线学习管理问题，稳定学生心态，强化班主任的管理意识和管理力度，采取线上点名、跟踪、汇总和线下电话督促等方式，科学跟踪脱管学生的作业、学习进程，加强家校联系。

信息技术的发展日新月异，它对社会各个领域的革命性影响随处可见。教育信息化改革顺应着时代的发展，响应着国家的号召，乘着新一轮课程改革的东风，充分发挥信息技术的优势，探索信息技术与教育教学深度融合的路径，必将更好地为我国教育事业与国际社会相接轨、更好地为我国培养优秀的人才、更好地为我国实现教育现代化发挥巨大作用。

第二章　普通高中实施教育信息化改革的实践研究

第一节　学校教育信息化发展的缘起

山东省龙口第一中学始建于1892年，一百多年的发展史，积淀了开放办学、锐意进取、多元发展的文化底蕴。基于学校的文化传统和对教育教学的思考、探索与实践，我们逐渐形成了"全面深化改革，全员提高素质，以师生的健康发展为本，通过内涵发展提升办学质量"的教育教学核心理念，致力于提升教师的职业幸福感和促进学生多元、个性化发展。

作为一所具有历史责任感和使命感的百年老校，我们一直关注国内外教育信息化的改革和进程，注重结合时代发展，不断实践和丰富我们的办学理念。

一、历史的使命感和时代的大背景要求我们实施教育信息化改革

新时代，信息技术的发展日新月异，传统的教育教学方式面临着严峻挑战。教育信息化改革是时代发展对教育的必然要求，是实施科教兴国战略、人才强国战略等一系列重大战略的重要推手，是实现教育现代化的重要途径。龙口一中肩负起历史的责任和使命，紧紧抓住学校发展的机遇，与时俱进，不断开拓创新，响应国家号召，顺应时代需求，率先启动并实施教育信息化改革，对信息技术与教育教学深度融合做出了积极的探索。

二、学校办学宗旨和理念促使我们实施教育信息化改革

近年来，学校形成了"全面落实党的教育方针，为学生终身发展奠基"的办学宗旨和"让每一位教师都享受事业成功的幸福，让每一名学生都经历成人成才的快乐"的教育观念。

随着时代的发展，高中教学知识的量和难度越来越大，对人才培养的能力要求也越来越高，我们越发清醒地认识到，要实现我们办学的理念，传统的教育方式已经跟不上时代发展的需要，我们必须一切从实际出发，实事求是，探索更

适合学校教育教学的新途径。

三、课堂教学的现状迫使我们实施教育信息化改革

学习过程主要包括知识传输和知识内化两个阶段。长期以来，我们的课堂教学方式方法单一，学生学习兴趣不高，课后环节又普遍弱化，导致教学效率低下。

我们认识到，要提升学生的核心素养，培养学生的学习能力是根本；要培养学生的学习能力，教师如何教是关键。在实践中我们发现，大部分教师的教学目标还是停留在教会学生“掌握知识”的层面上，还没有上升到让学生“学会学习”的高度。问题的症结是还没有找到一条让教和学更加有效的途径。

经过多方考察、论证，我们确定利用联通4G网络、引进智慧教育平台，推动学校教育信息化改革，使教与学的效率最大化。

第二节　学校实施教育信息化改革的举措

我校的教育信息化改革启动比较早，1995年学校的教室里已经配有电视机，1999年启用了多媒体辅助教学，2000年“班班通”走进学校，学校支持教师购买并使用电脑辅助教学。2008年，全国教育科学“十一五”规划重点课题“有效运用信息技术促进‘和谐高效、思维对话’型课堂的研究”获得山东省教育优秀课题成果一等奖，拉开了我校教育信息化改革的序幕。2013年，学校申报山东省教育科学规划重大攻关课题“翻转课堂与微课程开发研究”并成为实验基地，开始了翻转课堂的研究与实践。2015年，教育信息化改革在学校全面铺开。2017年，学校被确定为山东省教育信息化改革试点单位。2018年10月，学校入选山东省智慧课堂教学实践共同体。

下面是我校在推进教育信息化改革中的一些具体做法：

一、完善组织架构

首先，学校成立了教育信息化改革领导小组，要求“理念要统一、技术有保障、考核能跟进”，做好管理监督、组织培训等服务工作。其次，通过家长委员会监督促进学校教学信息化改革推进情况。

二、拟定实施策略

改革不能急于求成，学校采取了“分步实施、整体推进”的实施策略。改革之初，我们用了几个月的时间在高一级部选点实验，实验期间，我们统一思想，

避免急功近利，力求稳步推进。不断改革，不断收集信息，不断总结经验和教训，不断扩大实验班级规模，待到时机成熟，我们毫不犹豫地将改革在全校范围内全面铺开。

2015～2018年，学校用了3年的时间，在"班班通"的基础上实现了真正意义上的"人人通"。

三、采取的具体措施

（一）硬件配置

教育信息化改革的启动及推进离不开应用环境的建设，可以说，先进完备的硬件设施的配套和完善，关系到改革的成败。学校在政府及教育主管部门的大力支持下，应用环境建设正有条不紊地进行，取得的成绩令人欣喜。

如今，我校正在逐步实现打造"智慧校园"的目标：4G网络覆盖校园；数字化广播系统、电视系统以及"班班通"教学平台、多媒体录播教室、微课程制作中心、数字化地理教室、创客空间、OKAY智慧平台等配套设施完备，基本实现了办学条件智慧化；SPOS平台、OA平台实现了校务管理智慧化；校园网站、微博、微信公众号等及时向外界传播校园信息，展示学校形象，实现了宣传手段的智慧化。

为了更好地实现信息共享和互通，学校与东北师范大学合作，将学校原有的SPOS平台、OA平台等进行贯通，搭建起龙口一中管理云平台，整合了校务管理、教师管理、学生管理、教学资源管理、信息宣传、家校联系、选课走班管理等各功能，为学校一键式管理提供了强大的数据与技术支持，使基于数据分析的决策更科学、更有效、更精准。

（二）培训先行

(1)领导先期培训，营造改革氛围。2015年8月15日，为贯彻学校教育信息化改革理念，方便工作开展，校方联系新东方公司对学校管理层进行了先期培训。

(2)培训实验教师，组建实验团队。2015年8月25日，学校正式启动了教师教学信息技术培训，培训由新东方和微软的专家负责专业指导。根据培训情况，我们挑选了实验教师，组建了实验团队，这些教师在后期工作中非常好地发挥了辐射带动作用。

(3)利用山东省"互联网＋教师专业发展"远程研修的契机，认真组织教师进行研修，提升教师对教育信息化的认识和实施水平。自2012年以来，学校年年被评为山东省"远程研修先进单位"。

（三）活动推进

1. 借助开展教学比武活动，推进教育信息化实施

我们组织开展了"教育信息化教学课堂达标""学科校内互联网＋优质课评

选”“青年教师赛课”“青年教师论坛”等丰富多彩的活动，充分调动了教师们，尤其是青年教师的积极性，加快推进了教育信息化改革的实施。

2. 组织研讨会、讲座，交流教育信息化实施中的经验

每周组织学区负责人、高一年级主任及核心教师召开课堂教学信息化改革研讨会，从教学管理、师生使用、问题研究三个层面进行研讨；同时举办课堂教学改革教师讲座，由实验教师通过自己的切身体会进行案例分析，交流自己使用智慧教育平台的体会感受及应用创新情况。

（四）考核激励

面对教育信息化改革，教师重视的程度和应用技术的水平千差万别。为了调动教师们有效全员参与，为学校教育信息化改革保驾护航，学校出台了《教育信息化改革课堂实施情况检查办法》《教育信息化改革激励方案》等一系列考核评价措施，对改革过程实施跟进督导。尤其是2018年学校出台了一号文件《龙口第一中学关于加强智慧教育平台使用研究，深入推进教育信息化改革的意见》，将学校的教育信息化改革推进到了一个新阶段。

（五）课题引领

学校审时度势，利用开展课题研究的契机促进教育信息化水平的提升。

课题研究的目的是让教师深度思考如何借助教育信息化提高教学质量。我们推荐申报了国家级课题“智慧学习环境的构建与应用研究”子课题“普通高中学科教学中的智慧型课堂模式研究”、省级课题“基于教育信息化的高中有效教学策略研究”“互联网＋背景下的高中数学教学策略研究”“构建基于‘易学本’的高中生物差异化教学模式”和市级课题“基于智慧教育平台和4G网络下教与学新常态构建的实践研究”等，掀起了龙口一中教学研究的新高潮，推动了学校的教育信息化改革，促进了教师的快速成长。现在，很多课题已经结题，并在不同级别的评选中获奖。

（六）资源建设

目前，学校的信息技术硬件日趋完备，教学资源丰富。但在改革初期，由于教师水平参差不齐，新老教师之间的经验和技术能力难以有机融合，出现了资源杂乱无章、优质资源缺乏且不能有效分享等问题。我们认识到，这些问题若不能彻底解决，必然会影响学校信息化改革的效果。因此，建设和完善科学、开放、动态、符合新课程理念的优质资源迫在眉睫。

学校的资源建设主要通过“拿来”和“自创”两条途径进行。

1. 依托互联网，进行资源众筹，实行“拿来主义”

网络的出现使学校的状态从“封闭”走向了“开放”，无时空制约的交流和合作成为新常态。

学校利用校园网站、视讯平台等工具，打通了中国知网、百度文库、数字图书馆、国家教育资源公共服务平台、中国大学 MOOC(慕课)学习平台、网易公开课、中国公开课等网络资源，拓宽了教师获取资源的渠道。借助教研对网络资源进行筛选和整合，使优质网络资源为教师所用。网络上丰富、优质的德育、传统文化、综合实践活动等特色课程资源为教师开设这些特色课程提供了大量的素材，帮助教师打开了视野，丰富了专业知识，提高了课程实施水平。省、市优质课评比中涌现的优秀课例、课件等也能给教师的教学提供借鉴。

为满足新高考需要，学校与中国教育学会密切合作，充分利用中国教育学会的资源，请专家教授到校进行生涯规划和选课走班指导，或依托网络和信息技术手段进行远程指导。调动校友和家长的积极性，请他们利用岗位优势，结合从业经历，对学生进行德育和科普教育，提升学生的认知水平，拓展学校的教育资源，使学校资源建设走向高端。

2. 立足学校实际，调动教师积极性，自创精品资源

在“拿来”的同时，学校结合自身实际，挖掘师资潜力，加大教学资源的建设力度，打造了一批符合学校实际的特色课程和精品教学资源，构建了促进学生多元发展的“两主三类六素养”校本课程体系和综合实践活动课程体系。遵循“因材施教”的原则，利用智慧教育平台，进一步开发面向学生个体的更加精细的个性课程，如特长生课程、学困生课程、学优生课程等，为实现精准教育、差异化教学奠定了基础。

在资源建设过程中，我们不仅收集、制作图片、文本、动画等素材，还坚持“开放、动态”的建设观，实现了资源建设从“库”的观念发展到动态的“流”资源观。教师和学生将教学实践活动的动态过程，研究性学习、综合实践活动和创客教育等的活动过程和研究成果充实到资源库中，利用视讯平台工具进行压缩，建成了有学校特色、动态的校本课程资源库。

学校的多媒体录播教室、微课制作中心等功能教室使用率非常高，各学科在立足教研的基础上，制作了大量精品课程、课件，经过比较、筛选、打磨，并在校内共享、评比，推出精品入选资源库。

第三节　开展基于教育信息化的学科教学模式研究

在教育教学实践中，学校依托信息技术，在不同层面，积极探索基于学科特点、实现教学目标的学科教学模式。

一、学校层面

为了将教育技术有效应用于教学实践，学校首先在领导层面统一思想、统一认识，成立了学校信息化改革领导小组，通过培训先行、活动推进、课题引领等方式抓好落实，出台了一系列考核评价激励措施，建立起长效保障机制，着力打造依托信息化学习终端、立足课堂、基于学科特点、实现教学目标的教学模式。

二、学科层面

在学校总体"以学为主，先学后教"教学策略的指导之下，学科主任负责组织教师进行学科新授课、复习课、讲评课等不同课型的教学模式探索。确定各学科基于教育信息化的高中课堂教学基本模式，由骨干教师和学科主任进行深层解读，召开学科教师会，统一认识，推广使用。针对学科教学模式，制定学科优质课评选办法，通过优质课评选、青年教师赛课等活动来强化学科教学模式的落实。

三、课堂层面

现阶段，传统的教学模式较为忽视学生的个性发展，学生的创新思维受到抑制，因而难以适应科技和社会发展对人才的需要。我们正在经历一场"教学模式危机"，人们对创新教学模式的呼吁越来越强烈。学校正在研究的基于教育信息化的高中课堂教学模式重视学生的多样性以及个体差异性，让学生的学习更有效、更投入、更轻松，使"以人为本"的教育理念得以实现。

研究之初，我们将高中教学模式分为课前、课中、课后三部分。

课前，教师将编制的导学案、微课等推送到教学平台，引导学生自习课先学；学生学习教师推送的导学案，完成自测题，自测结果反馈于教师空间；教师根据反馈的信息，对已经备好的教案进行修改、调整、优化。课堂上，学生的学习情况通过随堂检测直接呈现，教师根据检测反馈出的学情及时调整教学进度和教学节奏，进行课堂讲解和点拨，并当堂检测，分层布置作业，使教学更有针对性，提高了课堂效率。学习终端具有错题整理功能，可以帮助学生收集错题并归类，针对错题所对应的知识点推送练习题，为学生的自主学习、查漏补缺提供帮助。课后，教师通过学习终端为学生提供丰富的课内、课外资源，可以满足不同层次学生的学习需求，大大提高了学生的学习效果。

随着研究的深入，我们对基于教育信息化的高中课堂教学模式有了更深的认识。高中课程丰富多样，不同学科有不同的特点，学科教学不能生搬硬套某一种模式，目前也没有一种万能的标准模式可行。信息技术只是一种教学手段，而不是教学目的，要想提高各学科的教育教学质量，其关键在于根据具体学科内容做到恰当应用、灵活取舍。这就要求我们必须依托信息技术手段，结合学科特点，探究和创新本学科的课堂教学模式，实现具体课程内容与信息技术的深度融合。

为此，学校积极反思传统教学模式，在“先学后教，以学定教”的大的教学策略的框架之下，按照新课程理念的要求，探索以教育信息化为背景的新的课堂模式，“基于教育信息化的高中课堂教学模式”经过教学实践检验和不断完善，已经日趋成熟，在构建高效课堂的实践中发挥了重要的作用。

语文学科的“三步六环节”课堂教学模式在教学实践中不断打磨，逐渐成型，它突破了人们对语文学科“死记硬背”的狭隘认知，着力培养学生语文核心素养，全面落实“立德树人”的根本任务。

数学学科采用“学探点思四步”的课堂教学模式，尽可能地运用现代化教学工具，有效将信息技术与课堂教学融为一体，实现了“构建高效课堂，实施有效教学”的目的，培养学生的学习能力，提高学生的数学核心素养。

英语学科采用“交流—互动—提升”式英语教学模式，在课堂上主要尝试引导学生通过“情景导入—信息输入—阅读提升—展示分享—评价反思”这一符合认知规律且凸显新课程理念的学习过程，以自主、互动、交流、分享的学习形式主动完成学习目标，合作解决学习过程中所遇到的困难，最终达到英语教学目的。

物理学科的“目标驱动教学法”能够激发学生的学习兴趣，逐步培养学生分析问题、解决问题的能力，在课堂中无论是优生还是后进生都能找到适合自己的位置，学生的获得感、满足感得到很大提升，协作的能力得到大幅提高。

化学学科基于学科特点，通过教学实践，初步形成了“四大步”化学课堂教学模式，发展学生的核心素养，培养学生的探究精神，提高学生的学习能力，打造智慧共生的课堂，提高教育教学质量。

政治学科的“两备三段八环节”课堂教学模式将课堂的知识讲授时间交给学生，充分发挥其自我创新和判断分析能力，通过思考新的方式来解决问题，是实现“先学后教，以学定教”的重要探索。

历史学科“摸、扒、滚、打”探究性教学模式依托信息化教学手段，提高学生学习历史的兴趣，培养学生自主学习和逻辑思维能力，适应了新高考、新时代的需要。

地理学科“导、学、展、评、练”循环教学模式通过信息技术手段的有效应用，努力突破传统课堂教学的瓶颈，及时呈现课堂目标，引领学生探索发现问题，鼓励学生构建学科思维，提高学生的区域认知和地理实践能力，真正为学生减负增效，强化高中学生的地理核心素养，提高学生解决实际问题的能力，打造科学高效的地理课堂。

生物学科“两引两测三环节”教学模式一改传统的“教师讲、学生听”的教学模式，充分体现学生的主体地位，引导学生自主学习、合作学习、探究学习，培养学生的生物学科核心素养，促进学生的全面发展，实现了高中生物的有效教学和课堂教学的高效化。

基于教育信息化的课堂教学模式不是课堂环节机械地拼凑、简单地衔接，而是充分调动学生的学习积极性，激发学生的学习热情，帮助学生养成良好的动口、动手、动脑的习惯，从而更好地提高课堂教学效率与课堂学习效率。这些模式的形成凝聚了教师们的心血和智慧，虽未必完善，但已初见实效。希望我们的模式能够起到抛砖引玉的效果，使更多的同行参与到这种探讨和研究中来，推动中国的教育信息化改革向纵深发展。

第三章　基于教育信息化的高中课堂教学模式及课例

教育信息化的核心是教学信息化，教学信息化的主战场是课堂，深化课堂教学改革，打造基于教育信息化的高中课堂教学模式已迫在眉睫。龙口一中从转变教与学的方式、改进实验教学和提高作业设计质量等方面，大力推进课堂教学改革，积极探索基于情境、问题导向的互动式、启发式、探究式、体验式等教学方式，认真开展好验证性实验和探究性实验教学，积极推广应用优秀教学成果，推进信息技术与教育教学深度融合，提高课堂教学质量。在此过程中，龙口一中打造出了一批基于教育信息化的高中各学科课堂教学模式，在教学实践的不断检验中日渐成熟。

教育信息化是新时代教育发展的要求，也是教育工作者必须完成的任务。在教育信息化的实施过程中，众多教育管理者和从业者都在深入地思考：如何将教育信息化改革落到实处，使其落地生根，开花结果。在此背景下，学校教师依据多年教育信息化教学经验，结合不同学科特点，总结出这套基于教育信息化的高中课堂教学模式，期待与大家分享交流。应该说，龙口一中对教育信息化背景下的课堂模式的探索还处于起步阶段，模式还有很多有待完善的地方，我们将这些模式系统地提出来，希望借此引发一些理论和实践方面的探讨。

第一节　高中语文课堂教学模式及课例

高中阶段的语文教学以夯实学生语文基础、提升学生语文能力、培养语文核心素养、落实“立德树人”的根本任务为教育教学的目标。随着高中课程改革逐步深化、教育信息化改革持续推进，新课程改革下的高中语文教学因应信息技术的发展焕发了生机和活力，高中阶段的育人理念、教学模式、教与学的内容和方式都随之改变。为适应教育环境、课程内容及教情学情的新变化，高中语文课堂教学模式也应该进行相应的调整，使之更有效地提高语文教学质量，更有效地促进新时代教育发展。下面呈现的是我们语文组各位同仁探索的各种课型的一般范式，供大家参考。

一、高中语文“三步六环节”课堂教学模式思维导图

高中语文“三步六环节”课堂教学模式思维导图如图 3-1-1 所示。

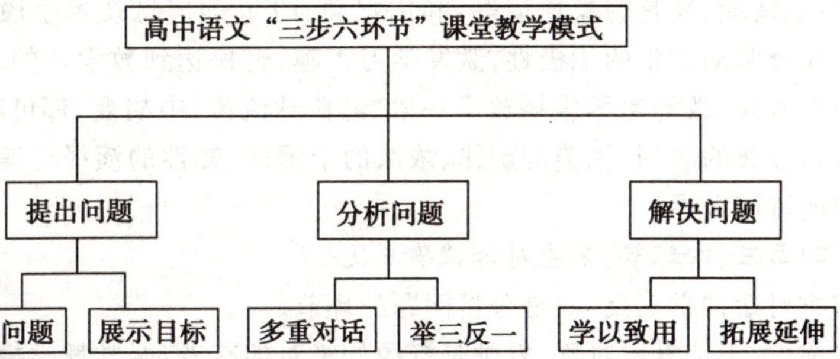

图 3-1-1　“三步六环节”课堂教学模式思维导图

二、“三步六环节”课堂教学模式解读

问题远比答案重要。人类进步的过程，就是不断发现问题并分析解决的过程。提出问题、分析问题、解决问题，是人们处理各种事务的一般思维模式。我们借鉴过来，把它用于语文课堂教学，并在教学实践中不断摸索、不断调整、不断完善，具体细化为六个环节。这六个环节不是完全独立的，而是相互联系、相互交叉、相互影响的。第一步是“提出问题”，分为聚焦问题、展示目标两个环节；第二步是“分析问题”，分为多重对话、“举三反一”两个环节；第三步是“解决问题”，分为学以致用、拓展延伸两个环节。下面就逐一解读这六个环节：

（一）第一、二环节：聚焦问题，展示目标

“聚焦问题，展示目标”是提出问题的环节。

高中语文教学，要充分利用信息化手段，采取“以学定教，先学后教”的教学策略，而落实这一策略，课前学生的自学必不可少。需要强调的是，课前自学不能简单理解成课前自由学习，而是在教师指导下辅以信息技术手段超越时空限制的互动式学习，是有明确目标任务的学习。

课堂教学之前，教师通过教学平台发布教学目标、导学案等预习材料，学生完成学案内容。学生在预习过程中有解决不了的问题，可以利用网络资源自主查阅相关资料，标记疑点、难点，通过学习终端的聊天功能及时向教师反馈学习情况。针对学生课前落实任务时出现的以及通过自主学习、课前讨论自发生成的问题，教师进行学情分析，聚焦有价值的问题、及时调整并重新确定教学目标

和教学内容，最后进行学习目标展示、新课导入、新任务下达。

在进行学习目标展示、新课导入、新任务下达时，教师要特别注意在课堂上建构积极主动的学习场。建构积极主动的学习场，能够使学生在短时间内将注意力集中并快速进入思考状态，与教师对接，与知识对接。建构积极主动的学习场最好的策略就是采取情境教学模式。无论是创设何种教学情境——问题情境、直观情境、还是想象情境等，利用视频、PPT等信息技术手段可以在很短时间内充分调动学生的积极性，激发学习兴趣，轻松达到教学目的。比如：在讲李清照的时候，教师给学生播放了一段“经典咏流传”中胡夏、郁可唯演唱的《知否知否》，经典的歌词、优美的旋律、浓浓的中国风、知性的演绎迅速把学生带入李清照的诗词世界。

(二)第三、四环节：多重对话，“举三反一”

多重对话，“举三反一”是分析问题的环节。

以前，由于信息不对称，教师是资源的绝对拥有者，课堂教学模式是教师满堂灌，学生不动脑，学生只能被动接受知识；新时代，信息技术发展日新月异，信息量暴增，学生获取信息资源方便快捷，拥有着丰富庞杂的知识。只是这些知识呈碎片化状态，不条理，不系统，学生还不能熟练地运用这些知识解决具体问题，简单点说是还没形成语文能力，学生对知识的掌握处于浅表化状态。在信息化教学环境下，针对学习过程中出现的各种问题，师生、生生之间应该加强合作，一起探究，在交流讨论中使知识内化，从而解疑释惑。在这个过程中就需要进行多重对话，多重对话是指在教师主导下，教师、学生、文本、环境之间进行多维度的交流，学生会产生思维火花的碰撞和情感认识的交流，教师会穿针引线，加强调控引导，并适时介入。在讨论交流中，有观点陈述，有思想交锋，有教师的精彩点评，有学生的感悟提升。这种对话是在平等和谐的氛围中进行的，是积极主动的，是畅所欲言的。

“举三反一”是指密切结合语文学科特点，遵循语文学习规律，注重积累，在大量积累的基础上感悟、提高，形成语文能力。在语文课堂教学过程中，不能只满足于口头上热闹愉悦的“来言去语”，应该想方设法将文本的学习体验落到实处，简单地说就是要有痕迹，要有收获。教师要引导所有学生针对一节课内容做好梳理归纳。将整理好的笔记拍照上传，同学们可以通过学习终端交流分享。

由于课型不同，这一环节我们会有不同的处理。在复习课中，我们会结合学情和高考的最新信息，通过教学平台推送必备知识等相关资源，尝试采用“练习、归类、反馈、强化”的复习课模式，效果明显；对于文言文和诗歌鉴赏等知识模块，我们确定了“立足教材，有效拓展，举三反一”的教学思路。专项不同，复习方法各异;但共通之处是,学生利用学习终端上丰富的教学资源,围绕知识要点构建体系,形成知识网络;教师引导学生对所学知识进行梳理归纳,并指出或订正普遍性的问题,强调重点、难点,解题方法;学生消化积累,对失误多、难度大、方法性强、有代表性的练习题进行强化性自清,针对部分学困生,还要做好个性化推送,以便学生查漏补缺、复习巩固。

课堂主环节设置要体现语文学科性质,结合语文学科特点,符合语文教学规律和学生语文认知规律,让学生在"听、说、读、写"和"品味、体验、感悟"等方面有收获。语文教学要根据实际情况,因文而异,上课时要抓住重点,摒弃烦琐的内容分析,主要采用探究式教学模式,引导学生通过"多重对话"的形式品词析句、吟诵朗读、体验对比、探究发现,使学生"举三反一",在大量积累基础上逐渐掌握学习方法,提高阅读理解能力。教学时可以根据篇目特点,将音频、视频、PPT 等信息化教学手段与语文学科整合,丰富课堂内容,激发学生的语文学科学习兴趣,调动全体学生参与语文学科各种学习活动的积极性,注重学生学习方法和学习习惯的培养,为学生的合作探究助力。例如:在进行诗歌教学过程中,我们通过教学平台推送与课文有关的诗歌让学生进行对比阅读,以强化学生对知识的领悟和理解;进行现代文阅读时,我们会推送该作家的其他相关作品,发布一些跟课文相关的话题让学生们讨论交流,激发学生学习语文的兴趣,不仅能打开学生视野,还可以提高学生的思想深度。

讲评课上,教师会将错得比较集中的问题及学生书写潦草、表述不规范的错误试卷推送到学习终端上;讲评时,师生共同点评赋分,提醒学生避免此类错误;教师还可以先推送试题题型特点、考查目标及学生在答题过程中暴露出的问题,依照具体情况采取学生探究、教师点拨的方式,对那些错误面大得分率不高的题目、思维难度较高的题目进行重点、难点讲解,学生在教师讲评结束后借助学习终端进行错题归类,将不同题型的解题思路梳理归纳,以备后期复习使用。

(三)第五、六环节:学以致用,拓展延伸

"学以致用,拓展延伸"是解决问题的环节。

"学以致用"就是举一反三,学到的知识要在实践中形成语文能力,形成语文的核心素养,能够解决学习、生活以及将来工作中遇到的问题。

采用拓展性点评,是落实"学以致用"这一环节的重要教学方法。采用拓展性点评,以一个典型的问题串起一类题,以一种解题方法解答一类题,能充分发挥点评的效能。语文试卷中涉及的某一个小题目背后会牵涉大量的其他考点知识和复杂的文化变迁,尤其是在现行高考把文化常识作为一个考点的情形下,学生必须由一个题目去追溯其背后的文化因子,开阔视野,增加知识储备。

教学平台的存在，使教师推送拓展知识更加便捷。教师将本堂课所用 PPT 资料传至教学平台，便于学生复习查阅。

好的作业是课内学习的延伸，是对课内学习成果的巩固和运用。一节课结束后，对于薄弱环节，教师可以发送相关的问题跟踪辅导，举一反三，从而提高课堂教学的针对性和有效性。

总之，我们认为，高效优质的高中语文课堂教学应着眼于夯实基础、培养语文学科关键能力、提升语文学科核心素养、落实“立德树人”的根本任务。我们的教学模式还会在教育改革过程中根据具体情况不断调整，我们愿意继续钻研探索，使探索“基于教育信息化的高中语文课堂模式”的脚步，走得更坚实、更有力！

课例 1

故都的秋

山东省龙口第一中学　刘　勇　朱丽维

一、“互联网+”要素简介

本节课的设计主要基于“三步六环节”语文课堂教学模式，借助互联网、电子书包所提供的大量知识与信息，实现学生对所学知识的雕琢、重组和归纳整理；通过微视频的分享、平板电脑拍照上传答案等方式，凸显了知识传送的便捷；教师通过平板电脑推送阅读资料，实现了课堂知识的拓展延伸。

（一）聚焦问题，展示目标

(1)学生利用电子书包资源，查阅并了解作家经历、作家与北平等相关资料。

(2)教师向平板电脑推送导学案，学生预习课文完成预习题目，并提交“我的疑难问题”。

(3)教师通过批改，了解学生预习情况，汇总有价值的疑难问题。

(4)教师及时调整教学目标、教学内容，向平板电脑推送新授课导引课件，并下达新的任务。

（二）多重对话，“举三反一”

(1)交流分享关于作家经历、作家与北平等的查阅成果。

(2)以学案中展现的层级式问题驱动学生合作探究。

(3)观看旧中国旧北平图片，观看南方北方秋景微视频，引导思考景物、作者和时代的关系。

(4)观看《楹联里的中国》第十集《郁达夫故居〈鲁迅先生的七言诗〉》视频片段，以视频中评价鲁迅、郁达夫等人的关键词“环境险恶，斗志不减”为话题，结合故都秋景特点，撰写短文，拍照上传，分享交流。

(三)学以致用，拓展延伸

(1)通过平板电脑推送朱自清的文章《春》《荷塘月色》及文章相关背景资料。

(2)撰写300字小论文《风景·人与社会》。

二、教材分析

《故都的秋》多年来一直是高中教材的必选篇目、重点篇目。新教材改革后再次录入人教版必修上册。一代又一代中学生通过这篇文章，了解“故都的秋”，走进了郁达夫的精神世界。本文写极普通之景物，写市井闲人的口语俗话，然而这些“普通”，经郁达夫的妙笔点画后却别具一番风味，给人“秋景平常处，愁心随处来”的感觉。在浓浓的故都秋味中又寄寓了郁达夫特有的“清、静、悲凉、奇”的感受和文人对秋的思考。因此，我们试图通过选取的景物引导学生体味郁达夫寄寓在文中的独特情感，进而知人论世，去破译寄寓在文中的独特情感。

三、学情分析

高一阶段的中学生已经初步具备了阅读散文、鉴赏散文的能力，但在认知散文，运用手段进行散文阅读、鉴赏等方面仍然存在诸多问题。比如：因为对散文阅读和鉴赏规律的认知不足，在自主阅读时许多学生不知道应该如何关注文本；因为缺乏研读精神和研读手段，许多学生在阅读时无法生成“我的疑难问题”。他们很难体会那个特殊时代作者内心纠结的伤痛，所幸的是，我们可以借助互联网强大的资源来补充背景材料，创设情境，引领学生抓住文章中表现故都秋景的词语充分品读，用学生已有的情感体验打开与作者对话的大门，从而更好地理解文本，获得更深切的心灵体验。

四、教学过程

本课例的教学活动与设计意图如表3-1-1所示。

表 3-1-1 《古都的秋》的教学流程与设计意图

<table>
<tr><th colspan="2">教学环节</th><th colspan="2">教学活动</th><th>设计意图</th></tr>
<tr><td>提出问题</td><td>聚焦问题
展示目标</td><td colspan="2">学生活动：
(1)查阅并了解作家经历、作家与北平等相关资料(交流分享，汇报查阅成果)
(2)找到作者描写秋景的关键句、关键词</td><td>(1)“互联网＋”的课堂教学模式，打破了传统课堂的边界，学生自主查阅资料预习，了解作家经历、作家与北平等相关资料；以此对文本进行思考、交流归纳，生成心得体会及“我的疑难问题”。然后由此引入新课，改变了传统的“教师教什么，学生学什么”的教学模式，激发了学生阅读作品的兴趣。学生了解郁达夫文学斗士的事迹，感受他“夜行者”的思想光芒，实现从“时代之人”到“景中之人”的层次解读
(2)寻找关键词，训练学生阅读时要“轻重有别”，要“有效关注”，提高归纳能力，在预习中实现风景和人的勾连</td></tr>
<tr><td rowspan="4">分析问题</td><td rowspan="4">多重对话
举三反一</td><td colspan="2">学生活动：品形象，悟情感(析文理脉，体悟情感态度)</td><td>(1)引领学生从归纳秋景图入手，关注景物特点，推敲文章语言，品悟景中“人情”；调动学生兴趣，导引学生品鉴，完成“缘景入情”的层级鉴赏
(2)引领学生关注分析“破屋”“早晨”“一碗浓茶”“碧绿的天色”“青天下驯鸽的飞声”“一丝一丝漏下来的日光”“蓝色或者白色的牵牛花”“疏疏落落尖细且长的秋草”等描写秋景的意象，在景物品鉴中求同求异，从小院秋晨、破院清晨，秋雨话凉、奇雨秋人等不同概括词语中找出最佳词语，实现对文章的精细化品鉴</td></tr>
<tr><td rowspan="3">教师活动：
(1)看社会，明背景(补充资料，挖掘悲凉根源)
(2)寻矛盾，引问题，挖掘深层含义(由矛盾处入手，导引探究，缘文入情)</td><td>(1)“清、静、悲凉”这三个关键词属于怎样的关系？</td><td>引领学生联系文本思考“清”“静”“悲凉”这三个词语间的逻辑关系，进而思考为什么郁达夫会喜欢“这种悲凉”</td></tr>
<tr><td>(2)用“清、净、悲凉”能否概括全部的秋景图？作者为什么这样写？</td><td>结合文章结构特点、情感表达方式等，可引导学生得出“清静悲凉”的特点是重点部分、“奇”为次要部分的结论。结合社会背景材料，导引学生深层思考，明确郁达夫情感的复杂性，喜欢“清静悲凉”的秋，很大程度上是因为内心的悲凉、对家国的忧虑</td></tr>
<tr><td>(3)在此基础上，给学生推送旧中国旧北平图片，推送短视频《郁达夫故居〈鲁迅先生的七言诗〉》</td><td>运用信息化手段推送视频和图片，是对文章背景的纵深拓展，也是对文本情思的揭示。一方面可以使学生更直观地感受那个风雨如晦的黑暗时代；另一方面更容易让学生关联起看似松散的秋景和作者的家国情怀，更容易理解藏在对北国之秋的眷恋之下的家国悲凉，也更容易理解郁达夫一面对生活怀着“奇美”的热爱、一面却“清静”而“悲凉”的情怀
在信息技术背景下，学生对文本的认识随着讨论和拓展性资料的展示得以深化和升华，在我们的有效引导下，学生逐渐进行深入的思考和辩证的分析，“以意逆志”，既发展了思维，又提高了认识能力</td></tr>
</table>

续表

<table>
<tr><th colspan="2">教学环节</th><th colspan="2">教学活动</th><th>设计意图</th></tr>
<tr><td rowspan="2">分析问题</td><td rowspan="2">多重对话
举三反一</td><td rowspan="2">学生活动:赏语言,析技法(互动探究,感受文学之美)</td><td>(1)郁达夫对南国之秋持什么态度?这部分文段在文中有何作用?</td><td>在概括、分析各秋景图,充分认知文本的基础上,以探究讨论的形式,让学生明晰对比手法对于表达的作用,并以作者对南国之秋的态度作为基点,关联社会时代背景材料,引领学生得出秋之爱、秋之文化、国之悲凉、人之悲凉等更深刻、更丰富的解析结论</td></tr>
<tr><td>(2)结合评议南国之秋和北国之秋的相关文段,体悟《故都的秋》的语言之美,并思考这样写作的好处</td><td>此环节旨在引领学生体味语言的建构和应用,提升学生核心语言素养。查阅相关信息和诵读文本相结合,在反复比较中深入品味,充分唤起他们对文学语言学习的兴趣,从而优化了教学内容,提高了课堂效率</td></tr>
<tr><td rowspan="2">解决问题</td><td>学以致用</td><td colspan="2">学生活动:巧拓展,比较阅读。阅读朱自清的文章《春》《荷塘月色》及文章相关背景资料。关联《故都的秋》,撰写300字小论文《风景·人与社会》</td><td>从彼文本到此文本,引领学生利用关联思维,以此知彼,以彼知此。通过朱自清《春》《荷塘月色》不同的景致特点、不同的情感特点,引领学生思悟缘由;进而关联到郁达夫《故都的秋》,尝试解析作者藏于秋景之中的悲凉和爱恋,并最终品悟文化和家国情怀</td></tr>
<tr><td>拓展延伸</td><td colspan="2">学生活动:巧拓展,联现实。(纵向延伸,思考现实意义)
(1)你认为中国传统的悲凉的秋文化在现世是否还具有普遍意义?
(2)郁达夫先生的家国情怀,对我们今天有什么现实意义?</td><td>从文本延伸到现实,从传统文化延伸到现世,从自身延伸到社会,引领学生思考文化传承,体味家国情怀。设计本环节,是为了进一步突破教学难点,让学生有视野上的开阔和意识上的提升</td></tr>
</table>

五、亮点分析

“品形象,悟情感”环节,教师首先明确学习任务:本文通过哪些意象来表现“故都的秋”的“清、静、悲凉”?作者又是如何来描写的?(可选取你喜欢的段落)动笔组织答案,拍照上传并分享交流。5分钟后,学生纷纷上传。

学生1:碧绿的天色、青天下驯鸽的飞声、槐树下漏下来的日光、蓝色的牵牛花、疏落的秋草,还有落蕊、秋蝉衰落的残声、秋雨、秋枣等,这些都是表现“故都的秋”的“清、静、悲凉”的意象,也从不同的角度体现了“故都的秋”的特点,有从视觉的，有从听觉的，也有从触觉的，甚至运用对比、衬托、比喻、排比等手法来写“故都的秋”。

学生2：本文还通过北平人秋雨话凉的画面，体现“故都的秋”的“清、静、悲凉”，亲切的俚语、悠闲的举止、独特的衣着，处处体现秋之悲凉。

……

通过拍照上传、分享交流的方式，为学生提供了一个信息资源丰富的学习环境，增强了学生学习的自主性，提高了学生学习的积极性。从教学过程开始前的查阅资料到教学过程中利用信息技术手段支持教学活动，整个课堂始终以学生为主体，从而推动学生更深、更有效地研读文本，极大地提高了课堂效率。

六、课后反思

《语文课程标准》提出：“要全面提升学生的语文素养，充分发挥语文课程的育人功能。”在新一轮教学改革中，作为语文教师，更应该时刻抓牢“语言”“思维”“审美”“文化”等核心素养并为之努力践行。所以，从看似悲凉的秋景中升华，从看似矛盾的“悲凉”和“奇”中思悟，感受郁达夫先生深藏于对故都之秋眷恋背后的深情，培养学生的家国情怀，就成了本节课的重中之重。

作为中学阶段经典篇目，郁达夫的《故都的秋》既要体现对作品语言的揣摩，对篇章结构和写作特点的学习，更要实现文学的社会作用，给学生的情趣、才华、品质和思想以优良深远的影响。所以在讲读时我们一方面着眼语文课“听、说、读、写”的基本目标，一方面立足精神启迪，引领学生品悟景中之情，从表层的秋之眷恋到深层的家国忧思，将自身与时代紧密关联，努力和学生一块体味高尚的情怀，在真正的精神共情中升华。

虽然因为时间间隔，学生阅读鉴赏《故都的秋》时会存在一定困难。但景物相通，人情相通，思维相通，以此调动学生，回归文本，回归法则，“故都秋景”也会成为学生们沟通郁达夫的桥梁。

因此，我们以文眼“清、静、悲凉”为突破口，以“奇”引发思考，以表里思维导引深入。再结合背景资料，师生互动，课堂始终贯穿着“自主、合作、感悟”的教学理念，依托文本，循序渐进，以学生思想为跳板，不断深入，进而陶冶学生的情操。

苏霍姆林斯基曾经说过：人们的内心深处，都会有这样一种渴望。他们希望自己能够拥有“发现”“研究”“探索”的精神，并因此而获得成长。自主、合作、创新是这个时代赋予教育的品格与内涵、赋予每个教师的神圣职责。的确，我们教师应注重学生学习过程的体验，注重对情感、态度、价值观目标的挖掘，让学生在探究、讨论、交流中得到知识与能力的提升，获得心灵的启迪。在以后的教学路上，我们会时刻提醒自己，适时采取合作、交流、研读的学习形式，真正放手给学生，培养学生自己动手合作探究的能力。

工具性和人文性的统一是语文课程的基本特点，我们会加倍努力，充分学习运用各种信息化技术手段，做一个善于寻找契机将课堂的知识传授和生活链接的优秀教师，使语文学习不再是简单的知识传递，而是能充分发挥语文课程的育人功能，使它成为学生孕育情感、关注社会、完善自我的重要途径！

课例 2

齐桓晋文之事

山东省龙口第一中学　刘婷婷　杨益梅

一、教材分析

《齐桓晋文之事》是语文必修下第一单元第二篇课文。在两千多年前的春秋战国时期，我国出现了一个思想激烈碰撞的辉煌时代，百花齐放，百家争鸣。本文中孟子用迂回曲折的方式，提出了“保民而王”的仁政思想，劝说齐宣王放弃霸道，施行仁政，描绘了一幅君民同乐、仁义并施的太平盛世的理想图景。文章围绕“保民而王”的论点展开，步步深入，气势充沛。孟子的“仁政”思想，在当今社会依然有很强的现实性和指导性，学生通过对这篇古代文学作品的学习，学会用现代的观念审视古代作品，体会其中蕴涵的智慧、精神和民族文化。

二、学情分析

《齐桓晋文之事》是战国中期儒家大师孟子体现“仁政”主张的论说文，文章说理形象、论辩有力。高一阶段的学生经过了半年文言文的规范训练，对于基本的文言知识已经有所了解，文言文的理解能力有了很大的提升，已经初步具备了自主学习古文的能力。所以本课的教学重点定为：厘清文章的思路结构，学习孟子的论辩技巧，理解孟子的“仁政”思想，探究其思想的现实意义。

三、教学目标

(1)厘清文章的思路结构，了解孟子的仁政思想。

(2)学习孟子迂回曲折的论辩艺术，学习巧用比喻说理释疑的方法，提高论辩能力。

(3)探究孟子思想的现代意义，增强民族使命感和社会责任感。

四、教学重难点

理解孟子的仁政思想以及其现实意义。

五、教学过程

本课例的教学活动与设计意图如表 3-1-2 所示。

表 3-1-2　　《齐桓晋文之事》的教学活动与设计意图

教学环节		教学活动	设计意图
提出问题	聚焦问题	学生活动：学生利用互联网、平板电脑和教学资源库，查阅了解时代背景和孟子思想 教师活动： (1)教师在平板电脑上推送导学案，学生根据导学案进行自主预习，完成导学案要求并提交至平板电脑 (2)教师批阅学生上传的预习答案，根据批阅情况掌握学情，及时调整教学目标和教学内容	要充分理解文章，就必须了解作者及其所处的时代，充分利用现代信息技术和信息资源，给学生主动权，让学生课前主动搜集资料，对孟子思想有初步的了解，提高学生的理解能力和语言建构与运用能力。“以学定教”，确定了恰当的教学目的，科学地分析学情，把握学情，实现教学最优化
	展示目标	导入：公元前 475 年至公元前 221 年的战国时代，中华大地，群雄并起，列强纷争，为扩张领土，集中人口，各国以征伐为能事，混战不休，百姓生活在水深火热之中。今天就让我们走进《齐桓晋文之事》，穿越到齐国都城临淄的王宫，参与一场治国之策的讨论 教学目标： (1)了解孟子的仁政思想 (2)学习孟子迂回曲折的论辩艺术，学习巧用比喻说理释疑的方法，提高论辩能力 (3)探究孟子思想的现代意义，增强民族使命感和社会责任感	将学生带入那个硝烟弥漫、战火纷飞的年代，调动学生的学习兴趣，通过 PPT 呈现，明确学习目标
分析问题	多重对话 举一反三	孟子思想初探： 学生活动：学生交流分享课前查阅成果，分享结束后观看孟子思想视频，了解孟子思想核心 教师活动： (1)教师从旁指导，播放孟子思想视频，性善学说、理想人格、“仁政”思想 (2)PPT 展示孟子仁政思想，指导学习，民本思想、国君应以保民为职分、反对不义的战争	打破了传统课堂的教学模式，利用互联网、教学资源库等现代信息技术手段，让学生在用现代的观念审视古代作品的基础上，体会其中蕴涵的智慧、精神和民族文化

续表

教学环节		教学活动	设计意图
分析问题	多重对话	厘清文章思路： 学生活动：学生分角色自读课文，勾画出能直接表明孟子观点的词句，小组交流，课堂发言 问题引领： (1)本文记录了孟子和齐宣王的一次谈话，在谈话中孟子提出了怎样的政治主张？ 明确：孟子极力劝说齐宣王实行王道，阐述了他“保民而王”(仁政)的政治主张 (2)孟子在阐述仁政思想的同时，描绘了怎样的一幅社会蓝图，你对这幅社会蓝图的看法是什么？ 明确：五亩之宅，树之以桑……然而不王者，未之有也 (3)厘清文章的结构思路 明确： 第一部分：开头至“王请度之”。提出“保民而王”的主张，写齐宣王未实行王道，不是不能，而是不为 第二部分：“抑王兴甲兵，危士臣”至“孰能御之”。从反面论述“霸道”的危害，敦促齐宣王彻底放弃霸道，实行王道 第三部分：从“王曰：‘吾惛，不能进于是矣’”到篇末。阐述施行王道的具体措施 教师活动：教师通过PPT和平板电脑呈现思考探究问题，指导学生吟诵朗读，品词析句，思考交流	这节课通过一系列问题引导学生深入思考，积极探讨。在文言文教学中，以“读”为手段，推动学生在充分阅读的基础上解读文本，进行探究。学生不仅掌握了字词的读音，而且锻炼了自己的思维，从而更好地在整体上把握文意
	举三反一	学习孟子论辩艺术： 教师活动：PPT呈现思考探究问题，平板电脑发布“导学问题”进行思维引领，补充重点资料，指导学生吟诵朗读，品词析句，思考交流 学生活动： (1)个人活动：再次阅读文本，自主填写“导学思维”的内容，初步厘清孟子与齐宣王之间的谈话过程 (2)小组活动：小组交流“导学问题”内容，共同绘制孟子论辩的思维导图，进一步修改自己的成果 (3)在班级内交流自己的成果 (4)朗读体会孟子的论辩艺术和语言特色 问题引领： (1)孟子是怎样曲折迂回地引导齐宣王接受自己仁政主张的呢？请填写下表：	孟子从容化解话题的尴尬，把话题纳入自己的轨道，引起共鸣；多方设喻，形象说明；从反面剖析，描绘美好蓝图。全文迂回曲折，跌宕起伏。“导学问题”的发布便于学生梳理论辩思路，对阅读材料作出自己的分析判断。而绘制孟子论辩的思维导图，在锻炼学生逻辑思维的基础上增强了学生合作探究的学习能力 孟子的文章善用寓言、比喻，生动地阐述道理，辩论是非，富有雄辩性和逻辑性。学生在明确孟子主张的同时，能更好地领会孟子的论辩技巧

续表

<table>
<tr><th colspan="2">教学环节</th><th>教学活动</th><th>设计意图</th></tr>
<tr>
<td>分析问题</td>
<td>多重对话
举三反一</td>
<td>
<table>
<tr><th>齐宣王</th><th>孟子</th></tr>
<tr><td>欲以征伐求霸业</td><td></td></tr>
<tr><td>肉食者鄙不自信</td><td></td></tr>
<tr><td>心略动不看门道</td><td></td></tr>
<tr><td>攻伐霸业难割舍</td><td></td></tr>
<tr><td>终心动明言请教</td><td></td></tr>
</table>
明确：
第一步：转移话题，把话题纳入自己的轨道，引出“王道”的话题。齐宣王以问“霸道”开头，孟子答“臣未之闻也”，巧妙将话题转向对“王道”的讨论
第二步：用“以羊易牛”的例子切入，将齐宣王注意力转到“仁政”上。肯定齐宣王的“仁心”，进而提出“保民而王”的仁政思想
第三步：宕开一笔，以一系列的比喻得出齐宣王“能而不为”的结论，并证明其谬，断其退路
第四步：重拾话题，正面主张推己及人，推不忍禽兽之心于百姓，并将此作为王道的途径
第五步：列举“霸道”的种种危害，从而衬托出行“王道”仁政的好处，进而阐发仁政之道的具体措施
(2)欣赏孟子的论辩语言，请找出文中运用的艺术手法，并分析其效果
明确：
①比喻说理：“百钧”“不见舆薪”“挟太山超北海”“为长者折枝”“缘木求鱼”等。
②排比：
如“然则一羽之不举”三句；“为肥甘不足于口与”五句；“五亩之宅，树之以桑”四句等
3.归纳概括孟子论辩的艺术特色。
明确：①曲折迂回，步步深入；②气势浩然，逻辑严谨；③取譬设喻，生动简明
</td>
<td>
孟子从容化解话题的尴尬，把话题纳入自己的轨道，引起共鸣；多方设喻，形象说明；从反面剖析，描绘美好蓝图。全文迂回曲折，跌宕起伏。“导学问题”的发布便于学生梳理论辩思路，对阅读材料作出自己的分析判断。而绘制孟子论辩的思维导图，在锻炼学生逻辑思维的基础上增强了学生合作探究的学习能力
孟子的文章善用寓言、比喻，生动地阐述道理，辩论是非，富有雄辩性和逻辑性。学生在明确孟子主张的同时，能更好地领会孟子的论辩技巧
</td>
</tr>
</table>

续表

<table>
<tr><th colspan="2">教学环节</th><th>教　学　活　动</th><th>设　计　意　图</th></tr>
<tr><td>分析问题</td><td>多重对话　举三反一</td><td>探究孟子仁政思想：
学生活动：学生朗读，思考，小组讨论交流
问题引领：
(1)孟子为推行仁政，提出了哪些具体措施？
(2)孟子的以上措施主要是从哪两个方面提出的？
(3)为什么孟子将孝悌之义看得如此之重呢？
教师活动：PPT 和平板电脑呈现思考探究问题，指导学生吟诵朗读，品词析句，思考交流。如叙述王道之成时的四组排偶句，音节铿锵，气势充沛
PPT 补充资料：子曰："其为人也孝弟，而好犯上者，鲜矣。不好犯上，而好作乱者，未之有也。君子务本，本立而道生。孝弟也者，其为仁之本与！"</td><td>通过一系列问题，引导学生找出孟子施行仁政的措施，理解孟子从物质和精神两方面提出措施，发展农业生产和教育百姓。要想国富民强，得民心进而称霸天下，只有施行仁政。而施行仁政的关键就是要关注民生，科学地发展农业生产；重视教育，使百姓安居乐业，社会长治久安</td></tr>
<tr><td>解决问题</td><td>学以致用　拓展延伸</td><td>学生活动：学生思考，小组讨论，将讨论成果上传平板电脑后小组代表发言，全班交流
问题引领：孟子的"民本"(仁政)思想今天还有价值吗？可以作哪些合理的引申？
教师活动：平板电脑发布探究问题，通过 PPT 和视频展示党的十九大提出的民生措施
补充内容：
(1)七大角度保障和改善民生：幼有所育，学有所教，劳有所得，病有所医，老有所养，住有所居，弱有所扶
(2)党的十九大民生小目标</td><td>设计本环节，通过视频手段和平板电脑的及时反馈进一步突破教学难点。以探究的方式引领学生学会在具体的时代背景下分析历史事件，学习用发展的眼光看待古代作品，吸收古代优秀文化，增强民族认同感和责任感
针对现代社会独生子女任性、不懂得感恩、不赡养老人等现象，倡导敬老爱老，构建和谐社会。了解新时期孟子仁政精神的本质便是以民为本的中国梦</td></tr>
<tr><td></td><td></td><td>教师点评本课学习效果，进行课堂小结，布置作业：
(1)思考为什么孟子的思想在当时社会无法实现
(2)谈谈学习这篇文章的收获，上传至平板电脑
学生课后将作业内容上传至平板电脑，共享到班级群，互相交流学习</td><td>借助信息化媒介，交流自己的阅读感受。培养学生在语言建构与运用、文化传承与理解方面的核心素养</td></tr>
</table>

六、教学反思

《齐桓晋文之事》集中体现了孟子的仁政思想。这类文章应该以“文言教学”为基础，把学习探究先贤思想作为重点。借助信息技术，由传统的“讲”转变为“互联网＋”的“导”，在“三步六环节”课堂教学模式中，“生学为本，合作内化，师教为要，点拨升华”。

课前学生利用互联网、平板电脑和教学资源库，查阅了解时代背景和孟子思想。教师在平板电脑上推送导学案，学生根据导学案进行自主预习，完成导学案要求。设计利用现代信息技术和信息资源，给学生主动权，让学生课前主动搜集资料，提高学生语言建构与运用能力的同时对孟子思想有初步的了解。“以学定教”，确定恰当的教学目的、科学地分析学生，实现教学最优化。

本课紧紧围绕孟子的“仁政”思想，通过分析孟子的论证思路，赏析论辩艺术，引导学生理解孟子思想中的民本意识。本课以文本为基础，通过诵读品味语言，以读促悟，提高了学生的学习兴趣，让学生主动获取和交流知识感悟。学习了孟子的崇高精神，对学生的人生观、世界观和价值观起到了正确的引领作用。在对孟子的民本思想以及对现实的指导意义进行探究的同时，针对独生子女任性、不懂得感恩、不赡养老人等现象，倡导敬老爱老，使社会更加和谐友善。

借助媒介，同学们将自己的意见整理成形，发布在班级群，文言文教学达到了学以致用的效果。信息技术手段的使用，让学生深入思考，积极探讨。学生的思维活跃，生成较多，课堂也就有张力与活力，体现出互联网＋教学手段的有效性。

今后在教学中，我们会坚持“适时、适量、适当”的原则，充分发挥出信息化教学方式的优势。师生、生生在学习过程中结成平等、和谐的互动互助关系，让学生在课堂中人人有兴趣参与、人人有机会表现、人人有任务分配。

课例 3

祝福

山东省龙口第一中学　战永青

一、教学设想

《祝福》是鲁迅先生的名篇，解读《祝福》有助于培养学生的小说鉴赏能力。要想有效解读小说，离不开对小说三要素的深入分析。因此，我想借助《祝福》这篇课文，梳理小说鉴赏技巧，将课文讲授与高考备考有机结合，让学生借助信息化手段，对小说中人物、环境、情节进行细致分析，继而挖掘小说主题，构建小说阅读的知识模型，掌握鉴赏小说的基本技巧。

二、教学过程

本课例的教学活动与设计意图如表 3-1-3 所示。

表 3-1-3　《祝福》的教学活动与设计意图

教学环节		教学活动	设计意图
提出问题	聚焦问题　展示目标	教师根据学生平板电脑上的信息反馈，汇总学生预习时存在的问题，调整本节课的教学目标，明确学习任务： (1)了解小说的写作背景 (2)厘清小说情节、探究小说倒叙手法的作用 (3)分析小说中祥林嫂的人物形象，掌握小说塑造人物形象的基本方法 (4)分析小说中以“祝福”为题的作用 (5)探究人物悲剧的社会根源 (6)探讨课文学习对高考备考的意义 学生交流展示学习情况： 一、学生查阅整理《祝福》写作背景 本文是鲁迅先生的小说名篇，节选于《彷徨》。小说反映了辛亥革命以后旧中国的社会现实，展现了封建帝制下底层民众的生活状态 二、学生查阅整理小说相关知识 1.小说主要通过人物形象的塑造来反映现实生活 2.主题是通过小说三要素(情节、人物、环境)反映的中心思想 3.人物描写方法包括语言描写、外貌描写、动作描写、心理描写、细节描写等 4.情节：序—开端—发展—高潮—结局—尾声 5.环境：自然环境、社会环境 6.顺序：顺叙、倒叙、插叙 7.小说标题的作用： (1)指明写作主要对象，概括小说主要事件 (2)点明时间、地点，创设故事展开的典型环境，渲染氛围，奠定文章感情基调 (3)以物为题，寄托作者情感，贯穿全文，起线索作用 (4)具有象征意义，一语双关，揭示小说主旨，深化主题 (5)设置悬念，引起读者阅读兴趣	教师借助《祝福》这篇课文，引导学生初步梳理小说鉴赏的知识和答题技巧，将平日教学与高考备考结合起来。课堂教学之前，教师通过教学平台发布《祝福》学习任务，学生利用网络资源自主查阅小说文体知识等相关资料，并通过学习平台向教师反馈学习情况。教师通过学情分析，聚焦有价值的问题和普遍性的问题，及时调整并重新确定教学目标和教学内容，最后进行学习目标展示、新课导入、新任务下达，使教学更有针对性、更有效率

续表

教学环节		教学活动	设计意图
提出问题	聚焦问题 展示目标	补充： 鉴赏小说的方法： (1)知人论世，了解作者及社会背景 (2)梳理文本的大致情节，找出文章线索 (3)认真分析人物形象、描写方法，剖析人物，理解典型环境中的典型性格，从而深入领会小说的思想和艺术。理解人物与环境的相互作用：环境作用于人，人又反作用于环境，这会使环境发生或多或少的变化，如果人物几经抗争，仍无法改变环境，就造成了悲剧(悲剧就是把有价值的东西撕毁给别人看)的结局 (4)分析小说的社会作用：认识作用、教育作用、美感作用	学生预习时，通过网上搜集、查看资料，完成学习任务，落实教师课前要求：整理《祝福》写作背景与作者等相关信息，以便学生更好地解读文本
分析问题	多重对话 举三反一	教师出示关键问题，供学生交流讨论： (1)梳理小说基本情节，探讨本课中倒叙的作用。补充介绍插叙手法的作用，二者同等重要 (2)给“祥林嫂”画像，用横线画出《祝福》中祥林嫂三处外貌描写的句子，并思考这些外貌描写前后的不同，这些不同展现了祥林嫂怎样的人生轨迹和性格特点，启动多重对话，师生一起完成表格填写 (3)文章为何以“祝福”为题？环境，既有自然环境，也有社会环境。这节课我们着重分析《祝福》的社会环境。本文的社会环境主要通过“祝福”的场景展现，让学生画出描写“祝福”景象的语句，探究小说以“祝福”为标题的现实意义 (4)谁是真凶？是谁害死了祥林嫂？从分析小说人物(鲁四老爷、祥林嫂的婆婆、以柳妈为代表的群众、“我”)的形象入手，探究祥林嫂的死因。探究祥林嫂的死因其实就是探究《祝福》的主题 学生或借助手中平板电脑、或通过小组合作答疑解惑，做好题型梳理归纳： 1.情节梳理及倒叙作用 序幕：(1～2)祝福景象和鲁四老爷 结局：(3～33)寂然死去 开端：(34～53)初到鲁镇 发展：(54～65)被卖改嫁 高潮：(66～111)再到鲁镇 尾声：(112)祝福景象和“我”的感受	教师设计了四个问题，引领学生从小说情节、人物、环境三个方面分析文章主题，在此过程中，逐渐梳理出小说鉴赏的知识和方法 在这一过程中就需要进行多重对话。在教师主导下，教师、学生、文本、环境之间进行多维度的交流，学生会产生思维火花的碰撞和情感认识的交流，这种对话是在平等、和谐的氛围中进行的，是积极主动、畅所欲言的

续表

<table>
<tr><th colspan="2">教学环节</th><th>教学活动</th><th>设计意图</th></tr>
<tr><td>分析问题</td><td>多重对话举三反一</td><td>
倒叙手法的作用：
(1)为读者设置了一个个疑问，增加了悬念：祥林嫂从哪里来？家境如何？怎会落到这个地步？临死之时为什么又会提出如此古怪的想法呢？种种问题吸引着读者一步步地读下去。
(2)将年终祝福的景象与祥林嫂的离世串在一起，造成强烈的对比，形成了浓厚的悲剧气氛，揭示了一个底层妇女与统治阶级之间的尖锐矛盾，突出展现了《祝福》一文反封建的主题。
2.给“祥林嫂”画像，学生填写表格，如下表所示：
<table>
<tr><th></th><th>衣着打扮</th><th>脸色</th><th>眼睛</th><th>精神状态</th></tr>
<tr><td>初到鲁镇</td><td>头上扎着白头绳，乌裙，蓝夹袄，月白背心</td><td>脸色青黄，但两颊还是红的</td><td>顺着眼</td><td>做工毫不懈怠，反满足，口角边渐渐的有了笑影，脸上也白胖了</td></tr>
<tr><td>再到鲁镇</td><td>头上仍然扎着白头绳，乌裙，蓝夹袄，月白背心</td><td>脸色青黄，只是两颊上已经消失了血色</td><td>顺着眼，眼角上带些泪痕，眼光也没有先前那样精神了</td><td>手脚已没有先前那样灵活，记性坏得多，死尸似的脸</td></tr>
<tr><td>死前相遇</td><td>头发全白，全不像四十上下的人；提着竹蓝，内中一个破碗，空的；一手柱着一支比她更长的竹竿，下端开了裂：她分明已纯乎是一个乞丐了</td><td>脸上瘦削不堪，黄中带黑</td><td>只有那眼珠间或一轮，还可以表示她是一个活物</td><td>消尽了先前悲哀的神色，仿佛木刻似的</td></tr>
</table>
</td><td>教师要引导学生，针对本节课内容，做好梳理归纳，将整理好的笔记拍照上传。同学们可以通过学习终端交流分享，从而达到举三反一的目的</td></tr>
</table>

续表

教学环节		教 学 活 动	设 计 意 图
分析问题	多重对话 举三反一	总结外貌描写作用： 表现人物的质朴、善良、温顺与勤劳，更重要的是表现了人物命运的变化 多次外貌描写为读者呈现了祥林嫂的坎坷人生路，使祥林嫂的悲惨命运更为形象地展现在读者面前。通过前后鲜明的对照深刻揭示祥林嫂的悲惨遭遇，这种结果不是偶然的，而是必然的，客观因素(封建专制、迷信落后的客观环境)、主观因素(以鲁四老爷为首的人)、性格因素(性格决定命运)众多推手一起把祥林嫂推向了死亡，她必死无疑，她非死不可，反封建的主题随之显现 补充：鲁迅先生给我们讲述了一位生活在社会最底层的劳动妇女的悲惨故事，她努力过、坚持过、相信过、放弃过、后悔过，最后绝望地在一个大雪天死去了。像这样悲惨的生活在社会底层的人物，鲁迅先生写过很多，比如：少年活泼可爱而中年麻木愚昧的闰土、站着喝酒而穿长衫迂腐的孔乙己 鲁迅为什么喜欢写这样的人物？ 明确：他想通过塑造这些生活在社会最底层的劳动人民，使读者关注他们悲惨的遭遇，能够清醒地认识到当时封建社会封建礼教吃人的本质、对人民的迫害 3.文章为何以“祝福”为题？ 小说从年终的祝福场景开始写起，最终又在祝福声中落笔，中间又多次描写祝福场景，可以说祝福既是情节展开的具体环境，又是情节展开的推动因素，所有的一切都离不开祝福。表面的祥和掩饰不了底层百姓悲剧的命运，祥林嫂在祝福声中离世，应该是鲁迅先生特意为之，热闹繁忙的祝福中祥林嫂孤独落寞，最终离世，对比鲜明，突出了反封建的主题 4.谁是真正的凶手？ 鲁四老爷？　因为他剥夺了祥林嫂祭祀的权利…… 祥林嫂婆婆？　因为她拐卖了祥林嫂…… 柳妈？　因为“地狱之说”使祥林嫂更加迷惘，不知何去何从…… “我”？　因为“我”的无能，导致了祥林嫂的死亡…… 以上这些人都与祥林搜的死有关，但似乎都不是主要原因	教师要引导学生，针对本节课内容，做好梳理归纳，将整理好的笔记拍照上传。同学们可以通过学习终端交流分享，从而达到举三反一的目的

续表

教学环节		教　学　活　动	设　计　意　图
分析问题	多重对话　举三反一	祥林嫂的悲剧人生有它的社会根源： 《祝福》一文中，以鲁四老爷为代表的吃人礼教，以婆婆、大伯为代表的愚昧家庭，以"柳妈"为代表的社会看客，联手将祥林嫂推向深渊。迫使她守节不成又增加分尸的恐惧，最终想要做奴隶都不得，正是封建礼教的迫害和封建思想的根深蒂固铸成了祥林嫂的悲剧人生	
解决问题	学以致用　拓展延伸	学生活动： (1)整理学习笔记，运用积累的知识，绘制小说知识图表 (2)小组合作，交流绘制的知识图表，全班拿出一张成熟的作品，资源共享 (3)布置课下作业，用掌握的小说知识分析高考小说题《活着》	学生通过本课的学习，绘制自己的小说知识模板，学以致用

学生最终完成的小说知识图表成稿如下面的图 3-1-2、表 3-1-4 所示：

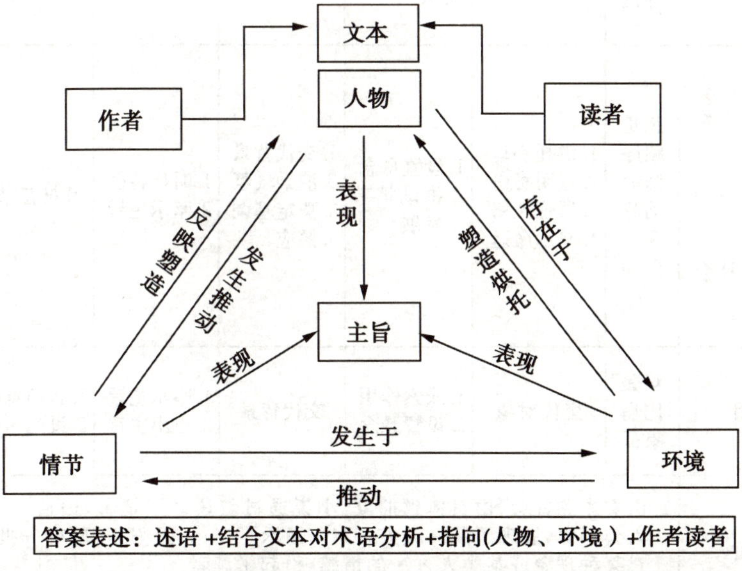

图 3-1-2　小说的知识图

表 3-1-4　　　　**小说鉴赏知识一览表**

<table>
<tr><th colspan="2" rowspan="2">题型</th><th rowspan="2">手法</th><th colspan="4">作用</th><th rowspan="2">概括特点</th></tr>
<tr><th>对人物</th><th>对情节</th><th>对环境</th><th>对主旨</th></tr>
<tr><td rowspan="4">人物</td><td rowspan="2">主要</td><td rowspan="4">描写</td><td rowspan="2">塑造形象</td><td>呼应标题或开头</td><td rowspan="8">交代背景</td><td rowspan="4">折射出社会中某一类人的生命状态</td><td rowspan="4">1. 从身份、地位、经历、教养方面概括
2. 从描写或修辞方法角度概括
3. 从次要人物及环境方面概括</td></tr>
<tr><td>推动情节发展</td></tr>
<tr><td rowspan="2">次要</td><td rowspan="2">衬托主角</td><td>引出下文</td></tr>
<tr><td>为下文作铺垫</td></tr>
<tr><td rowspan="4">情节</td><td>开头</td><td>倒叙</td><td rowspan="4">1. 点明身份
2. 展现性格
3. 暗示命运</td><td>设置悬念</td><td rowspan="4">揭示了某种社会现象突出文章主旨</td><td rowspan="4">从场面、线索、结构方面概括，注意情节变化</td></tr>
<tr><td>中间</td><td>插叙
伏笔</td><td rowspan="2">推动情节发展</td></tr>
<tr><td>结尾</td><td>意外
留白</td></tr>
<tr><td>整体</td><td>波折
明暗
抑扬</td><td>情节跌宕起伏</td></tr>
<tr><td rowspan="2">环境</td><td>自然</td><td rowspan="2">感觉
顺序
修辞
动静
虚实
白描</td><td rowspan="2">1. 烘托心理
2. 点明身份
3. 展现性格
4. 暗示命运</td><td rowspan="2">1. 设置悬念
2. 推动情节发展</td><td rowspan="2">1. 交代背景
2. 渲染气氛
3. 奠定基调
4. 照应</td><td rowspan="2">1. 时代特征
2. 暗示主旨</td><td rowspan="2">用双音节词概括</td></tr>
<tr><td>社会</td></tr>
<tr><td colspan="2">题目</td><td>双关
比喻
象征</td><td>交代对象</td><td>1. 线索作用
2. 设置悬念</td><td>交代背景</td><td>1. 暗示主旨
2. 点出主旨</td><td>1. 言简意赅
2. 设问</td></tr>
<tr><td colspan="2">主旨</td><td colspan="6">1. 由文本到社会，由具体到抽象：小说通过叙述××情节，塑造了××的主人公形象，展现了某一类人××，揭示了××，抒发了（呼吁—批判）作者对某种现象或某类人××的情感，引起了读者××
2. 把人分类（人物是展现主旨的核心），按人探究主旨</td></tr>
</table>

第二节 高中数学课堂教学模式及课例

目前，新课改正在全面实行，新课程理念已深入人心，信息技术为我们的课堂教学提供了广阔的平台，学生学习模式和方法正在发生改变，传统的教学模式难以让学生化被动为主动。通过信息化的数学教学，能够弥补传统教学方式的漏洞，激发学生的学习兴趣，提高学生的学习能力。同时，数学是基础学科，占有非常重要的地位，更需要与时俱进，符合“新课改”背景下的要求，培养学生的数学核心素养。

为了实现课堂上由“教师主体”转变为“学生主体”，让学生从根本上改变学习方式，提高学习效率，提高学生的数学能力，培养学生的数学素养，打造智慧课堂，我们采用“学、探、点、思四步”的课堂教学模式，具体环节如下：

一、展示目标、自主学习

首先，课前通过平板电脑发放本节课的相关资料，并指明本节课的教学目标，进行课前预习引领。在以往的课堂中，一般只依靠纸质导学案来引领预习，而基于教育信息化的课堂模式中，我们在导学案的基础上加入了微课视频、图片、素材等多种形式的资料，并推送到学生的平板电脑上，通过展示学习目标来引导学生探索知识点，提高学生的数学抽象、逻辑推理等数学核心素养。

例如：在讲授“三角函数的定义”这一节时，先将本节课的导学学案、PPT、微课、音频等在课前发送给学生，让学生自主学习、网上查阅或是相互讨论，通过预习，同学们会对本节课有初步的了解，然后让学生将回答不出的问题及预习中存在的疑问拍照上传给教师，这样，我们可以及时了解学生预习的情况。根据集中反馈的问题，我们可以再一次录制微课，上传给学生，从而及时解决学生普遍存在的问题，保证了预习的有效性；对于个别成绩不太好的同学可以单独推送解析。另外，也可让学生借助平台筛题、选题，或是上传自己组建的题目，形成在线自测，设置为“提交后开放答案”。这样，学生提交后可以直接对答案，让学生及时发现问题、解决问题。同时，我们通过平板电脑测试进行批改并查看报告，总结归纳出学生问题之所在，及时调整授课内容，整合出更适合学生的授课内容。这种形式既能调动学生的积极性，又能提高学生的自主学习能力，同时使教师在授课之前能摸清学情，授课更有针对性，提高了课堂效率。

二、合作探究、展示自我

高中数学的核心素养是对数学知识的理解、对数学技能方法的掌握、对数学思想的感悟，要求学生掌握基本的数学技能、数学思想和数学方法，提升学生的数学素养，引导学生用数学的眼光看世界。提升了学生的数学素养，也就提升了学生的综合能力。但由于高中数学的学习难度较大，题型灵活多变，个人的学习难以达到更高的层次，这就需要通过合作交流培养学生的数学思维，让学生学会从多角度、多层面考虑问题。在此，我们可以按照学生的学习情况及性格特点进行小组划分，通过合作交流的方式完成学习任务。学生在此过程中将各自自测存在的问题进行相互讨论、相互交流，形成新的认知，并将未能解决的问题归类汇总，先有学生分析，再由教师总结。

例如：在授课“三角函数的定义”时，先情景引入“摩天轮中心离地面高度为 h_0，它直径为 $2r$，逆时针匀速旋转一周需要 360 秒，若你坐在座舱中，从初始位置 A 出发，求旋转 30 秒时，你距离地面的高度是多少？150 秒呢？210 秒呢？330 秒呢？然后用提前准备的硬纸板圆作为教具，让学生进行小组讨论，形成答案，最后展示成果。这样，既锻炼了学生的归纳总结能力，又活跃了学生的数学思维，实现了让学生成为课堂主体的目的，充分调动了学生学习的积极性，使学生在展示自我的过程中不断地完善自我。

三、重点点拨、能力提升

前两个环节的重点是生生互动，将舞台留给了学生，积极调动了学生学习的主动性，但这并不代表取消了教师的讲解。课堂仍离不开教师的精讲，此时，可以对本节的代表例题进行重点点拨，强调关键知识点、易错处及需注意问题。学生的认知有时比较浅，不能深入问题的本质，这时需要教师的点拨，让学生能够对问题有更深入的理解，并能做到学以致用。我们的课堂目标不仅仅是让学生学会本节的知识，更是让学生具备数学素质，能够具备关联知识点、关联问题所在的能力。为此，我们可以让学生进行题目变式，让学生出题，这样学生才会辩题、识题，提高学生对题目的感知能力，加强学生的运用能力，做到灵活应对题目。另外，在此过程中师生也可互相提问、辩论。争辩可以碰撞出智慧的火花，可以使学生提高分析问题、解决问题的能力。本环节完全体现了师生互动的原则，使教师能够及时发现问题、解决问题。

学生对本节课已经形成基本共识之后，可以进行差异性选题。选题方式有很多，可以是手机百度，也可是用平板电脑上网查找，或是教师发送的题库，教师发送题库可以是课前精选出本节课的重点题型，也可以根据课堂情况随时追加题目，题目来源于电脑网络或是平台，创建适合自己班级学情的习题集。让学生自主选择相关类型题目会使学生学习更有自主性，让他们更能找出自己的问题所在，能更有效地实现分层次教学，体现教学的个性化、差异化。本环节重在提高学生的数学核心素养，特别是数学抽象能力、逻辑推理能力、数据分析能力及运算能力，其中，逻辑推理是贯穿数学学习过程的关键点之一，学生只有具备较强的逻辑推理能力，才能够很好地理解数学、学好数学，并将其加以应用。

四、跟踪检测、及时反思

要想了解学生的掌握程度，当堂检测是必不可少的环节，课堂效果终归要落到实处。测评的方式有很多，可以集体测评，可以小组测评，也可以同学之间互评。集体测评用得比较多，教师可以将准备好的题目通过平板电脑发放给同学，主要分为客观题和主观题，客观题平板电脑可以直接批出来并进行统计，这样教师只需批主观题，从而大大节省了教师的批卷时间。小组测评可以是小组直接轮流交换出题作答，这样可以小组合作探究解决。同学互评可以是同位之间的互测互评，相互讲解，也可以是小组内部的互评。最后，结合学生的自我反馈及课堂小测情况，教师可以对本节课进行归纳总结。课下对本节课进行及时反思，根据反馈情况，给不同类型的学生有差异性地进行选题，可以把相关题型单独发给未过关学生，实现再巩固，这样既确保了每一位学生落实到位，又使不同层次的学生都能有最大限度的提升。

融合信息化的课堂教学能够提高课堂教学的有效性，借助于平板电脑教学，能够让我们的课堂授课更有针对性，能够使数学教学更加形象化、多样化、系统化，有利于揭示数学概念的形成与发展，有利于学生数学思维的培养，提高学生的数学综合能力，强化课堂教学。课前学生可采取多种方式进行预习，观看图片、课件、微课，自主学习。上课互动环节，学生可以上传解题步骤，通过电子白板直接反馈问题，或是用投影仪展示学生的作答过程，这样教师可以直接有针对性地讲解。课堂上的选题、课后的跟踪反馈帮助我们实现了个性化差异教学。学生还可以将重难点进行拍照录像，以供课后复习巩固。无缝对接假期可以提前录制假期微课，让学生在假期中利用平板电脑观看微课，进行自主学习。

基于教育信息化的“学探点思四步”数学教学模式只是我们的初步探索，随着时间的推移和模块的不同，我们会不断地加以完善。我们将尽可能地运用现代化教学工具，有效地将信息技术与课堂教学融为一体，实现“构建高效课堂，实施有效教学”的目的，培养学生的学习能力，提高学生的数学核心素养。

课例1

三角函数的图象与性质

山东省龙口第一中学　庄娜娜　战秀杰

一、教材分析

“三角函数的图象与性质”是人教A版《高中数学》必修第一册第五章第四节的内容。三角函数是高中数学的一个重要知识板块，也是高考的热点，以容易题和中档题为主。“三角函数的图象与性质”是本章的核心，在复习该部分内容时，应充分利用数形结合的思想，将三角函数的图象与性质有机结合起来，从而使性质更容易理解，做题更简捷。

二、学情分析

前面已经复习了“函数”这章，掌握了函数的基本性质，在此复习三角函数的性质能相对简单些。由于三角函数的性质极其重要且题型较多，故本节课只是复习正余弦函数的定义域、值域、单调性。复习过程中需要注重基础，同时提升能力，为此所选例题要典型全面，满足不同层次学生的需要，让学生掌握基本题型，学会解题方法，提高综合运用能力，提升学生的数学核心素养。

三、教学目标

1.知识目标

会画正弦函数、余弦函数的图象并能加以应用，掌握正弦函数、余弦函数的定义域、值域、单调性，灵活运用性质进行综合解题。

2.核心素养

通过对题型的辨析提高学生的数学抽象能力和逻辑推理能力，通过对三角函数图象的运用提高学生的直观想象能力，通过对公式的应用提高学生的运算能力，通过自主学习、合作探究的学习方式培养学生的认真探索精神，通过对题型的总结提高学生的归纳能力。

四、教学重点和难点

1.重点

通过正弦函数、余弦函数的图象理解性质；会求正余弦函数的定义域、值域、单调区间，并能对性质进行综合应用。

2. 难点

正余弦函数值域的求解；已知函数单调性，求参数范围。

五、教学流程

教学流程如图 3-2-1 所示。

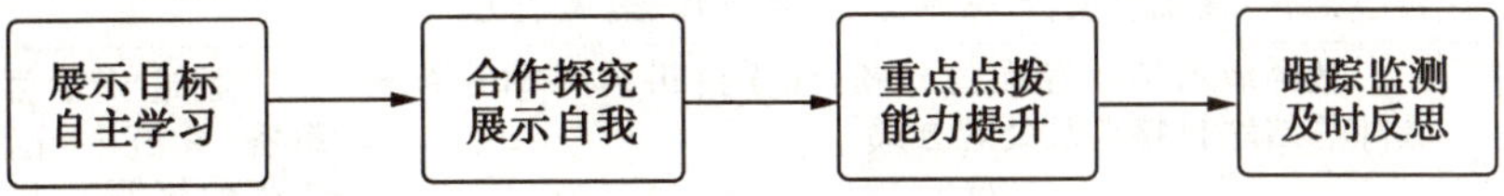

图 3-2-1　教学流程

六、教学过程

本课例的教学活动和设计意图如表 3-2-1 所示。

表 3-2-1　　“三角函数的图像与性质”的教学活动与设计意图

教学环节		教学活动	设计意图
展示目标自主学习	资料发放	课前教师通过平板电脑发放导学案、PPT、微课等相关学习资料，学生可以上网搜集题目等。提出学习目标： (1)能用“五点法”作正弦函数图象和余弦函数图象 (2)能用表格形式作出正弦、余弦函数的图象与性质并进行对比 (3)总结三角函数求值域有哪几种题型 (4)求函数 $y=A\sin(\omega x+\varphi)$ 的单调区间时应注意的问题 发放的导学案部分学生先复习填写，然后对照答案批改，并将自己所存在的问题进行标注后上传提交。然后教师上传导学学案答案及 PPT，以及三角函数性质的相关微课	让学生提前回顾三角函数的图象与性质，提高学生的自主学习能力
	课前小测	通过互动资料的形式将课前小测验进行上传： 1. 函数 $f(x)=\sin\left(2x-\frac{\pi}{4}\right)$ 在区间 $\left[0,\frac{\pi}{2}\right]$ 上的最小值为______. 2. 若 $y=a\sin x+b$ 的最大值为 3，最小值为 1，则 $ab=$______. 3. 函数 $f(x)=\frac{\sqrt{3}}{2}\cos x-\frac{1}{2}\sin x\,(x\in[0,\pi])$ 的单调递增区间为______. 4. 函数值 $\sin\frac{3\pi}{5}$，$\sin\frac{4\pi}{5}$，$\sin\frac{9\pi}{10}$ 从大到小的顺序为__________(用“>”连接). 学生独立完成题目，完成后平板电脑直接显示答案，经教师批改后，学生对照答案自行修改，认真归纳存在的问题，并通过聊天功能进行上传，以便教师汇总	通过课前小测验，检测学生的预习情况，及时了解学生存在的问题，从而使教师可以根据学生的预习情况选例题，使课堂授课更有针对性

续表

教学环节		教　学　活　动	设　计　意　图
合作探究 展示自我	目标展示	教师展示教学目标： (1)能画出正弦函数图象、余弦函数图象 (2)理解正弦函数、余弦函数的性质并能加以应用 (3)掌握数形结合数学思想，提高直观想象能力 核心素养：直观想象、数学抽象、逻辑推理、运算能力	让学生了解本节课的学习任务，明确学习目标和核心素养，掌握重难点
	问题点评	教师展示学生存在的问题，让学生讲解并相互补充，教师总结题目特点及处理方式。 例 1. 函数 $f(x)=\frac{\sqrt{3}}{2}\cos x-\frac{1}{2}\sin x(x\in[0,\pi])$的单调递增区间为________. 教师在此需要强调化简形式、定义域、复合函数单调性等问题；学生总结自身存在的问题，并有针对性地进行研究	通过让学生相互解答，相互补充，提高学生的解题能力，深化学生对题目的理解。教师的及时补充总结能让学生的理解更准确
	合作探究	平板电脑上展示重点例题 问题一：三角函数的定义域与值域 例 1. 函数 $y=\lg(\sin 2x)+\sqrt{9-x^2}$ 的定义域为______. 例 2.(1)函数 $y=\cos 2x+2\sin x$ 的最大值为______. (2)函数 $y=\sin x+\cos x+\sin x\cos x$ 的值域为______. 学生独立完成例 1 并能进行细致讲解。例 2 由小组交流合作完成，在整个过程中教师监督各小组的进度，并发现存在的问题，以便在讲解时指出问题所在，从而使学生能更明确题目的关键性。小组讨论结束后，分组通过投影仪进行展示，让小组间互相点评、互相指正，尽可能让同学们自己解决问题，最终由教师进行总结归纳，并对各小组的回答进行点评 问题二：三角函数的单调性 例 3. 下列关系式中正确的是(　　) A. $\sin 11^\circ<\cos 10^\circ<\sin 168^\circ$ B. $\sin 168^\circ<\sin 11^\circ<\cos 10^\circ$ C. $\sin 11^\circ<\sin 168^\circ<\cos 10^\circ$ D. $\sin 168^\circ<\cos 10^\circ<\sin 11^\circ$ 例 4. 已知 $\omega>0$，函数 $f(x)=\sin\left(\omega x+\frac{\pi}{4}\right)$在$\left(\frac{\pi}{2},\pi\right)$上单调递减，则 ω 的取值范围是(　　) A. $\left[\frac{1}{2},\frac{5}{4}\right]$　B. $\left[\frac{1}{2},\frac{3}{4}\right]$　C. $\left(0,\frac{1}{2}\right]$　D. $(0,2)$ 例 5. 已知函数 $f(x)=(\sin x+\cos x)^2+2\cos 2x-2$ (1)求 $f(x)$的单调增区间 (2)当 $x\in\left[\frac{\pi}{4},\frac{3\pi}{4}\right]$时，求函数 $f(x)$的最大值、最小值 例 3、例 4 上传平板电脑，限时 3 分钟，及时进行反馈，由学生进行讲解。例 5 由学生进行投影展示，及时规范做题步骤	通过例 1 让学生掌握三角函数的定义域求解方法，正确解决角与数的关系，提高学生数学核心素养之数学运算能力 通过例 2 能够区分题目特征，掌握求值域的两种题型，提高学生数学核心素养之数学抽象、数学运算能力 通过例 3、例 4、例 5 掌握三角函数的单调性高考热点，能够灵活运用单调性解题。通过限时训练提高学生的做题速度，及时检测学生的解题能力。借助于投影仪展示检测学生的做题步骤，提高做题规范度

续表

教学环节		教　学　活　动	设　计　意　图
	问题再现	经过对前面例题的讲解，教师展示问题： (1)函数的单调区间求解注意问题 (2)已知单调性，求解参数范围时的求解方法 (3)求三角函数值域的题型有几种？相应类型的特征是什么？注意的问题有哪些？ 教师提出问题，学生独立思考，然后由学生回答，相互补充完善，最终由教师归纳总结	锻炼学生的归纳总结能力，提高学生分析问题的能力，深化理解基本概念、基础题型
重点点拨 能力提升	自主选题	1.求函数 $y=3\sin\left(\frac{\pi}{3}-2x\right)$ 的单调递减区间. 2.已知函数 $f(x)=2a\sin\left(2x+\frac{\pi}{6}\right)+a+b$ 的定义域是 $\left[0,\frac{\pi}{2}\right]$，值域是 $[-5,1]$，求 a,b 的值. 3.求函数 $y=3-4\sin x-4\cos 2x$ 的值域. 4.(2018·全国卷Ⅱ)若 $f(x)=\cos x-\sin x$ 在 $[-a,a]$ 上是减函数，则 a 的最大值是(　　) A. $\frac{\pi}{4}$　B. $\frac{\pi}{2}$　C. $\frac{3\pi}{4}$　D. π 5.若函数 $f(x)=\sin\omega x(\omega>0)$ 在区间 $\left[0,\frac{\pi}{3}\right]$ 上单调递增，在区间 $\left[\frac{\pi}{3},\frac{\pi}{2}\right]$ 上单调递减，则 $\omega=$__________. 6. $y=\lvert\cos x\rvert$ 的一个单调递增区间是(　　) A. $\left[-\frac{\pi}{2},\frac{\pi}{2}\right]$ B. $[0,\pi]$ C. $\left[\pi,\frac{3\pi}{2}\right]$ D. $\left[\frac{3\pi}{2},2\pi\right]$ 7.(2018·北京高考)已知函数 $f(x)=\sin^2x+\sqrt{3}\sin x\cos x$. (1)求 $f(x)$ 的最小正周期； (2)若 $f(x)$ 在区间 $\left[-\frac{\pi}{3},m\right]$ 上的最大值为 $\frac{3}{2}$，求 m 的最小值. 8.已知函数 $f(x)=a\left(2\cos^2\frac{x}{2}+\sin x\right)+b$. (1)若 $a=-1$，求函数 $f(x)$ 的单调递增区间 (2)当 $x\in[0,\pi]$ 时，函数 $f(x)$ 的值域是 $[5,8]$，求 a,b 的值 教师将组建的题库发放给学生，让学生依据个人情况自主选择题目，进行题型的再识别，指出题目关键点，以便加深印象。也可以让学生用平板电脑、手机等学习终端上网查找高考题，找出考查三角函数图象与性质的相关题目	本环节重在自学，针对学生个人情况进行及时梳理补充，既提高学生的自主学习能力，同时也实现了分层教学，使课堂更有时效性

续表

教学环节		教学活动	设计意图
重点点拨能力提升	自查问题	学生做完后通过平板电脑发送答案，学生先自改自查，疑难问题可以相互讨论。教师随时跟踪，及时解决问题，最终再点评学生存在的问题，归纳总结需注意的问题	通过自主选题进行分层教学，使学生能够自主解决问题，同时提高学生的辨题能力和审题能力。通过自查自批，让学生知道问题所在，学习更有针对性
跟踪检测及时反思	自测反馈	平板电脑展示课堂小测： 1. 已知函数 $f(x)=2\sin\omega x\ (\omega>0)$ 在区间 $\left[-\frac{\pi}{3},\frac{\pi}{4}\right]$ 上的最小值是 -2，则 ω 的最小值等于(　　). A. $\frac{2}{3}$　B. $\frac{3}{2}$　C. 2　D. 3 2. 函数 $y=\cos\left(\frac{\pi}{4}-2x\right)$ 的单调减区间为______. 3. 函数 $y=2\sin\left(\frac{\pi}{3}-x\right)-\cos\left(\frac{\pi}{6}+x\right)\ (x\in\mathrm{R})$ 的最小值等于______. 依据学生掌握的情况进行当堂检测，检测是当堂组建，可以是来自于平板电脑题库，也可以是利用电视墙在网上直接搜索，将组建好的题目通过平板电脑发放给学生，及时检测学生的掌握情况。学生完成后，及时反馈检测结果，教师根据数据反馈情况当堂讲解	课堂上进行定时小测，既能掌握学情，又能锻炼学生的做题速度，强化和实现教学目标的达成
跟踪检测及时反思	交流提升	问题展示： (1)三角函数性质中的易错点有哪些？ (2)三角函数考查的题型有什么？ (3)本节课的数学思想与数学方法有哪些？ (4)通过本节课的学习你收获了什么？ 教师提出问题，由学生对本节课进行总结归纳，说出本节所用到的数学思想与数学方法以及解题技巧，并能对题目进行归类整合，形成自己的解题思维	锻炼学生的语言表达能力、归纳整理总结的能力、数学的逻辑思维能力。学会对三角函数中常见题型的方法进行总结，提高学生的数学抽象能力
跟踪检测及时反思	跟踪辅导	根据学生上课表现情况及做题情况及时进行反思，对部分掌握差的同学进行题目跟踪，通过平板电脑单独发送给学生，进行个别线上辅导。另外，让所有同学将本节课存在的问题通过聊天模式发给教师，教师进行归拢，结合课堂小测存在的问题进行题型归类，用于下节课的再加工	及时进行课下跟踪，完善同学的知识体系，以免出现漏洞。学生课后自查，完善整合，提高自学能力

七、板书设计

正余弦函数的图象与性质		
例 1	例 3	例 5
例 2（1）		
（2）	例 4	小结

八、教学评价

本节课是以学生合作探究为主，同时借助于平板电脑、电视白板、投影仪等进行生生互动、师生互动。首先是课前进行师生互动，让学生对本节课有了初步的了解，使听课更有针对性。另外，合作探究自始至终贯穿于整个课堂，通过相互讲解、相互补充，共同总结相关知识点，真正做到了以学生为主，教师只是“引路人”，同时学生在课上的学习过程中可以进行录制、拍照，这样遇到不是很明白的地方可以随时解决，比传统的教学模式更有实效性和针对性，让同学们自行解决存在的问题，能够充分调动学生的积极性与主动性，同时也大大地提高了课堂效率。

课例 2

椭圆及其标准方程

山东省龙口第一中学　宋玲艳

一、教材分析

本节课例内容是人教 A 版选择性必修一“圆锥曲线的方程”的第一课时，本节课主要内容是探究椭圆的定义及其标准方程，掌握并会应用，在此之前学生已经学过直线方程、圆的方程，对学习解析几何的思路“由已知条件求曲线的方程，再从所得方程探究曲线的几何性质”有了一定的认识，这些都是学习本节内容的基础。

二、学情分析

学生已经学过直线与圆的方程，先对圆部分进行简单的回顾，再以类比的方式讲授椭圆。从圆到椭圆的过程需要学生去探究分析，得出椭圆的定义和性质，从而提高学生分析问题、解决问题的能力。

三、教学目标

1. 知识目标

了解椭圆的实际背景,体会椭圆在刻画和解决现实世界的实际问题中的作用。通过从具体情境中抽象出椭圆的过程,掌握随圆的定义及其标准方程。

2. 核心素养

学生通过导学实验探究椭圆的定义,调动学生学习数学的积极性,锻炼学生的抽象能力和创新意识。通过教师引导学生自主推导椭圆的标准方程,使学生进一步掌握并理解求曲线方程的一般方法,掌握数形结合的数学方法,提高学生的数学归纳总结能力与运算能力。

四、教学重难点

(1)**教学重点**:实验探究椭圆的定义,掌握并应用椭圆的标准方程。

(2)**教学难点**:学生自主探究椭圆标准方程的推导过程。

五、教学流程

教学流程如图 3-2-2 所示。

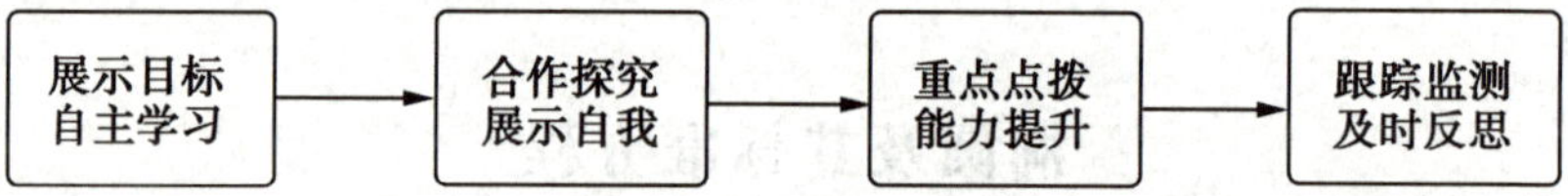

图 3-2-2 教学流程

六、教学过程

本课例的教学活动与设计意图如表 3-2-2 所示。

表 3-2-2 “椭圆及其标准方程”的教学活动与设计意图

教学环节		教学活动	设计意图
展示目标 自主学习	导学推送	课前通过平板电脑把教学目标、导学案推送给学生,让学生自主学习	让学生了解本节课的学习任务,明确学习目标,掌握重难点。让学生提前回顾椭圆形成实验,通过阅读课本内容了解椭圆的定义及其标准方程,提高了学生自主学习的能力,培养了学生数学建模、数学抽象等数学核心素养

续表

教学环节		教学活动	设计意图
合作探究展示自我	设置情境	教师活动：通过 PPT 展示“神舟六号”运行轨道的图片，设置问题，引发学生思考 2005 年 10 月 12 日上午 9 时，“神舟六号”载人飞船顺利升空，实现多人多天飞行，标志着我国航天事业又上了一个新台阶。观察图片并提问：“神舟六号”飞船的运行轨迹是什么图形？ 椭圆是一种常见的曲线，在许多领域有着广泛的应用，那什么样的图形是椭圆，它是怎样画出来的呢？椭圆的定义又是什么呢？它的标准方程是什么呢？	通过飞船运行轨道引入椭圆，吸引学生的探究兴趣。通过问题诱导学生明确本节课的椭圆研究的有关内容
	合作探究	学生活动：在绘图板上展示导学案的动手探究实验。学生经过自己实际操作，独立思考，小组讨论交流，得出这样三个结论： $\lvert MF_1\rvert+\lvert MF_2\rvert=$ 常数 $>F_1F_2$，椭圆 $\lvert MF_1\rvert+\lvert MF_2\rvert=$ 常数 $=F_1F_2$，线段 F_1F_2 $\lvert MF_1\rvert+\lvert MF_2\rvert=$ 常数 $<F_1F_2$，不存在 教师活动：利用几何画板作出椭圆，并拖动椭圆上的点和 F_1、F_2，让同学们观察作图过程中椭圆上的点有什么变化，要满足怎样的几何条件，同学们与教师通过作图与观察给出椭圆的定义 把平面内与两个定点 F_1、F_2 的距离的和等于常数（大于 $\lvert F_1F_2\rvert$）的点的轨迹叫作椭圆，这两个定点叫作椭圆的焦点，两焦点间的距离叫作椭圆的焦距	利用课前导学案引导，课上学生展示动手实验，锻炼学生的动手实践能力，教师利用几何画板画出椭圆，加深学生对椭圆定义的认识
重点点拨能力提升	回顾旧识	教师活动：提出问题：我们之前学的求曲线方程的一般步骤是什么？ 学生活动：学生回顾并思考回答之前学的求曲线方程的步骤 教师活动：归纳总结具体步骤：建系、设点、列式、化简	通过回顾，深化学生对基本概念的理解，锻炼提高学生总结归纳知识的能力、团结合作的理念

续表

教学环节		教学活动	设计意图
重点点拨能力提升	探究新知	教师活动：提出问题：如何建系，使求出的方程最简？ 学生活动：各小组合作探究，请小组分别派代表汇报本组讨论结果。 教师选定两种方案：由学生们独立完成建系、设点、列式、化简，投影仪展示学生成果，如下面的甲、乙两幅图所示： 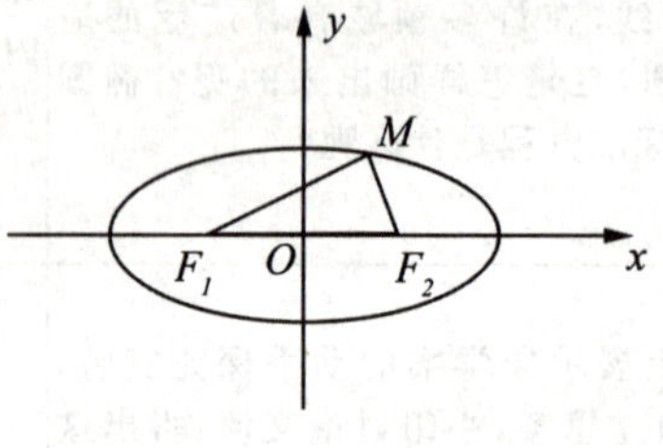 甲 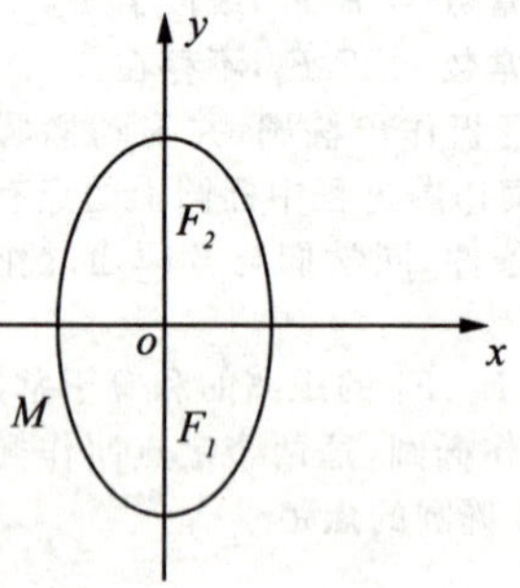 乙 按照方案一（见图甲）：建立直角坐标系，学生通过化简得到椭圆标准方程： 焦点在 x 轴的椭圆标准方程：$\frac{x^2}{a^2}+\frac{y^2}{b^2}=1(a>b>0)$，其中 $b^2=a^2-c^2$ 按照方案二（见图乙）：建立直角坐标系，学生通过化简可得出焦点在 y 轴的椭圆标准方程：$\frac{y^2}{a^2}+\frac{x^2}{b^2}=1(a>b>0)$，其中 $b^2=a^2-c^2$	通过学生小组合作，讨论椭圆标准方程的推导过程，锻炼提高学生的自主学习能力，提高了学生数学建模、数据分析、整理归纳知识的素养，小组代表汇报讨论成果，教师展示椭圆标准方程，使课堂更有时效性

续表

教学环节		教学活动	设计意图
重点点拨能力提升	归纳概括	学生活动：学生分组讨论、观察椭圆图形及对应的标准方程的特点 教师活动：总结归纳： (1)椭圆标准方程中椭圆的中心都在原点，焦点在坐标轴上 (2)椭圆标准方程中三个参数 a,b,c 的关系：$b^2=a^2-c^2(a>b>0)$ (3)椭圆标准方程中可以通过分母的大小确定椭圆焦点的位置 学生在归纳总结的基础上，制作椭圆标准方程、图形、焦点、三个参数 a,b,c 的关系、焦点位置表格	通过学生的归纳总结，锻炼学生的观察、归纳总结的能力，锻炼了学生的数学抽象和逻辑思维能力等核心素养
跟踪检测及时反思	典型例题	教师活动：讲重点例题，PPT 演示具体步骤 例 1.已知椭圆的两个焦点坐标分别是$(-2,0)$，$(2,0)$，并且经过点$\left(\frac{5}{2},-\frac{3}{2}\right)$，求它的标准方程. 例 2.如下图所示，在圆 $x^2+y^2=4$ 上任取一点 P，过点 P 作 x 轴的垂线段 PD，D 为垂足。当点 P 在圆上运动时，线段 PD 的中点 M 的轨迹是什么？为什么？ 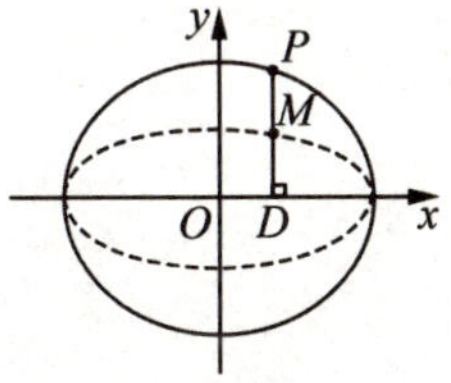 例 3.如下图所示，设点 A、B 的坐标分别为$(-5,0)$，$(5,0)$。直线 AM、BM 相交于点 M，且它们的斜率之积是 $-\frac{4}{9}$，求点 M 的轨迹方程. 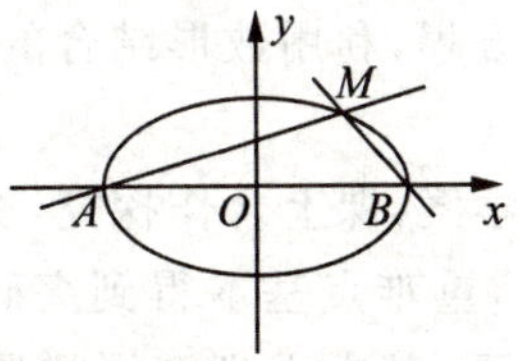 学生活动：对教师讲解的例题进行巩固运算	通过重点例题，让学生更进一步掌握本节课所学的椭圆的标准方程，PPT 展示标准答案，加强了同学们的数学规范性能力。探究求轨迹的方法，灵活运用椭圆的定义，锻炼了学生的数学运算、逻辑推理、数学抽象等数学核心素养

续表

教学环节		教学活动	设计意图
跟踪检测及时反思	跟踪检测	教师活动：通过平板电脑将当堂检测推送给学生 学生活动：认真完成教师在平板电脑上推送的题目 教师活动：学生完成后，及时反馈检测结果，教师根据数据反馈情况当堂讲解	课堂上进行定时小测，既能掌握学情，又能锻炼学生的做题速度，强化和实现教学目标的达成
	课堂小结	教师活动：通过本节课的学习，你学到了哪些知识？学会了哪些数学思想方法？ 学生活动：思考总结本节课所学习到的知识和思想方法 教师活动：根据学生的总结做适当补充、归纳、点评	通过问题引导学生总结本节课所学内容，锻炼学生的归纳总结能力，培养数学逻辑思维、数学抽象等核心素养
	课后作业	针对检测题，课前做好反馈练习，课堂上将做得不好的题的相关反馈练习推送给学生 必做作业：习题1、2、3 探究作业：寻找生活中的椭圆模型，并观察他们的图形特点	及时进行课下跟踪，督促完成探究作业，完善部分同学的知识体系，以免出现漏洞。让学生发现数学美，体现了数学的应用性

六、板书设计

(1)椭圆定义，椭圆及其标准方程。

(2)椭圆标准方程的推导。

(3)典型例题。

(4)作业。

(5)小结。

七、教学评价

本节课是“圆锥曲线的方程”的第一课时。学生通过对圆定义及标准方程有基本了解掌握的基础上，引导学生通过课前自主学习，课堂上小组合作探究直角坐标系的建立，推导椭圆标准方程，利用数形结合的思想，掌握椭圆的图形及它的一些性质及应用。

在具体的教学中，通过课前导学案，课上合作探究，交流归纳，巩固检测，反馈练习等环节，教学目标完成较好，重难点基本得到突破。学生通过导学案实验和小组合作交流，在教师的引导下，基本上理清了椭圆的定义及标准方程的求法。笔者所任教的是普通班，学生的接受和理解能力与想象的有一定的差距，所以，教学中也发现了一些问题，主要包括：

(1)学生能力掌握不到位。在学生自主推导椭圆标准方程的过程中,让学生独立去完成推导过程,结果发现只有个别同学得出了正确结论,部分同学都没得出结论,还有部分同学结论没有化简,格式不正确,也体现为计算能力还是不过关。课后笔者认为,如果能将学生独立完成改成教师引导小组合作探究,共同完成,可能结果会大大不一样。

(2)对焦点在 x 轴、y 轴上判断仍有失误,从而导致解题的结果不正确。所以,对焦点所在轴的判断很重要。

成功之处:课堂不是“一言堂”,通过问题、实验引领学生积极参与其中,留给学生足够的时间和空间,让学生们勇于发表自己的不同观点和看法,让学生能够自己观察、思考、探究,体现了学生的主体性,使学生更容易把枯燥的书本知识变为自己的知识。通过小组合作交流,锻炼了学生归纳、整理、总结的能力,提高了学生的逻辑思维能力、数学抽象能力。课堂上鼓励学生发现问题、分析问题、解决问题、探究学习和归纳整理,形成了师生互动的良好教学氛围,学生通过方程的运算推导提高了数学运算能力、逻辑思维能力等数学核心素养。课堂检测不达标的同学通过反馈练习,所学知识得到进一步巩固。用平板电脑展示例题答案,规范了答题步骤。

在本次课堂教学中,教师通过实验、问题引领学生自主探究,学生带着问题进入课堂,教师在课堂上点拨、引导学生进行自主与合作活动。通过本节课,锻炼了学生的自主学习能力,培养了学生数学抽象、数学运算、逻辑推理等基本的数学核心素养,调动了学生学习数学的积极性。

课例 3

直线与平面平行的判定

山东省龙口第一中学　郑　艳

一、教材分析

本节课内容是人教 A 版必修第二册第八章第五节“空间直线、平面的平行”的第二课时“直线与平面平行”,直线与平面平行是在我们的日常生活中经常见到的最为重要的立体几何经典知识之一,线面平行的判定是在学生学习线、面位置关系之后学习空间关系的第一条判定定理,是学生进一步探究空间中平行和垂直的位置关系的基础,因此,线面平行的判定有着非常重要的地位和作用。通过本节课的学习,对培养高中生的求知探索能力、归纳总结能力、逻辑推理能力、空间几何体转化能力都有着十分重要的作用。

二、学情分析

(1)**知识上**:为学习线面平行的性质作了必要的知识准备。

(2)**思维上**:研究判定定理的推导过程,学生已经初步具备了一定的逻辑推理和论证的能力。

(3)**能力上**:高一学生学习上主动意识不强,概括问题的能力和自主探究问题的能力有待加强,而且学生由空间立体几何转化为平面几何的能力有待提高。通过本节课的学习,积极引导学生学会观察,学会分析问题、探究问题,自主归纳总结得出规律与结论,从而提升学生的数学核心素养。

三、教学目标与核心素养

1.教学目标

通过学生对空间几何的直观感知认知,观察感悟,操作确认的认识方式,理解、掌握并熟练应用线面平行的判定定理。能准确使用文字语言、图形语言、符号语言来叙述定理。提升学生对空间几何的探究、发现问题能力和直观想象能力、逻辑思维能力和转化的数学思想。让学生在探究和发现问题的过程中感悟数学的魅力,在同学间的自主合作、交流分享中体验学习新知的乐趣,树立正确、积极、向上的学习态度,提升学习的自我效能感,实现教学相长和共同发展。

2.核心素养

通过图形直观感知,提升学生的直观想象和逻辑思维能力,通过自主学习、合作探究等多元化的学习方式,抽象推理出线面平行的判定定理,从而培养学生的数学核心素养。

四、教学重点、难点

(1)**重点**:探索和归纳定理及定理的应用。

(2)**难点**:探究和归纳定理,找平行关系。

五、教学流程

教学流程如图 3-2-3 所示。

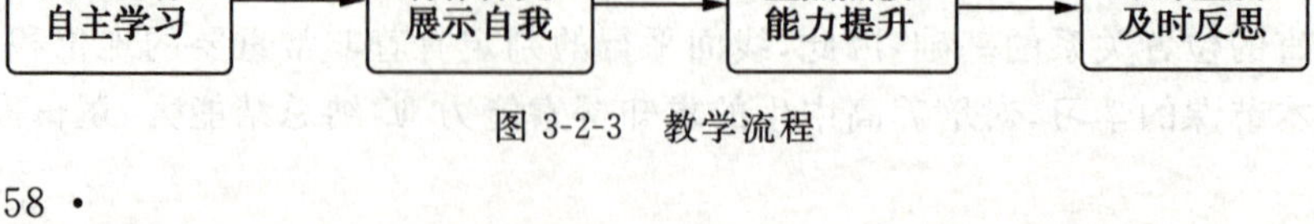

图 3-2-3　教学流程

六、教学过程

本课例的教学活动与设计意图如表 3-2-3 所示。

表 3-2-3　　“直线与平面平行的判定”的教学活动与设计意图

教学环节		教学活动	设计意图
展示目标	创设情境	让小组成员将周末回家收集并拍摄的生活中的线面平行图片及视频上传到信息化平台共享，教师在大屏幕上进行展示，如下两幅图所示，设置教学情境   线面平行图片	让学生提前回顾，发现生活中的线面平行，记录下来；感知数学概念来源于生活，提升学生发现问题的能力
	目标展示	(1)教学目标：通过学生对空间几何的直观感知认知，观察感悟，操作确认的认识方式，理解、掌握并熟练应用线面平行的判定定理，能准确使用文字语言、图形语言、符号语言来叙述定理 (2)核心素养：数学抽象，直观想象，逻辑推理 (3)教学重、难点：探索和归纳定理及定理的应用，能够找出平行关系	让学生了解本节课的学习任务，明确学习目标、核心素养，掌握重、难点
自主学习	提供资源	教师利用教育信息化平台发布与本课相关的自主学习资源到学生的平板电脑，给学生提供丰富的学习资源，比如导学案、微课视频、延伸拓展、图片等，以满足不同层次学生的需要。学生阅读课本的同时可以利用这些资源进行自主学习 视频播放《中国女排》，如下图所示，既动态感受到了线面平行，又进行了积极向上的爱国主义教育及德育教育  《中国女排》截图	教师发布自主学习资源，满足不同层次学生的需要，体现差异教学，分层吸收

续表

教学环节		教 学 活 动	设 计 意 图
展示目标　自主学习	自查反馈	自我检测发布到学生平板电脑，预习之后进行课前检测。学生预习之后进行自我检测，并将答案提交到教育信息化平台。教师通过大屏幕分析平台反馈的数据统计，及时了解学生的自测情况，包括对每道题、每个知识点的掌握情况，每一位学生的情况、小组情况、班级情况等，以便对学生的学情进行有效分析、汇总，进行课堂上的再一次备课，为讲解提升做好充分准备	通过课前小测可以检测学生的预习情况，及时了解学生存在的问题，从而使教师可以根据学生预习情况选例题，使课堂授课更有针对性
合作探究　展示自我	小组交流	(1)小组合作研讨生活中的线面平行如何具体量化 (2)用线面平行的定义没有公共点太抽象，通过生活的实例(动态转门)。转动门的过程中，门扇转动一边所在的直线与门轴一边所在的平面是什么位置关系？	小组合作交流分享，自主探究，合作共赢，提高学生自主学习的能力
	动手操作	折纸试验：把一张纸随意折叠一次，一面紧贴桌面，观察： (1)纸的另一侧面边缘所在直线和桌面所在平面的位置关系。 (2)怎样折叠能保证两者平行(共同点)？ (3)能得到线面平行的条件吗？	通过三个情景和小组动手操作的设计，使学生通过对折纸的感知观察、操作探索、归纳总结，从而经历知识的形成和发展，由此得到线面平行的判定定理
重点点拨　能力提升	概括定理	1.合作交流探究验证，归纳结论 平面α外的直线a平行于平面α内的直线b，则： (1)这两条直线共面吗？ (2)直线a与平面α相交吗？ (3)直线a与平面α平行吗？ 学习小组通过学生平板电脑将存在的问题通过信息化平台反馈给教师，教师可以及时了解学情。学生可以通过平板电脑将存在的问题反馈给教师，以便于教师了解学情，教师也要全程监控学生的合作探究情况，必要时参与小组讨论。 2.根据反馈学情重点讲解判定定理 (1)文字语言、数学符号、简述关系 (2)数学思想(降维)：转化 (3)微课：线面平行判定的证明 教师提出问题，学生独立思考，然后由学生回答，相互补充完善，最终由教师归纳总结	引导学生总结定理，检查学生对定理的文字语言、符号语言、图形语言的掌握情况，通过设置问题，让学生注意定理里的关键点。提升了学生数学思维的逻辑推理能力

续表

<table>
<tr><th colspan="2">教学环节</th><th>教 学 活 动</th><th>设 计 意 图</th></tr>
<tr><td></td><td>深化定理</td><td>跟踪检测:回答判断以下命题是否正确,并说明理由:
(1)若直线 a 在平面 α 外,直线 b 在平面 α 内,则直线 a//平面 α
(2)若直线 a 与平面 α 内一条直线 b 平行,则直线 a//平面 α
(3)若平面 α 外一条直线 a 与直线 b 平行,则直线 a//平面 α</td><td>通过以上跟踪检测,让学生深刻感知判定定理中的三个关键量:面内、面外、平行,三者缺一不可,为以后定理的运用打下根基</td></tr>
<tr><td>重点点拨
能力提升</td><td>定理应用</td><td>例 1:PPT 展示课本例题 1:
求证:空间四边形相邻两边中点的连线平行于经过另外两条边所在的平面。
(条件步骤完整,三角形中位线关系平行)
变式:如下图所示,正方体 $ABCD\text{-}A_1B_1C_1D_1$ 中,E 为 DD_1 的中点,论证:BD_1 与平面 AEC 的位置关系。
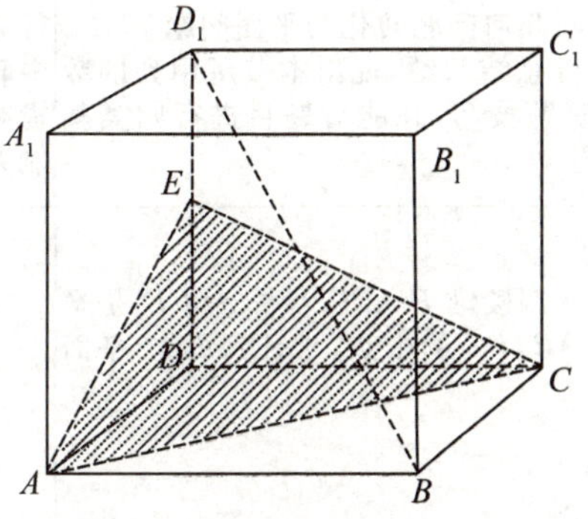
设计典型例题,从简单的空间四边形出发,到四棱锥体,从简单的三角形中位线的平行关系,到平行四边形对边平行的应用,让学生在解题中发现作辅助线的技巧。
典例可以通过小组合作,然后投影展示答案,同时请其他组同学订正,然后用 PPT 展示正确规范的答案。变式训练应限时完成,学生相互订正</td><td>本环节通过典型例题,帮助学生体会如何应用定理进行线面平行的证明,并在解决问题的过程中形成证明线面平行的方法体系
通过例 1 及变式使学生明白,要证线面平行,关键是在平面内找一直线与已知直线平行,因此要关注题中线线的平行关系,提升学生的直观想象、逻辑思维能力</td></tr>
</table>

续表

教学环节		教学活动	设计意图
跟踪检测及时反思	当堂检测	依据教学目标进行训练，将当堂检测发布到学生的平板电脑上，学生独立完成当堂限时训练，提交后可以看到自己的分数和正确答案解析，从而进行自我订正	通过训练，进一步强化和实现教学目标的达成。当堂训练要与教学目标相呼应，要保证有充足的时间，要闭卷。训练题要典型、适度和适量。要有针对性，针对所讲和所练，不能随意拓展。起点要低、要有层次，以适应不同学生的需要
	反馈讲评	学生完成当堂小测，检测结果和学生提出的问题会通过平板电脑即时反馈给教师，教师可以根据数据反馈情况，当堂点拨释疑，对部分掌握差的同学进行题目跟踪，通过平板电脑单独发送给学生，进行个别线上辅导。学生也可以根据自身情况选择补缺题库进行训练提升	本环节是对课上的一个有力补充，应及时进行课下跟踪，完善部分同学的知识体系，以免出现漏洞
	总结提升	(1)线面平行的判定定理(平板电脑展示)六个字：面内、面外、平行 (2)线面平行的判定方法 (3)数学思想：将空间几何问题转化为平面问题 由学生对本节课进行总结归纳，说出本节所用到的数学思想、数学方法以及解题技巧，并能对题目进行归类整合，形成自己的思维导图	锻炼学生的归纳整理总结能力，对立体几何中常见的方法进行总结，完善立体几何中转化与化归的思想，提高学生的数学抽象能力
	分层作业	必做：P61 的 A 组 1 选做：如下图所示，在四棱锥 $P\text{-}ABCD$ 中，$ABCD$ 是平行四边形，M，N 分别是 AB，PC 的中点，求证：MN// 平面 PAD。 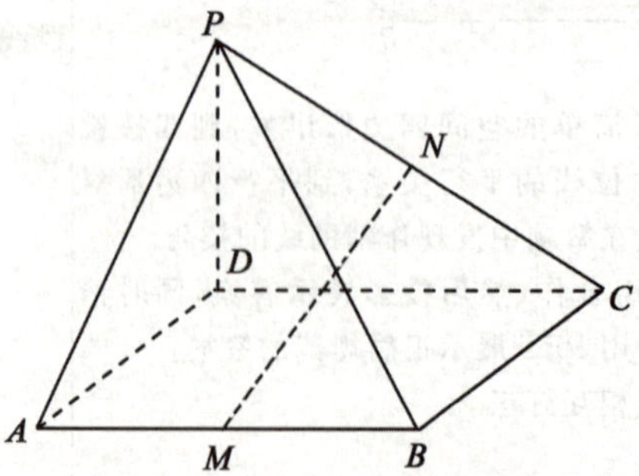 	本环节的分层作业的布置合理地进行了差异教学，并巩固了所学知识，强化了技能训练，学以致用

七、黑板板书

直线与平面平行的判定

1.定义

2.定理(文字语言)：　　　　　　例1：××

符号语言：××

图形语言：××　　　　　　变式：××　　　　　　小结：××

数学思想：××

八、教学评价

本节课运用情景导入的方式，贯彻“直观在先，感知在后”，让学生从自己身边、从现实生活中发现数学，感知生活中所蕴含的数学现象与原理，体验数学本就来源于生活。运用了探究性教学方法，安排了情景导入新课，从生活中的实际现象和问题出发，设计探究与思考问题，通过层层深入不断分析解决，反复辨析判定定理，最后由学生归纳得出判定定理，真正调动了学生学习数学的积极性；而且小组合作交流分享，也培养了学生的团结合作意识。整节课课堂气氛轻松，讨论分享积极踊跃，完美体现了“以学生为主体，教师为主线”的高效课堂模式，知识内容达成率较高。

信息化教学设备的使用，使学生可以提前从视觉、音频、文字等多方位地感知新概念的形成过程；通过各种测评反馈使教师更及时地了解学生的课堂掌握情况，同时发现存在的问题，及时整合课堂，并根据反馈适时进行差异教学；对于重难点和疑难问题，学生可以随时拍照，录像保存，题库可以随时跟踪检测加强，问题可以网上查询或者上传交流。这样基于信息化技术构建高效课堂，实施有效教学，才能更有效地培养学生的学习能力和数学核心素养，也才能更有效地提高教学质量。

第三节　高中英语课堂教学模式及课例

普通高中英语课程应在义务教育的基础上帮助学生进一步学习和运用英语基础知识和基本技能，提升跨文化交际能力，并为他们学习其他学科知识，汲取世界文化精华，传播中国文化创造良好的条件。在实现这一目标的基础上，我们主要是通过在英语课堂教学中培养学生的语言能力、文化意识、思维品质和学习能力来达到我们预期的目标，真正实现学生的全面发展，同时，这也是我们英语这一学科的核心素养。而我们真正想培养学生这些方面的能力,仅仅局限于课本是远远不够的。因此,在互联网、人工智能和信息技术高速发展的社会大背景下,基于教育信息化的英语高效课堂教学模式便应运而生了。在课堂上,我们尝试引导学生通过"情景导入—信息输入—阅读提升—展示分享—评价反思"这一符合认知规律且凸显新课程理念的学习过程,以自主、互动、交流、分享的学习形式主动完成英语课堂的学习目标,合作解决学习过程中所遇到的困难,最终达到我们的教学目的。

(1)情景导入(5 分钟):提高学生的课堂学习兴趣,导入环节至关重要,它将决定是否会激起学生学习的欲望。以往的课堂,我们常用图片、幻灯片、简笔画、实物、多媒体等形式导入。这些导入都是以教师为主体,学生在教师的引导下被动接受。现在,由于现代化教学手段的出现,在情景导入部分教师不再是主体,而是将内容推送给学生,让学生自主查阅、积累。比如:我们会将相关材料的某一部分呈现给学生,充当一个引子,而后学生可以根据所了解的信息,自己上网搜索,交流分享。这样,既能满足不同学生的学习需求,也会通过学生搜集到更多的素材资料。但是,我们应选取一些语音纯正的音频或视频用平板电脑推送给学生。之后,学生可以根据教师推送的材料有选择地上网搜索更深、更广的背景信息来完成之后的"sharing(分享)",这样既有利于学生听力、口语水平的提高,也有助于教师课堂的精彩导入。

(2)信息输入(10 分钟):在这一环节,我们仍然赞同并坚持选择将所学材料先以音频的形式纯正地道地输入。在此之前,教师可以先提供 1~2 个简单的问题,让学生带着问题、带着任务去听,以便于对文章有整体的把握。完成之后,学生可以用英语在小组内进行交流汇报,并完成组内点评、教师点评等环节。然后,教师可以推送给学生更深层次的问题,比如 main idea(主旨)、the structure of the passage(文章结构)等,让学生带着问题去阅读并交流分享。学生在阅读过程中势必会遇见自己不熟的词汇和句式,可通过一些英语学习应用程序自主查阅,而这又是一个很好的整理和积累的过程。所以,可以建议学生在网上下载"金山词霸"或"有道词典",学生可以自由地在这些软件中查阅相关词条并进行理解,最主要的是我们希望通过这个环节来完成学生的词汇积累和口语训练,通过软件纠正其发音,并做到同学之间的分享和交流。

阅读提升(15 分钟):本环节也可称之为"运用提升"。学生仔细阅读全文并就课文内容编出问题相互提问或者完成教师设置的相关任务。以小组竞赛的形式充分调动学生的积极性,在学生相互提问的基础上,教师再提出几个深层次的问题。不能解决的问题可以通过小组合作交流解决。交流的形式灵活多样,可以是师生合作、生生合作、组组合作。在这一环节中,学生可以通过 QQ 和微信将学习过程中产生的疑惑和问题发给教师。这样的话,既可以加深学生对课文内容的理解,又兼顾了口语表达能力的训练。同时,学生可以通过平板电脑进行相关网络资源的搜索,这样不但可以扩展学生的视野,也有助于学生对基础知识的梳理。这一环节我们之所以还可将其称为"运用提升",是因为在进行语法课或写作课时,在这一环节我们主要是以提高学生的能力为主。除此之外,我们还会通过平板电脑推送给学生一些相关的拓展材料,这样,让阅读速度快的同学也"有事可做,有饭可吃"。这一环节我们一定要体现差异,尊重差异,因材施教,给所有学生提供展示自己的平台,让每个学生都能主动地、快乐地参与学习,让每个学生都有成功的体验。

(3)展示分享(10 分钟):所谓展示分享,就是展现探究成果,并进一步巩固所学内容。在展示环节或展示课上,展示的问题不是预习提纲中的所有问题,简单的问题不展示,无疑问的问题不展示,而是选取重点问题,难点问题,有争议的问题,能够拓展延伸、提高学生能力、开发学生潜能的问题进行展示。展示以合作小组为单位进行。展示问题应以预设探究问题的顺序在小组内进行分工。展示原则是"学困生展示,中等生补充,学优生总结"。教师要在展示过程中对学生的展示适时进行追问、点拨、启发、引导,及时评价学生的展示情况,激发学生学习内驱力,自主寻找解决问题的方法。对于展示过程中遇到的"障碍",教师要清醒地知道"问题"何在,然后留给某些表现欲强烈的学生去帮助"纠错",并让出错的学生把正确答案写在自己的"纠错本"上。要促成展示形式的多样化:一是导学案上要有预设和指导;二是课堂要进一步开放;三是要有展示形式评价,展示形式要富有创意,诸如一板(书)、两读(朗读、诵读)、三歌(唱歌)、四演(表演)、五画(图、画)、六舞(舞蹈)、七作(文)、八操(操作实验)等。让学生在狂欢中尽享快乐和自信。

(4)评价反思(5 分钟):这是学生对所学知识过程的自我反思,对学习状态和学习效果的自我评定;也是教师对学生课业的评价,包括教师对学生学习状态的点评、对所学知识点的点拨。在该环节,教师应给出即时评价,及时矫正学生的学习过程及学习状态。教师根据学生不同的表现布置不同的作业,真正做到因材施教,照顾差异。

以上便是我们基于信息化的英语高效课堂教学模式,但是我们在上课时有些环节因为时间关系或其他原因无法及时与学生交流,这时我们就借助平板电脑、QQ、微信、微博等各种现代化的手段将相关资料在课前或课后发送给学生。比如预习环节，教师将要学习的内容作一些处理，让学生带着目标、带着自身的体验去寻找自己独特的感受。单一枯燥的生词记忆、课文朗读背诵、提问等预习方式都无法满足新课程对学生的培养目标。因此，预习的形式应是多样的，如：师生共同制定目标、设计课堂、查找资料、上网查询等都是非常可行的预习方式。课前，教师制订预习计划并发布材料，一般包括自制微课、精选优秀课和制作预习检测题等方面，学生自主预习并可在线交流。英语学科的特点是有很多知识与外国的文化背景有关，所以我们在讲授新课之前，都会将相应的学习任务发到学生的平板电脑上，这样他们可以利用课余时间上网搜索、整理素材。而一些与上课内容有关的背景资料，我们一般利用课下时间搜集整理。总之，在网络和平板电脑的帮助下，我们的课下整理将变得得心应手。通过诸多信息化教学手段，我们可以实现以下目标：

(1)个性化推送：教师依据学生课堂学习情况和每个学生的基础状况，针对每个学生发布个性化的特色课后作业，推送学习资源供学生学习。

(2)完成作业：学生完成课后作业并及时提交给教师，得到客观题即时反馈。

(3)批改作业：教师批改主观题，并录制讲解相关微课，推送给学生。

(4)总结讨论：学生在线观看教师所录解题微课，总结所学内容，在平台或论坛上发布感想与疑问，与教师、同学在线讨论交流。

基于信息化的高中英语高效课堂教学模式是一种现代教学理念，以学生发展为中心，强调以素质教育理论为指导，以现代化的教学手段为依托，关注教学的有效性，注重教与学的统一，提倡教学方式的多样化和教学方法的灵活性、科学性。因此，我们教师要不断更新教学观念，明确“以学生为中心，先学后教，全面发展”的教学理念，从而推进英语课程的改革，达到提高学生学科素养的目的。让我们一起同心、同行、同乐，将信息化的高中英语高效课堂教学日趋完善。

课例 1

My First Day at Senior High

山东省龙口第一中学 李艳华

Ⅰ. Analysis of the Lesson

A. Teaching Content

In this class, we will learn a passage taken from Unit 1, Book 1, which is about a student's first day at senior high. From this passage, we can get some information about the students' experiences and feelings on the first day at senior high, including the school campus, his new English teacher, the first English class, and an embarrassing moment. After the class, the students will master some useful words and expressions to describe their own first day at senior high.

B. Teaching Focus

a. The students should be able to grasp the related words and expressions and understand their meanings in the sentences and passage.

b. The students should be able to summarize the main idea of each part in the passage.

c. The students should learn how to describe their thoughts about school life.

d. The students should have a better understanding of "Well begun, half done" and build up confidence to live a meaningful senior high life.

C. Difficult Teaching Points

a. By analyzing the reading material, the students know how to describe their thoughts about school life.

b. The students should write a diary stating their first day at senior high.

Ⅱ. Analysis of the Students

Though the students have learned English for several years, some of them are still weak at English, reading skills in particular. However, since this is their first class at senior high, they are enthusiastic and ready to answer my questions. Therefore, I can take full advantage of it and design practical activities to motivate them to adapt to our new class and make great progress.

Ⅲ. Designing Principles

According to the harmonious and efficient classroom teaching theory, I will adopt the task-based teaching approach and student-centered method. In addition, I will try to motivate the students to discover the problems, analyze them and learn to solve them. The students will be encouraged to develop the spirit of exploration and cooperation.

Ⅳ. Learning Aims

a. To be able to use the related words and expressions.

b. To be able to understand articles and the main idea of each part.

c. To be able to retell the passage.

d. To develop awareness of cooperation.

Ⅴ. Teaching Aids

Textbook and multimedia.

Ⅵ. Teaching Procedures

Teaching Procedure	Teacher's Part	Students' Part	Purpose
Introduction	1. Give students a video about the school life and curriculum provision of a British high school. 2. Let students surf the Internet freely to collect the information about British and American schools. 3. Organize students to complete the questionnaire to know their thoughts and feelings about senior high.	1. Enjoy the video presented by the teacher and guess what will be talked about in this period. 2. Surf the Internet to look for what they want to know about the British and American schools and share with each other what they have found out. 3. First-day-of-school questionnaire: A. How did you feel on your first day at senior high? B. What was your first impression of your new school? C. Who's the first person you've got to know? How did you get to know each other? D. What do you like most about your new school? E. What have you found most impressive about senior high?	1. Use the video to arouse the students' interest in the content in this period. 2. Allow students to look for what they want to know on the Internet to develop their self-regulated learning habit by using modern information technology. 3. Through the questionnaire, teachers can have a better understanding of the students, thus making preparations for later teaching.
Input of Related Information	1. Present students with a simple task and let students listen to the tape. 2. Give them some complex questions and let them read the passage quickly and find out the answers to these questions. 3. Give students some time to look up those words and phrases they don't know on the tablets and learn to correct their pronunciation.	1. Listen to the tape and choose the best description of Meng Hao's first day at senior high. A. He found the English class difficult and was not sure what to do. B. With the support of the English teacher, he thought senior high was easy and felt confident about his future. C. He was not sure about life at senior high, but after the English class, he felt more confident. 2. Read the passage quickly and find out the main idea of each part of the passage. 3. Try to look up those words and phrases they don't know on the tablets and learn to correct the pronunciation.	To make students guess the main idea of the passage and train them to get the main idea of each part. In this step, we encourage students to listen, read, and speak actively by using the modern equipment (tablet, multimedia, electronic dictionary).

续表

Teaching Procedure	Teacher's Part	Students' Part	Purpose
Reading and Comprehending	1. Guide students to read the passage carefully and send the tasks to their pad in order to let students have a deeper understanding of the passage. 2. Guide students to make a summary about the passage. 3. Present students some useful sentence structures to learn in order to improve their writing ability.	1. Read the passage carefully and answer the following questions. A. Why did the author wake up early and rush out of the door? B. What kind of feeling did the author have when he was asked to come to the front to introduce himself? C. What's your understanding of the saying "Well begun, half done"? 2. Do the exercise (T or F) A. The author felt very tense before he arrived at his new school. ( ) B. With butterflies in his stomach, the author went to his new school. ( ) C. He met an old man who turned out to be his English teacher later at his new school. ( ) D. When the author saw his English teacher, he felt very familiar. ( ) 3. Discuss and fill in the blanks by using their tablets. It was Meng Hao's first day at ____, so he got up early and ____ to his new school with excitement. When arriving at the school, he found the campus was still quiet, so he decided to ____. Just then, he met a man, who, later, he ____ find out was his English teacher. What a coincidence!	1. To train students to read the passage carefully and get some detailed information from the text and improve students' reading ability by using the multimedia. 2. To let students know some useful phrases and sentences which will be useful for their writing in the future.

续表

Teaching Procedure	Teacher's Part	Students' Part	Purpose
Reading and Comprehending	1. Guide students to read the passage carefully and send the tasks to their pad in order to let students have a deeper understanding of the passage. 2. Guide students to make a summary about the passage. 3. Present students some useful sentence structures to learn in order to improve their writing ability.	During the class, he was nervous about introducing himself in front of the class. With ____, he began, but everyone laughed. It turned out that he and his teacher ____. Mr. Meng said that challenges at senior high might put them ____. He advised everyone to ____ and prepare themselves for the unknown. With the English teacher's support, Meng Hao thought he had ____ to his new school life. 4. Students have a discussion about these sentence structures and can use them correctly. A. I was looking at the photos on the noticeboard when I heard a voice behind me. B. Turning around, I saw a white-haired man. C. I tried to turn on my brain but the engine just wouldn't start. D. With butterflies in my stomach, I breathed deeply.	1. To train students to read the passage carefully and get some detailed information from the text and improve students' reading ability by using the multimedia. 2. To let students know some useful phrases and sentences which will be useful for their writing in the future.
Presenting and Sharing	Offer a topic about this passage for students to discuss.	Work in groups to make a short lecture to share with others by following these instructions. 1. What is your understanding of the saying "Well begun, half done"? 2. What happened on your first day at senior high?	To give students more chances to practice their spoken English and let them cooperate with each other.
Reviewing and Reflecting	1. Make remarks on the students' performance in this period. 2. Assign students the homework on the tablets.	Students can hand in their homework on their tablets.	It is designed not only to practice their writing but also review what we have learned in this period.

课例 2

Click for a Friend

山东省龙口第一中学　邹吉莲

Ⅰ. Analysis of the Lesson

A. Teaching Content

In this class, we will learn "Click for a Friend" from Unit 5, Book 2. The passage is mainly to discuss the advantages and disadvantages of making friends online. After learning the passage, the students will have a sober judgement about it.

B. Teaching Focus

a. The students will learn some words and phrases and try to put them into use.

b. The students will summarize the main idea of the passage.

c. The students will have a better understanding of the structure of the text and improve their reading skills.

d. The students will be more conscious of the advantages and disadvantages of making friends online.

C. Difficult Teaching Points

The students will learn to grasp the main idea and some important information from the text and also study some important words and phrases.

Ⅱ. Analysis of the Students

The students are familiar with the topic on friendship. Also, they have learned some words and phrases on this topic. With the knowledge they have accumulated and the passion they have shown, I believe they will have no difficulty in understanding the text.

Ⅲ. Designing Principles

According to the theory of harmonious and efficient classroom teaching, the task-based teaching approach and student-centered method will be adopted. Meanwhile, the students will learn to solve problems through cooperation.

Ⅳ. Learning Aims

1. To help students learn important words and expressions.
2. To help students understand the passage.
3. To enable students to learn to cooperate with each other.

Ⅴ. Teaching Aids

Textbook and multimedia.

Ⅵ. Teaching Procedures

Teaching Procedure	Teacher's Part	Students' Part	Purpose
Introduction	1. Play the video *Auld Lang Syne*. 2. Ask students to surf the Internet and find some songs and proverbs about friendship. Later, the teacher will ask students to share their materials and their views on friendship.	1. Enjoy the video presented by the teacher and guess what will be talked about in this period. 2. Surf the Internet to search for songs and proverbs about friendship and share their opinions.	Students' interest can be aroused in this way and they are allowed to surf the Internet for more information to broaden their horizons.
Input of Related Information	1. Play the listening materials of the passage and ask students to answer the questions. 2. Ask students to read the passage briefly and sum up the main idea. 3. Give students some time to look up unfamiliar words and phrases and learn to correct their pronunciation.	1. Listen to the tape and answer the following question: What is the author's purpose in writing the passage? 2. Read the passage quickly and find out the main idea of the passage. 3. Look up unfamiliar words and phrases on the tablets and try to correct their pronunciation using the e-dictionary.	Students are trained to guess the main idea of the passage. Also, they are encouraged to listen, read, and speak actively by using the tablets.

续表

Teaching Procedure	Teacher's Part	Students' Part	Purpose
Reading and Comprehending	1. Ask students to read the passage again and complete the diagram presented on their tablets. 2. Divide the students into groups of four and encourage them to devise relevant questions by themselves after reading the passage.	1. Read the passage carefully and complete the diagram. Ways of making friends: Past People lost track of their friends after ____. The only way to stay in touch was ____. Present It's easy to ____ with social media tools. Online, people can easily make new friends with those who ____. Online friendship: Real or not? It can be real if people ____ online. It might not be real because social media doesn't present ____ and people tend to ____. 2. Devise questions related to the passage in group of four and then invite other students to answer the question. Tablets can serve as important communication tools in the process.	1. Students are encouraged to read the passage carefully and get some detailed information from the text and their reading ability can be improved to some degree. 2. Students have an opportunity to devise their own questions. They will have a deeper understanding of the whole passage and their cooperative spirit and creativity ability can be developed as well.
Presenting and Sharing	Ask students to have a debate with each other over the topic of the advantages and disadvantages of making friends online.	Students will have a debate with each other over the topic of the advantages and disadvantages of making friends online.	Students will be more conscious of the advantages and disadvantages of making friends online and they will have an opportunity to put what they have learned into use and improve their spoken English.

续表

Teaching Procedure	Teacher's Part	Students' Part	Purpose
Reviewing and Reflecting	To my delight, the lesson is as good as expected. The teaching aims have been achieved on the whole. But sometimes I spoke a little fast and my ideas could not fully get across. So my teaching language needs improving.	I will try to encourage all the students to participate in the class activities and also continue improving my teaching language.	

课例 3

An Encounter with Nature

山东省龙口第一中学　史雪艳

Ⅰ. Analysis of the Lesson

A. Teaching Content

In this class, we will learn a passage taken from Unit 5, Book 1, which is about living in harmony with nature. From the passage, we can not only learn something related to Yellowstone National Park and a natural photographer, but also get inspired on how to respect animals and learn to live in harmony with nature. After the class, the students are encouraged to reflect on what we should do to perverse nature.

B. Teaching Focus

a. The students are required to master the related words and expressions and understand their meanings in specific sentences and contexts.

b. The students are supposed to summarize the main idea of each part in the passage and try to figure out how each part functions to the entire passage.

c. Additionally, the students are expected to describe the natural scenery of a park and learn to express an thrilling encounter or experience with a wild animal, which will benefit future continuation writing.

C. Difficult Teaching Points

a. Understanding the passage and knowing the deep meaning that the author wants to convey.

b. Learning to describe the natural scenery in a park and an encounter with wild animals.

Ⅱ. Analysis of the Students

Different from English learning in Junior High school, English learning in Senior High school focuses more on language skills and abilities. Therefore, the students are expected to not only learn new expressions but also learn to use related expressions authentically in their own writing practices. When teaching, teachers should give students more opportunities to express in English. Only through repeated practice can students understand how to express in English.

Ⅲ. Designing Principles

Based on the theory of harmonious and efficient classroom teaching, this class will focus more on encouraging students to discover problems, analyze them and learn to solve them through independent exploration or cooperative teamwork. Thus, students' language learning ability, spirit of cooperation and exploration can be strengthened.

Ⅳ. Teaching Aids

Textbook, tablet and multimedia.

Ⅴ. Teaching Procedures

Teaching Procedure	Teacher's Part	Students' Part	Purpose
Introduction	1. Play a video from BBC related to Yellowstone National Park to arouse students' interests. 2. Send them several pictures related to Yellowstone National Park and inspire them to have a try to describe the awe-inspiring natural scenery. 3. Ask if any of the students is interested in being a photographer to record the beauty of nature.	1. Appreciate the video presented by the teacher and pay special attention to scenery in the Yellowstone National Park. 2. Have a close look at the pictures by themselves and give a description of the pictures in English. 3. Students who are interested in being a photographer are expected to share their ideas about taking photos in Yellowstone National Park.	1. Use the video to warm up and arouse students' interest in learning in this period. 2. Use pictures to attract them and arouse their interest in describing the pictures freely. 3. The part is designed to warm up and combine the topics of "*Yellowstone National Park*" and "*Being a Photographer*".
Input of Related Information	1. Ask students to look at the word cloud and the pictures on Page 56 and predict what the author would want to express in the passage. 2. Ask students to guess what the passage is about from the title "An Encounter with Nature".	1. Students are expected to pay attention to the word cloud and the pictures on Page 56. (photographer; nature; bear; Yellowstone; show respect; observe animals; national park; forest; frightening; press the button; recover from the shock) 2. Students are expected to guess what the passage is about according to the title "An Encounter with Nature".	1. Students are expected to have the ability to predict what the passage is about by making good use of given information. 2. Students can be trained to compare what they predict with the passage.

续表

Teaching Procedure	Teacher's Part	Students' Part	Purpose
Reading and Comprehending	1. Ask students to read the passage quickly for the first time to compare what they predict with what the passage is actually about. 2. Ask students to summarize the main idea and state the main structure of the passage. 3. Ask students to tell the main idea of each paragraph. 4. Ask students to paraphrase several difficult sentences.	1. Students are expected to read the passage for the first time and compare what they predict with what the passage is really about. 2. Students are expected to read the passage for the second time and tell the main structure of the passage. 3. Students are expected to tell the main idea of each paragraph. 4. Students are expected to appreciate and paraphrase several difficult sentences.	1. The part is designed to strengthen students' comprehending and understanding abilities. 2. In students' first reading, students are expected to improve their ability of grasping ideas. 3. In students' second reading, students are expected to grasp the main ideas of each part. 4. Several difficult sentences are listed for them to appreciate language and enable them to learn authentic English.
Presenting and Sharing	1. In this part, the teacher should observe carefully what makes students puzzled and provide timely help for students. 2. After students' first reading, the teacher should explain the connection between the title and each paragraph. 3. Ask students to share their understanding about each part. 4. Ask students to work in groups and choose representatives to paraphrase the difficult sentences.	1. In this part, students are expected to pay attention to teacher explanation of the title and its connection with the passage. 2. Students should work in groups to figure out the main ideas of each paragraph and paraphrase difficult sentences.	1. This part is the main part, where students can work together and practice their spoken English. 2. The difficult sentences listed are designed to test students' language abilities.

续表

Teaching Procedure	Teacher's Part	Students' Part	Purpose
Reviewing and Reflecting	1. Ask students to write a passage about the experience of having an encounter with wild animals. 2. Ask students to reflect on what we, as human beings, should do to better live in harmony with nature. 3. The teacher should also reflect on the significance of living in harmony with nature and share the ideas with students in the following classes.		1. The part is designed to enable students to consolidate what they have learned in the class. 2. The part is designed to enable students to reflect on deeper meanings of living in harmony with nature.

课例 4

Longji Rice Terraces

山东省龙口第一中学　郑　涛

Ⅰ. Analysis of the Lesson

A. Teaching Content

In this class, we will learn a passage taken from Unit 6, Book 1, which is about Longji Rice Terraces, the great wonder created by people and nature working together. From the passage, we can get some information about Longji Rice Terraces. After the class, the students will get a better understanding of how to live in harmony with nature.

B. Teaching Focus

a. The students are expected to master the related words and expressions and understand their meanings in sentences and passages.

b. The students are supposed to summarize the main idea of each part in the passage.

c. The students should be able to describe the information of Longji Rice Terraces by using the related words and expressions.

C. Difficult Teaching Points

a. Understanding the passage.

b. Writing a brief report of Longji Rice Terraces.

Ⅱ. Analysis of the Students

Despite years of learning English, some students are still poor in English, especially lacking basic reading skills. However, they never lose the passion for English. Hence, I'll make full use of it and design practical activities to push them forward.

Ⅲ. Designing Principles

Based on the theory of harmonious and efficient classroom teaching, my class tends to lead the students to discover the problems, analyze them and learn to solve them. In the process, the students' spirit of exploration and cooperation will be developed.

Ⅳ. Learning Aims

a. To be able to use the related words and expressions.

b. To be able to understand articles and the main idea of each part.

c. To be able to retell the passage.

d. To develop awareness of cooperation.

Ⅴ. Teaching Aids

Textbook and multimedia.

Ⅵ. Teaching Procedures

Teaching Procedure	Teacher's Part	Students' Part	Purpose
Introduction	1. Show students a video about the environmental problems faced by Venice. 2. Lead students to think about how to get along with nature. 3. Introduce Longji Rice Terraces.	1. To enjoy the video presented by the teacher and guess what will be talked about in this period. 2. To surf the Internet to look for what they want to know about Longji Rice Terraces and share with each other what they have found out. 3. Match the words with their definitions. wrap sheet terrace region harmony prevent agriculture shallow steep	1. Show a video to the students in order to arouse their interest in what they will learn. 2. To let students revise the key words and allow them to gain a better understanding of the text on the screen.
Input of Related Information	1. Present students with some simple tasks and let students listen to the tape. 2. Give them some complex questions and let them read the passage quickly and find out the answers to these questions. 3. Give students some time to look up those words and phrases they don't know on the tablets and learn to correct their pronunciation.	T: Listen to the passage and then answer the question. What's the author's purpose in writing the passage? A. To praise the wisdom of the ethnic groups living in Guangxi Autonomous Region. B. To explain how people worked in harmony with nature to create the Longji Rice Terraces. C. To describe the beauty of the Longji Rice Terraces and to attract visitors to this scenic spot.	To train students to guess and summarize the main idea of the passage. In this process, students are encouraged to listen, read, and speak actively by using the modern equipments (tablet, multimedia, electronic dictionary).

续表

Teaching Procedure	Teacher's Part	Students' Part	Purpose
Reading and Comprehending	1. Send reading tasks to students through the pad and guide them to gain a better understanding of the text. 2. Guide students to summarize the passage.	T: Now let's read the passage in detail. Read the first paragraph, and finish the chart below. Paragraph 1 Imagine mountains ____ (wrap) in silver water, (shine) in the spring sun. Summer ____ the mountains turn bright green with growing. T: Read the second paragraph carefully and try to retell it according to the following: These terraces were built by ____, to whom ____. Starting in the Yuan Dynasty, work on the terraces took ____ until its completion ____. Reaching as far as the eye can see, these terraces cover tall mountains, often ____. T: Now let's read the passage again carefully. Try to answer the following question. Why do the local people keep their traditional way of growing rice?	1. To guide students to read the passage carefully and get some detailed information from the text. 2. To let students know some useful phrases and sentences which will be useful for their writing in the future. Students should do this on their tablets individually and then hand in their homework on time.
Presenting and Sharing	Offer a topic about this passage for students to discuss.	1. Work in groups and follow this instruction. In what other ways do people live in harmony with nature? Give examples. 2. Students can prepare a short lecture to share with others.	To give students more chances to practice their spoken English and lead them to cooperate with each other.
Reviewing and Reflecting	1. Make remarks on students' performance in this period. 2. Send assignments to students through the tablet.		It is designed not only to improve their writing ability but also to lead students to review what they have learned in this period. Students can hand in their homework and share some information via the Internet.

第四节　高中物理课堂教学模式及课例

当代科技迅猛发展，我们处在一个信息开放、共享和智能的时代。教育正在被各种现代技术不断冲击，其原有的教育生态已动摇，新的教育生态正在重构，信息化环境下的教学改革如雨后春笋般焕发出了勃勃生机。学生的自主性需求、多维度学习、个性化发展需要以及新课程标准中对核心素养的要求使我们不得不加快转变对学生的培养模式。

在《普通高中物理课程标准》中提出，要着力提高课程思维含量，提升科学性、时代性，加快人才培养模式的变革与创新，推动运用互联网+、云课堂、大数据等当代科技与课堂教学相互交融，转换传统的教学模式，从而提升学习效率和质量。这些要求更加激发了广大一线教师在信息化教学背景下进行教学策略研究的热情，因为与传统课堂相比，在信息化的课堂上，学生能在4G(甚至是5G)网络的强大支持下迅速获取大量的信息，能通过声音、影像、即时数据反馈、智能互动等多方面的刺激进行高效学习。这种全新的模式极大地改变了原来的课堂模式，营造出了更加高效的课堂形态。

本部分提出的是关于在高中物理课堂上如何通过信息化的手段开展有效教学策略的方法，即“目标驱动教学法”。所谓“目标驱动教学”，是指在高中物理学习的情景下，教师和学生为了达成既定的学习目标，以现代信息技术为支撑，通过网络推送、平板电脑资源共享、习题正答率数据实时反馈等完成以下四个学习环节，如图3-4-1所示：

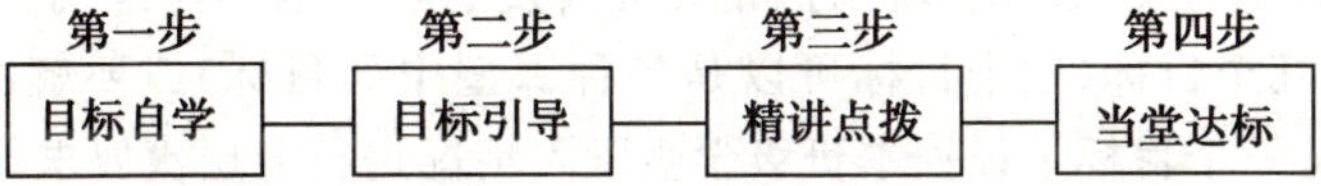

图3-4-1　四个学习环节

任何一种教学方法都是在其相关教育教学理论的指引下凝练总结的，“目标驱动教学法”是立足于“建构主义”教育理论的教育教学法。“建构主义”提倡的学习情景是“学习要在教师的指导下进行”，要注重学习者的主体地位，但绝不漠视教师的主导地位。教育者(教师)是受教育者(学生)知识建构过程中的协助者、推动者，而不应该只是成为知识的呈现者和输出者；学生应成为学习的主人，而不是被动接受知识的载体。目标驱动式的教学有一个显著特点，就是“以既定的学习目标为导向，以教师为主导，以学生为主体”。教学过程中，教师尊重学生在学习中的主体地位，允许学生通过主动参与、质疑、小组协作等新型学习方式获取知识。我们在课堂教学中发现“目标驱动式”的教学方法能激起学生学习的内动力，能培养学生深度思考问题、分析处理问题的能力。在这个课堂中，不论是优生还是后进生都能找到适合自己的位置，学生的获得感、满足感将得到很大提升，学习能力也会大幅提高。

目标驱动教学方法的具体环节如下：

一、目标自学

信息化背景下的“目标驱动式教学法”要求教师把过去以知识传授为主要目的的做法转变为以解决问题、达成目标为主要目的的互动教学模式，将“重现式”教学转变为学生的自主探究式学习，使学生在目标驱动下处于适度紧张的学习状态，每个学生都能依据自己对当前目标的理解，利用教师推送的共享资源和已有的知识、技能、经验提出方案，并解决问题。信息化背景下的目标引领自学给每位学生提供了思索、探究、创新的平台，其具体做法为：

(1)教师要提前备好本节课的学习目标(要解决的问题)，将课程标准的要求与实际相结合，由易到难，有层次地罗列出本节课的学习目标(设置学习目标时要有利于学科核心素养的形成)。

(2)要准备好学生自学时参考的资料，包括本节课所要学习知识的物理背景、时代背景、前人错误认识、思维方法、数学工具等，为学生建立正确的物理学科思维奠定基础，还应包括一些视频资料，如危险实验演示、理想实验演示、动画演示等，帮助学生更加直观形象地理解知识，加深印象，还包括“重难点微课”，帮助有学习余力的学生理解难点知识，也可作为课后学生学习的辅助材料。

(3)上课前几天，通过互联网把相关资料发到学生的学习终端上，明确本节课要达到的几个目标(这个目标可以是各种课型中的目标)或要解决的几个问题，并且在每一个目标下根据本班级学生学习情况进行分层次要求。

(4)教师通过与学生平板电脑互联的功能监控流量，得知学生预习情况，对于没有完成预习的学生，通过留言的方式进行提醒。

教师通过网络和学习终端为学生提供学习目标，提供解决问题的素材和思路，激励学生寻找解决问题的方案。同时，教师还为学习者创设了一个开放、共享的良好学习环境，使之可以在这种环境中通过实验探究、自主查找、团队合作等方式来学习，这使学生能够在一个全新的环境中体验知识，在一个虚拟的课堂中收获知识，不断递进式地感受学习的快乐，使学生体会主动学习带来的乐趣，逐渐转变自己的学习方式，成为课堂学习的主体。同时，网络在线交流的途径也方便教师实时掌握学生的预习情况，不再需要通过传统的批改纸质作业的方式来监督学生的学习情况，从而更加精准实时地掌握了学生的预习进度。

二、目标引导，小组协作

在第一个环节中，学生通过预习查找资料、观看微课、实验演示、动画模拟、虚拟课堂等手段，解决了本节课中的大部分基础性问题。但是，由于学生既有学习水平和认知能力的不同，每名学生解决目标的程度、质量是不尽相同的。对于不同层次的学生所遗留的问题，在上课时则要求学生进行小组合作讨论解决。小组合作主要是培养学生的团队合作能力，即学会听取团队成员的意见和建议，学会提出疑问，学会组织协调，学会分析，把学习的过程转化为探索研究的过程，使学生能够享受认知的过程，体验到从合作中收获知识的愉悦。这种方式不仅拓宽了学生获取知识和信息的渠道，而且极大地增加了信息的容量，提高了信息的鲜活度，更能让学生在辨别中得到成长，其具体做法为：

(1)小组内同学先展示自己的目标完成情况，然后再相互质疑、修正、补充，从而对本节课的目标有更加全面准确的认知。

(2)讨论完后，由组长将讨论结果拍照上传到教室中的电脑中。

(3)对于小组讨论中没能解决的问题，通过学习终端的留言板功能发给教师，让教师能及时知道学生学习中的困惑。

小组协作过程中，学生的主动思维、参与意识、团队精神及课堂中学生的主体地位得到彰显，还能够实现差异化学习、分层达标，从而提高课堂效率，保证有的同学“能吃饱”，有的同学“能吃好”。让小组内学习成绩相对较好的学生对成绩较差的学生进行帮助指导，在帮助同学解答难题的同时也提升了自己。

例如，在“验证机械能守恒定律”的实验中，小组的协作配合能非常好地体现出学生们的协作水平。在实验中，组长根据差异把不同的任务分给小组内的每一位同学，心细的同学负责实验器材的检查和组装、实验的正确开展，动手能力强的同学进行纸带上两点之间长度的测量，运算好的同学进行速度的计算，等等。

三、精讲点拨

高效课堂的显著特征要呈现出教师的主导地位和学生的主体地位。无论是新授课、讲评课还是复习课，教师的讲授都是必不可少的。在这个过程中，教师要掌握学生的思维，把握课堂节奏，或拓展，或解疑，而且在该过程中教师的教学行为一定要是系统的、精准的，不能只是点穴式的。学生要认真听讲，积极思维，做好课堂笔记。“系统精讲点拨”是教师教学的必要环节，是教育者与教学对象相互作用、相互促进的过程，无论什么模式的课堂，教师的讲授都是不可取代的，其具体做法为：

(1)新授课中,教师对学生拍照上传的结果要快速准确地解析,对新知识进行内涵挖掘、外延拓展,并且通过必要的板书进行说明和强化。这就要求教师不仅要备好课,还得根据学生的实际情况分析学生可能会出现的问题,把握好课堂节奏。

(2)习题课中,教师要根据学生的作答情况和习题完成情况进行分析总结,进行习题归类,形成不同题型的分析思路,规范思维过程及解题步骤。

"不愤不启",在"精讲点拨"阶段,教师要找准问题的关键,或"引蛇出洞",或"明知故问",或"将错就错",对学生已有的"前摄知识"进行梳理、修正以臻完善。在思维训练方面,由于不同学生思维障碍的原因不同,需要教师在精讲点拨时重点解决共性的问题。精讲与点拨过程是体现教师主导地位不可或缺的重要一环,是教师是否能驾驭课堂,掌握学生思维方向及情绪走向的重要时间节点。及时、恰当的教育措施能够体现教师对课堂节奏的掌控,体现教师思维的灵活性、创造性及意志品质的坚定与果敢。

四、当堂达标

信息化课堂背景下,因为有网络、大数据和智能批阅系统,我们可以对本节课的教学目标进行当堂检测,检测结果可以及时高效地反馈,从而最大限度地完成"堂堂清"。特别是对反馈的问题进行矫正后再推送同类型题目,完成当堂达标,更能彰显信息化教学的优势所在,具体做法为:

(1)教师精选习题,根据以往的教学经验预知解题过程中的难点,对有可能出错的题型要多准备习题进行针对训练。

(2)进行习题训练不能只讲量不讲质,要紧扣本节课的特点,用习题训练理清学生对概念、规律的模糊认识,固化知识,构建精准的知识框架,形成熟练的解题技能。

在这个过程中,要着重培养学生这样几个方面的能力:一是科学态度和规范思维,二是实践意识,敢于打破常规思维,树立开放、创新的思维。

教育教学理论一般都具有很强的概括性和抽象性,教学过程具备很强的实践性和偶然性。教学理论源于教学实践而又高于教学实践,二者融合的产物就是教学模式。教学模式是对教学实践的概括和总结。作为一线教师,我们探求教育教学规律的过程就是在"理论—实践—再理论—再实践"的过程中不断前行。如果我们取得了一点点收获,那也只是在海边拾取了一枚小小的贝壳,而面前真理的大海正等待我们去开拓和发现。

课例 1

超重和失重

山东省龙口第一中学　吕培树

一、教学目标

（1）掌握超重和失重的概念，形成正确的物理观念。

（2）能通过牛顿定律进行定量分析，培养学生严谨的科学思维。

（3）观看超重和失重视频，结合自身坐电梯的生活体验，让学生感受生活中处处有物理，强化学生的科学态度和责任意识

二、重难点

（1）重点：超重、失重概念的形成和固化。

（2）难点：能灵活运用规律分析问题、解决问题。

三、过程展示

本课例的教师活动、学生活动和设计意图如表 3-4-1 所示。

表 3-4-1　“超重和失重”的教师活动、学生活动和设计意图

教学环节	教　师　活　动	学　生　活　动	设　计　意　图
目标自学　小组合作	资源推送： （1）视频：中国宇航员太空授课（观看宇航员的身体状态） （2）视频：电梯内上升下降时台秤示数变化 （3）（微课）用牛顿第二定律求解物体在竖直悬绳作用下匀变速运动时绳子上的张力 （4）教师通过流量监控学生下载情况，并通过留言板督促没下载资料的学生	（1）观看视频。 （2）结合自己乘坐电梯的生活经历，观察电梯运行时台秤示数变化，如下图所示，思考产生这种现象的原因  台秤示数变化 （3）通过微课掌握竖直方向上匀变速运动绳子上的张力大小的计算规律	（1）视觉体验太空失重时的漂浮状态，观察失重状态下的小实验，为中国航天的辉煌业绩自豪 （2）通过微课加深对牛顿第二定律在竖直方向应用的理解，为超失重概念的形成打下基础

续表

教学环节	教师活动	学生活动	设计意图
目标自学	目标呈现： (1)教师要提前备本节课的学习目标，将课程标准的要求与教学实际相结合，由易到难、有层次地罗列出本节课的学习目标(设置的目标要有利于培养学生的学科核心素养) (2)上课前几天，通过互联网将学习目标发到学生的学习终端上 (3)自学目标： 一是能运用牛顿运动定律解答较复杂的问题 二是观察体重计示数，初步了解物理学中超重、失重、完全失重的含义，能通过牛顿定律进行定量分析 三是用超重与失重的相关知识解答物理现象 (4)教师通过流量监控学生下载情况，并通过留言板督促没开始自学的学生	(1)了解超重失重现象，体验超重和失重，能够区分超重和失重现象 (2)观察在体重计上蹲起过程中示数变化情况，初步用超失重解释生活现象，如下图所示： 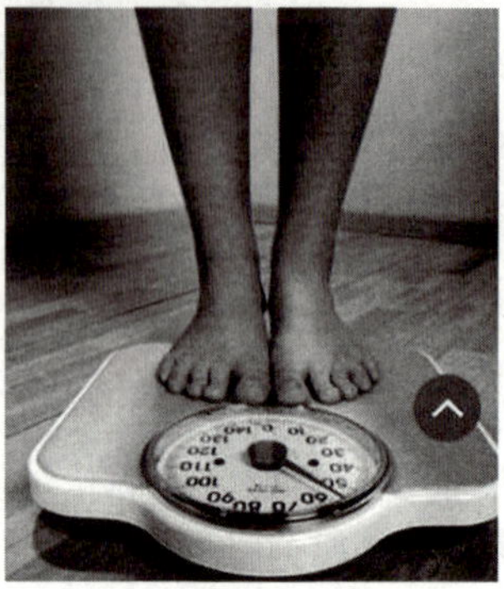 体重计示数变化情况 (3)用牛顿第二定律解释简单的超重和失重问题，并能进行运算 (4)归纳超重和失重的定义，产生超重和失重现象的条件和力学原理	(1)培养学生的自主学习能力，自主思考问题、分析解决问题的能力 (2)学会对已有知识进行有效迁移 (3)尝试自己完整地定义新概念，培养学生严谨的科学精神
小组合作	1.目标引领下的小组合作 引入新课后，参与到学生的小组中和学生一起分析问题、解决问题，同时教师要快速浏览学生留言板内容以便在下个环节中进行解答 2.学生发送的疑难问题整理 (1)在太空中物体受不受重力了？ (2)体重计示数变大变少，但是实际上人的体重是没变的，为什么？ (3)当研究对象竖直向上运动时，可以是超重现象也可以是失重现象，为什么？超重失重与运动方向有关系吗？	(1)小组内自己定义超重失重的概念 (2)小组内同学用牛顿第二定律分析解释超重失重现象 (3)讨论：完全失重就是物体不受重力，小组内同学给出自己的理由 (4)学生将讨论中形成的疑问通过学习终端聊天功能发给教师。教师要快速浏览，准备下一个环节系统精讲时进行点拨 准备课堂笔记本，准备下一个教学环节	目标引领下的小组合作有助于学生形成团队意识、合作意识。小组协作过程中，学生的主动思维、参与意识、团队精神，课堂中学生的主体地位得到彰显，还能够实现差异化学习、分层达标，从而提高课堂效率

续表

教学环节	教　师　活　动	学　生　活　动	设　计　意　图
精讲点拨	【板书】(1)超重：物体对支持物的压力(或对悬挂物的拉力)大于物体所受重力的现象，称为“超重现象” (2)失重：物体对支持物的压力(或对悬挂物的拉力)小于物体所受重力的现象，称为“失重现象” (3)完全失重：物体对水平支持物的压力(或对悬挂物的拉力)等于零，称为“完全失重现象” (4)疑问说明：当物体做向上减速运动或向下加速运动时，物体均处于失重状态 【板书】物体只要具有竖直向下(或竖直向下的分量)的加速度，物体就处于失重状态，与物体运动方向无关 当物体做向上加速运动或向下减速运动时，物体均处于超重状态 【板书】物体只要具有竖直向上(或竖直向上的分量)的加速度，物体就处于超重状态，与物体运动方向无关 【板书】完全失重时物体仍然受重力作用，此时重力不产生形变效果，只是改变物体的运动状态 【板书】超重失重只是物体的视重(仪器上的读数)发生变化，实际重力不变，因为重力是地球吸引产生的	(1)认真听讲，整理笔记，根据教师讲解自己理清实重和示重的区别 (2)教师讲完后，有疑问的同学回看课件，自习体会本节课的知识 师生讨论：在电梯中失重有 $F<mg$，想一下，如果这里的 $a=g$ 会出现什么情况？ 学生：如果 $a=g$，也就是 $F=0$，那么人对电梯就没有压力了 教师：确实如此，当物体以 g 的加速度竖直下落时，$F=0$，这时物体对支持物完全没有作用力，即完全失重	帮助学生理顺知识，形成完备、准确的学科素养和知识体系
当堂达标	通过练习发现同学们对超重和失重只与加速度方向有关而与运动方向无关掌握不到位。再推送一道习题进行矫正达标	在学习终端上做题，并在规定时间内提交。提交后通过智能批阅系统快速检测自己的知识、技能的不足，不会的问题等待教师集体讲评	智能批阅准确、快捷、直观，有助于学生“堂堂清”

课堂小测

1. 下面四个关于超重和失重的说法中，正确的是（　　）

A. 当物体在超重情况下时，其重力变大

B. 当物体在完全失重情况下时，其重力为 0

C. 当物体在超重或失重情况下时，其惯性比物体处于静止状态时变大或变小了

D. 当物体在超重或失重情况下时，其质量及受到的重力都不变

2. 玻璃瓶中装有部分水，现将玻璃瓶开口朝上竖直向上抛出，假设玻璃瓶在上抛过程中没有发生翻转，那么下列选项中正确的是（　　）

A. 上升时水对玻璃瓶底面的压力逐渐增大

B. 下降时水对玻璃瓶底面的压力逐渐减小

C. 在最高点水对玻璃瓶底面的压力大小等于水的重力大小

D. 整个过程中水对玻璃瓶底面都无压力

3. 在一个封闭装置中，用弹簧称一物体的重力，如果读数与物体重力相比有下列偏差，则以下判断中正确的是（　　）

A. 若读数偏大，则装置一定是在向上做加速运动

B. 若读数偏小，则装置一定是在向下做加速运动

C. 若读数为零，则装置一定是在向下做加速度为 g 的加速运动

D. 若读数为零，则装置可能静止，也可能是在向上或向下做匀速运动

四、当堂反馈、矫正达标

通过练习发现，同学们对超重和失重只与加速度方向有关而与运动方向无关掌握不到位，因此再推送一道习题进行校正达标：

升降机地板上放一个弹簧秤，盘中放一质量为 m 的物体，当秤的读数为 $0.8mg$ 时，升降机的运动可能是（　　）

A. 加速上升　　B. 加速下降　　C. 减速上升　　D. 减速下降

课例 2

导体的电阻

山东省龙口第一中学　徐殿波

一、教学目标

(1)体会物理概念及规律的建立过程，理解电阻的定义。

(2)通过实验探究，了解金属导体的电阻与导体的长度、横截面积和材料的定量关系，体会控制变量的研究方法。

(3)引导学生观察实验现象，对数据进行分析思考，了解电阻率的物理意义及其与温度的关系，初步了解超导现象及其应用。

(4)能由伏安特性曲线分析不同导体导电性能的区别，体会电阻率在科技生活中的应用。

二、重难点

(1)重点：电阻的定义及电阻的决定因素。

(2)难点：运用电阻定律分析问题、解决问题。

三、过程展示

本课例的教师活动、学生活动和设计意图如表 3-4-2 所示。

表 3-4-2　“导体的电阻”的教师活动、学生活动和设计意图

教学环节	教师活动	学生活动	设计意图
目标自学	资源推送： (1)滑动变阻器，如下图所示： 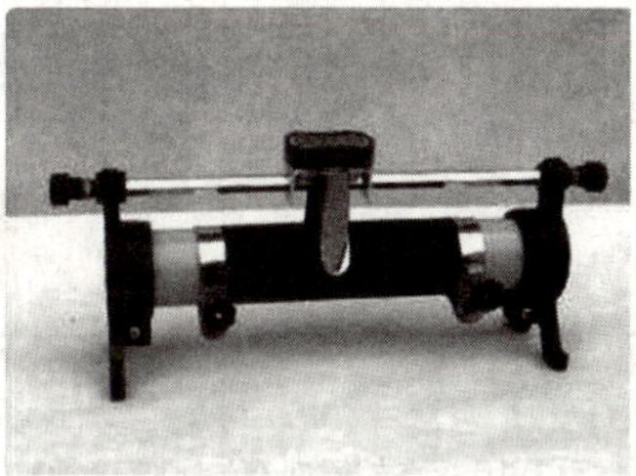 滑动变阻器常用铜质导线材料制造而不用铁质材料制造，这说明导体电阻与哪些因素有关？ (2)超导体：所有超导物质，当温度降至临界温度时，显示共同特征电阻为零，一个超导体环移去电源之后，还能保持原有电流 (3)视频：运行中的上海磁悬浮列车 (4)教师通过流量监控学生下载情况，并通过留言板督促没开始下载的学生	课前预习： (1)学生通过学习终端下载图片、文本、视频 (2)了解科技前沿，通过文本资料和视频观察导体处于超导状态时的神奇现象 (3)学习物理学研究问题的思想和方法：提出问题—合理猜想—数学推理—实验验证—得出结论	(1)文本资料：感性认识导体电阻与哪些物理量有关 (2)培养学生的探索精神、求知欲望和勇攀科学高峰的精神 (3)观看我国的磁悬浮列车视频，培养爱国情怀

续表

教学环节	教师活动	学生活动	设计意图
目标自学	目标呈现： (1)教师要提前备好本节课的学习目标，目标设置由易到难，有利于培养学生的德育和学科核心素养 (2)课前通过互联网将学习目标发到学生的学习终端上： ①体会物理概念及物理规律的建立过程，理解电阻的定义 ②通过实验探究，了解金属导体的电阻与材料、长度和横截面积的定量关系，体会控制变量的研究方法 ③引导学生观察实验现象，对数据进行分析思考，了解电阻率的物理意义及其与温度的关系，初步了解超导现象及其应用 ④能由伏安特性曲线分析不同导体导电性能的区别，体会电阻率在科技生活中的应用 (3)教师要通过与学生平板电脑互联的功能监控流量，得知学生预习情况，对于没有完成预习的学生通过留言的方式进行提醒	结合导体A、B的U-I图像，分析体会电阻的定义及物理意义结合有关实例以及学过的知识，初步得出导体电阻的影响因素 (4)根据物理实验探究的基本思路，设计实验，探究导体电阻的影响因素。注意实验方法的选择、实验器材的选取、实验数据的处理，增强实验探究能力，体会物理实验的乐趣 (5)通过自学，初步了解决定导体电阻的几个物理量	(1)通过导体的U-I图像是正比例图线，定义电阻 (2)通过直观体验和生活经验进行合理假设，导体电阻可能与哪些物理量有关，并与课堂学习相互印证 (3)初步了解实验探究过程，为小组合作打下基础 (4)养学生严谨的物理思想和思维习惯
小组合作	小组合作探究： (1)教师巡回指导并且督促学生把问题通过学习终端提交 (2)帮助学生做好实验分工，检查电路连接情况；观察学生的小组合作水平，对合作较好的进行表扬 (3)教师快速浏览学生发送的疑难问题	(1)小组内学生用逻辑推理的方法得出导体电阻与导体长度、导体横截面积的关系 ①导体电阻和导体长度的逻辑关系：导线可等效为相同长度的多段导线串联在一起，由串联电路知识得出导体的电阻$R\propto l$ ②导体电阻与横截面积的逻辑关系：若干长度、材料、横截面积一样的导体并排紧靠，由并联电路的知识得出导体的电阻$R\propto 1/S$	以探究决定电阻的因素为载体，通过理论探究和实验探究两种方法的结合，让学生体会逻辑思维的力量和实验的魅力，让学生明确逻辑推理和实验探究一样，都是科学研究方法，两者相辅相成

续表

教学环节	教师活动	学生活动	设计意图
小组合作	小组合作探究： (1)教师巡回指导，并且督促学生把问题通过学习终端提交 (2)帮助学生做好实验分工，检查电路连接情况；观察学生的小组合作水平，对合作较好的进行表扬 (3)教师快速浏览学生发送的疑难问题	(2)实验探究：探究导体电阻与长度、横截面积、材料的关系： ①实验电路如下图所示： 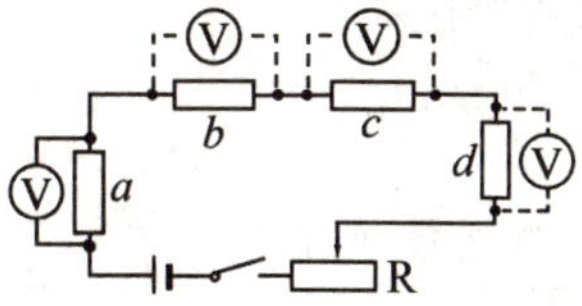 ②实验方法：控制变量法 ③实验原理：由串联电路规律可知四个电阻 a、b、c、d 电流相同，电压与导体的电阻成正比，测量出它们的电压就可知道它们的电阻比，就可得出影响导体电阻大小的有关因素	以探究决定电阻的因素为载体，通过理论探究和实验探究两种方法的结合，让学生体会逻辑思维的力量和实验的魅力，让学生明确逻辑推理和实验探究一样，都是科学研究方法，两者相辅相成
精讲点拨	(1)结合导体的 U-I 图像是正比例图线定义电阻，比较不同导体图像的不同斜率，给出电阻的物理意义 【板书】定义：导体两端的电压与通过导体的电流大小之比，叫作导体的“电阻” 定义式：$R=U/I$ 物理意义：反映导体对电流阻碍作用的大小 (2)结合小组合作的成果，通过理论与实验相结合，研究得出 $R\propto l$、$R\propto 1/S$，启发引导学生整合得出关系式 $R=K\frac{l}{S}$ (3)通过实验测定，发现不同金属丝的 K 值不同，同种金属丝的 K 值相同。比例系数 K 反映的是材料对电阻的影响，叫做导体的“电阻率”	在教师的启发下得出电阻的定义，整合出电阻定律的表达式，了解各种材料的电阻率，知道各种材料的电阻率随温度变化的特点及其用途，加深对电阻率的理解	通过教师的引导，让学生探寻物理规律的发现过程，在获取物理知识的同时领悟思想方法，陶冶科学精神，全方位提升学生的物理核心素养

续表

教学环节	教 师 活 动	学 生 活 动	设 计 意 图
精讲点拨	(4)给出电阻定律的内容： 【板书】同种材料的导体，其电阻 R 与它的长度 l 成正比，与它的横截面积 S 成反比；导体电阻还与构成它的材料有关 电阻定律表达式： $R=\rho\frac{l}{S}$ 其中 ρ 为比例系数，叫做这种材料的“电阻率” 【板书】4 电阻率 ρ ①物理意义：反映导体材料导电性能好坏的物理量 ②单位：Ω · m ③影响电阻率的因素：材料和温度	在教师的启发下得出电阻的定义，整合出电阻定律的表达式，了解各种材料的电阻率，知道各种材料的电阻率随温度变化的特点及其用途，加深对电阻率的理解	通过教师的引导，让学生探寻物理规律的发现过程，在获取物理知识的同时领悟思想方法，陶冶科学精神，全方位提升学生的物理核心素养
当堂达标	通过练习发现，学生对公式 $R=\rho\frac{l}{S}$ 掌握情况不到位，再推送一道习题进行校正达标	做本节课的当堂训练。完成的同学通过学习终端的智能批阅系统查看自己的正确率，并查阅详细解析	检测学生对本节课知识、技能的掌握情况

课堂小测

1.(多选)下列对 $R=\frac{U}{I}$ 和 $R=\rho\frac{l}{S}$ 的理解，正确的是(　　)

A. 由 $R=\frac{U}{I}$ 可知，导体的电阻与导体两端的电压成正比，与通过导体的电流成反比

B. 由 $R=\rho\frac{l}{S}$ 可知，导体的电阻与导体的长度成正比，与导体的横截面积成反比

C. 由 $\frac{U}{I}$ 可知，对电阻一定的导体，通过它的电流与它两端的电压成正比

D. 由 $R=\rho\frac{l}{S}$ 可知，导体的电阻与它两端的电压及通过它的电流无关

2. 两根完全相同的金属丝甲和乙，长度均为 L，横截面积均为 S，将乙拉长

为原来的两倍后，将两根金属丝串联在同一电路中，则甲、乙金属丝两端的电压之比为（　　）

A. 1∶2　　B. 2∶1　　C. 1∶4　　D. 4∶1

3. 如下图所示，A、B、C 为三个通电导体的 I-U 图象，由图可知（　　）

A. 三个导体的电阻关系为 $R_A > R_B > R_C$

B. 三个导体的电阻关系为 $R_A < R_B < R_C$

C. 若在导体 B 两端加上 10 V 的电压，则通过导体 B 的电流是 2.5 A

D. 若在导体 B 两端加上 8 V 电压时，则通过导体 B 的电流是 2.0 A

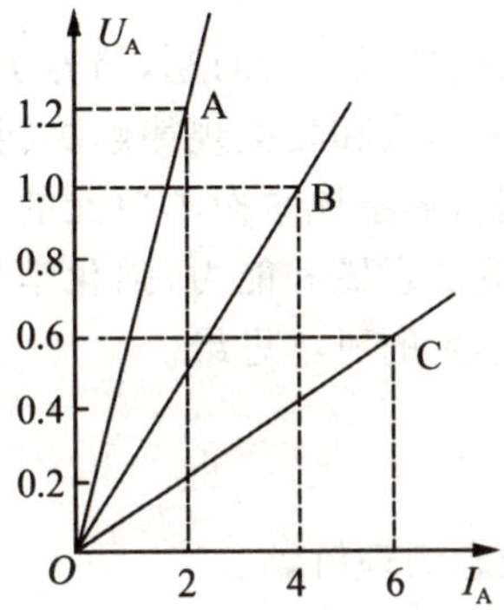

四、当堂反馈，矫正达标

通过练习发现，学生对公式 $R=\rho\frac{l}{S}$ 掌握情况不到位，再推送一道习题进行校正达标：

4. 如下图所示，矩形金属薄片厚薄均匀，边长 $ab=2bc$，当将 A 与 B 接入电路或将 C 与 D 接入电路中时，电阻之比 $R_{AB}:R_{CD}$ 为（　　）

A. 1∶4　　B. 1∶2　　C. 2∶1　　D. 4∶1

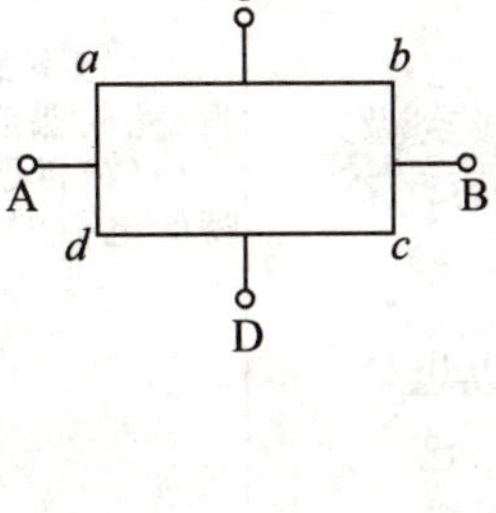

课例 3

静电场及其应用

山东省龙口第一中学　史爱萍

一、教学目标

(1)深化对描述电场力的性质的概念——电场强度的理解,培养学生的物理观念。

(2)能准确、灵活地运用电场线分析问题,培养学生的科学思维。

(3)能利用场强的三种表达式和相关规律解决问题,培养学生的科学思维。

(4)通过思维导图的绘制,形象地掌握本单元的知识体系及规律方法;通过小组合作,培养学生合作交流的意愿和能力,强化学生的责任意识;通过对典型题目解题思路的理顺,培养学生的科学思维。

二、重难点

(1)重点:对电场强度概念的理解。

(2)难点:运用规律分析问题、解决问题,形成有效的解题策略。

三、过程展示

本课例的教师活动、学生活动和设计意图如表 3-4-3 所示。

表 3-4-3　“静电场及其应用”的教师活动、学生活动和设计意图

教学环节	教师活动	学生活动	设计意图
目标自学	资源推送: (1)准备本节课知识点复习的课件 (2)准备本节课解题思路和方法总结的微课:微元法、补偿法、对称法 (3)几种典型电场的电场线如下图所示: 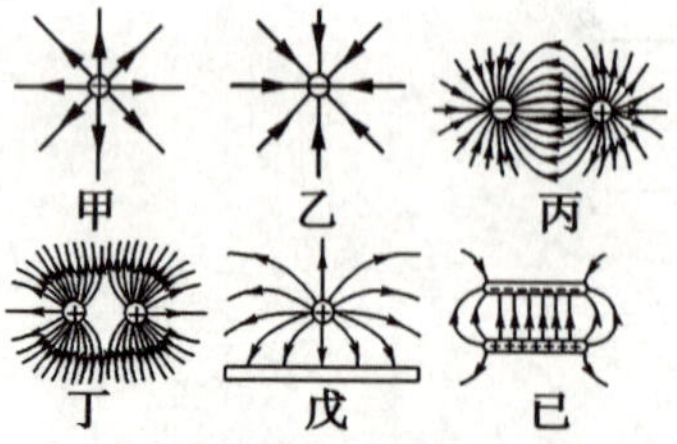 几种典型电场的电场线	(1)下载视频和文本资料,完成课前预习 (2)自己动手,画出几种特殊电荷的电场线	让学生对本部分知识快速再现,初步形成对本节课要完成内容的思维框架

续表

教学环节	教师活动	学生活动	设计意图
目标自学	目标呈现： (1)理解掌握的概念：点电荷、电场强度、电场线、匀强电场 (2)熟练两个定律：电荷守恒定律、库仑定律，并知道它们的适用条件 (3)掌握几种特殊电场的特点 (4)能应用平行四边形定则解决电场的叠加问题 要求学生看课件并绘制本单元思维导图，完成典型例题，并通过学习终端提交 教师要通过与学生平板电脑互联的功能监控流量，得知学生预习情况，对于没有完成预习的学生通过留言的方式进行提醒。教师通过学生提交作业情况进行二次备课，精选课堂小测	(1)自习课通过下载的视频、文本、进行自主复习，完成典型例题并提交 (2)动手绘制思维导图，思维导图分为基本知识点和基本题型两个分支	巩固本节课的知识要点，初步形成本节课要求的解题策略
小组合作	(1)利用学习终端展示几位同学的思维导图，其中有优秀的，也有存在不足的 (2)目标引领下的小组合作：利用电视白板展示学生绘制的较好的思维导图，各小组同学对照课堂笔记及课本互相讨论交流白板展示的导图，修改补充个人的思维导图，教师巡回指导	(1)认真分析自己的思维导图和同学的差异，取长补短 (2)组内各成员各抒己见，发表自己对例题的分析思路	要看到同学的优点和自己的不足，引导学生积极参与小组合作，培养学生的合作能力和团队精神

续表

教学环节	教师活动	学生活动	设计意图
精讲点拨	导入：我们已经完成“静电场及其应用”一章的学习，本章主要学习电场力的性质。本节我们进行单元复习。 一、教师利用白板展示学生自学完成典例的答题正确率统计 二、教师精讲点拨 例1：如下图所示，M、N 和 P 是以 MN 为直径的半圆弧上的三点，O 点为半圆弧的圆心，$\angle MOP=60^\circ$。电荷量相等、符号相反的两个点电荷分别置于 M、N 两点，这时 O 点电场强度的大小为 E_1；若将 N 点的点电荷移至 P 点，则 O 点电场强度的大小变为 E_2。则 E_1 与 E_2 之比为（　　） 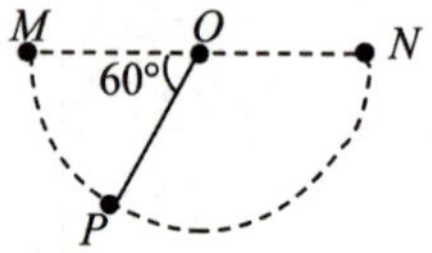 A. 1∶2　　B. 2∶1 C. $2:\sqrt{3}$　　D. $4:\sqrt{3}$ 教师设问：（电视白板展示） (1)本题题型归类？（电场的叠加） (2)分析思路？（利用平行四边形定则求解） 答案：B 例2：如下图所示，硬橡胶圆环上带有均匀分布的总电荷量为 Q 的负电荷，圆环半径为 R，若在圆环上切去一小段 l（l 远小于 R），则圆心 O 处的电场（　　） 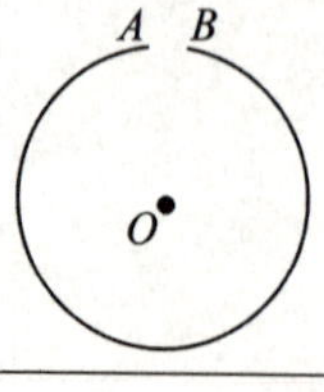 	(1)认真思考教师的设问，进行题型归类，记录分析典型题的思路，再次完善个人思维导图中典型题分支，并整理计算题的规范解题过程 (2)手脑并用，体会教师所选习题的意图 (3)学生经历规范审题，规范画受力示意图，规范书写解题步骤的过程，培养严谨的科学态度	(1)训练学生的审题规范、解题规范，培养学生严谨的物理思维 (2)通过以上环节，加深对本节课要掌握的知识、技能的理解

续表

教学环节	教　师　活　动	学　生　活　动	设　计　意　图
精讲点拨	A. 方向从 O 指向 AB B. 方向从 AB 指向 O C. 场强大小为 $\frac{klQ}{R^2}$ D. 场强大小为 $\frac{klQ}{2\pi R^3}$ 教师设问:(电视白板展示) (1)本题题型归类?(场强的计算) (2)课前资料中介绍了哪些求场强的方法?用哪种方法求解?(本题采用补偿法和对称法求解) 教师通过电视白板展示思维过程: (1)若是完整的橡胶圆环,则圆心 O 点的场强如何? (2)切去一小段 l 后,剩余部分在圆心 O 点的场强与 AB 段产生的场强有何关系? (3)AB 段电荷量是多少?如何求 AB 段在 O 点的场强? 答案:BD 例 3:如下图所示,实线是一簇由点电荷产生的电场线,方向未知,虚线是某一带电粒子通过该电场区域时的运动轨迹,箭头表示运动方向,a、b 是轨迹上的两点。若粒子在运动中只受电场力作用,根据此图能作出的正确判断是(　　) 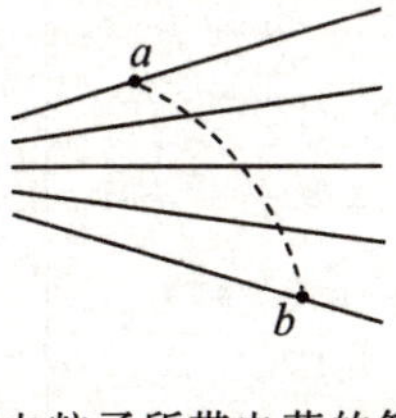 A. 带电粒子所带电荷的符号 B. 粒子在 a、b 两点的受力方向 C. 粒子在 a、b 两点何处速度大 D. a、b 两点电场的强弱	(1)认真思考教师的设问,进行题型归类,记录分析典型题的思路,再次完善个人思维导图中典型题分支,并整理计算题的规范解题过程 (2)手脑并用,体会教师所选习题的意图 (3)学生经历规范审题,规范画受力示意图,规范书写解题步骤的过程,培养严谨的科学态度	(1)训练学生的审题规范、解题规范,培养学生严谨的物理思维 (2)通过以上环节,加深对本节课要掌握的知识、技能的理解

续表

教学环节	教师活动	学生活动	设计意图
精讲点拨	教师设问(电视白板展示): 1.本题题型归类?(带电粒子轨迹分析问题) 2.本题分析思路? (1)明确给定的是电场线还是等势线? (2)根据曲线运动轨迹特点确定受力方向。 (3)由受力方向结合电性,可以判断电场方向,或者由电场方向结合受力可以判断电性 (4)根据电场力做功情况确定动能变化情况 (5)根据电场线的疏密确定加速度大小 答案:BCD 例4:如下图所示,小物块电荷量为 $+q$、质量为 m,处于一倾角为37°的光滑斜面上。整个装置被置于一水平向右的匀强电场中,小物块恰好静止。重力加速度取 g,$\sin37°=0.6$,$\cos37°=0.8$,求: (1)匀强电场的电场强度的大小 (2)若将电场强度减小为原来的1/2,小物块的加速度是多大 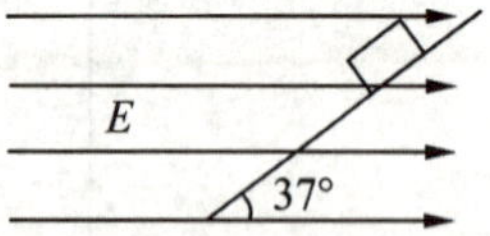 教师设问:(电视白板展示) 1.本题题型归类?(电场中的动力学问题)	(1)认真思考教师的设问,进行题型归类,记录分析典型题的思路,再次完善个人思维导图中典型题分支,并整理计算题的规范解题过程 (2)手脑并用,体会教师所选习题的意图 (3)学生经历规范审题,规范画受力示意图,规范书写解题步骤的过程,培养严谨的科学态度	(1)训练学生的审题规范、解题规范,培养学生严谨的物理思维 (2)通过以上环节,加深对本节课要掌握的知识、技能的理解

续表

教学环节	教师活动	学生活动	设计意图
精讲点拨	2. 本题型的解题思路？ (1)明确研究对象 (2)对研究对象进行受力分析(一定要画出受力示意图)和运动分析(画出运动简图)，尤其需要注意重力是否需要考虑及带电体的电性 (3)根据研究对象的状态选择平衡条件或者牛顿定律，列方程解题 【解析】(教师板书完整规范的解题过程) (1)小物块静止在斜面上，受重力、电场力和斜面支持力(如下图所示)，则： 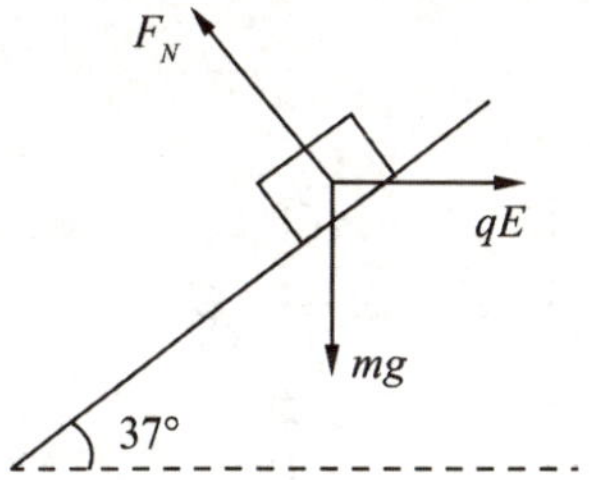 $F_N\sin37°=qE$① $F_N\cos37°=mg$② 由①②可得 $E=\frac{3mg}{4q}$ (2)若电场强度减小为原来的 $\frac{1}{2}$，则 $E'=\frac{3mg}{8q}$， $mg\sin37°-qE'\cos37°=ma$， 可得 $a=0.3g$	(1)认真思考教师的设问，进行题型归类，记录分析典型题的思路，再次完善个人思维导图中典型题分支，并整理计算题的规范解题过程 (2)手脑并用，体会教师所选习题的意图 (3)学生经历规范审题，规范画受力示意图，规范书写解题步骤的过程，培养严谨的科学态度	(1)训练学生的审题规范、解题规范，培养学生严谨的物理思维 (2)通过以上环节，加深对本节课要掌握的知识、技能的理解
当堂达标	利用学习终端推送课堂小测，并根据统计的错率，进行统一讲解和个别辅导，再次针对小测情况分层次推送习题强化达标，部分同学在课后需要再次强化训练并个别辅导	做本节课的课堂小测，做完马上提交，通过智能批阅了解自己的答题情况	检测学生对本节课知识、技能掌握的情况，做到有针对性的训练，便于分层次教学

课堂小测：

1. 大小相同的两个小球带有同种电荷(可看作点电荷)，质量分别为 m_1 和 m_2，带电荷量分别为 q_1 和 q_2，用绝缘线悬挂后，两悬线因小球间的静电力而张开，分别与铅垂线方向成 α 和 β 角，且两球处于同一水平线上，如下图所示，则造成 $\alpha>\beta$ 的可能原因是：

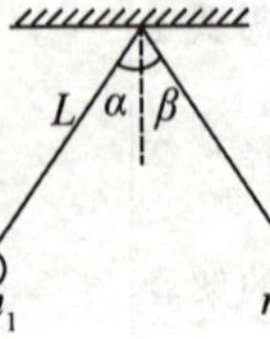

A. $m_1>m_2$　　B. $m_1<m_2$　　C. $q_1>q_2$　　D. $q_1<q_2$

2. 如下图所示，在四个电场中的同一圆环上有对称分布的两点 a、b，则图中 a、b 两点电势和场强都相同的是

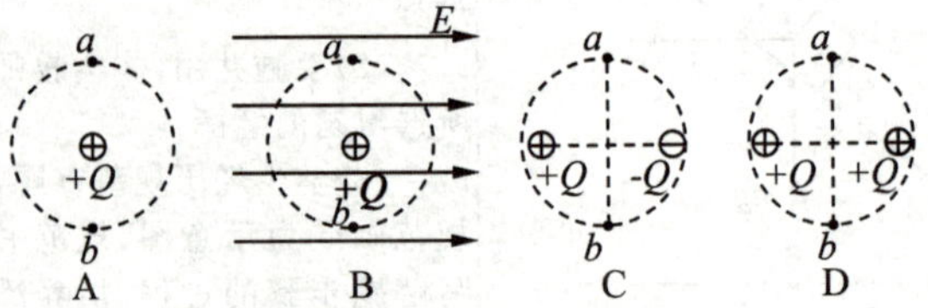

3. 均匀带电的球壳(或球体)在球外空间产生的电场与一个位于球心的电荷量相等的点电荷产生的电场相同。如下图所示，电荷量 q 均匀分布在半径为 R 的半球面 AB 上，轴线 CD 为通过半球顶点与球心 O，轴线上有 M、N 两点到 O 点的距离相等，均为 $4R$。已知 M 点的场强大小为 E，静电力常量为 k，则 N 点的场强大小为

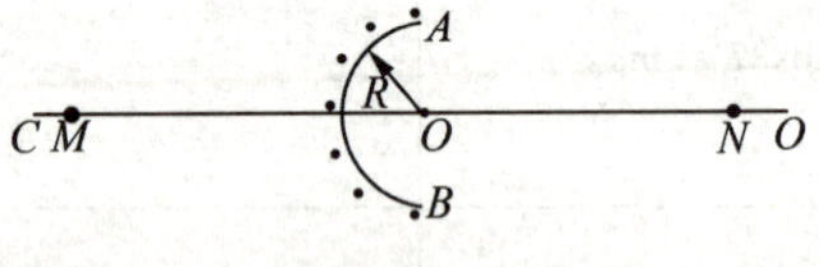

A. $\frac{kq}{8R^2}-E$　　B. $\frac{kq}{16R^2}-E$　　C. $\frac{kq}{16R^2}$　　D. $\frac{kq}{8R^2}+E$

当堂反馈、矫正达标

通过课堂小测，发现同学们对特殊方法求场强的问题掌握不好，再推送一

道习题强化达标训练：

经过理论推理可知，两个大小不能忽略的带电均匀的半球面，相互作用力产生的压强为 $P=E\sigma$，其中 E 为场强，σ 为单位面积上的电荷量，如下图所示，已知半径分别为 R 和 r 的带电均匀的半球，其带电量分别为 Q 和 q，两半球的球心及最大横截面重合，则两个半球之间的作用力大小为（　　）

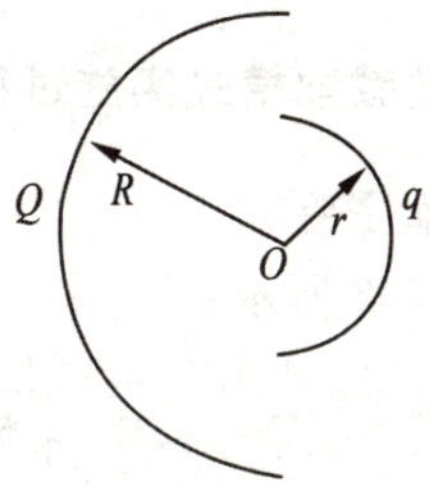

A. $k\dfrac{Qq}{R^2}$　　B. $k\dfrac{Qq}{r^2}$　　C. $k\dfrac{Qq}{2r^2}$　　D. $k\dfrac{Qq}{2R^2}$

第五节　高中化学课堂教学模式及课例

随着现代教育技术的发展和互联网时代的到来，教育的形态发生了巨大变化，传统的课堂教学形式、教学的手段和方法均面临着巨大挑战。未来，人工智能等新的技术也将逐步走进中小学课堂，随着物联网、大数据、人工智能等现代技术与教育的不断融合和发展，改变传统的教与学的方式，为学生创造更加充满智慧的、现代技术与传统教学深度有机融合的课堂必将是大势所趋。

我们研究智慧教育平台支撑下的课堂教学模式，旨在根据化学学科的特点，依托信息技术的优势，潜移默化地发展学生的核心素养，培养学生的探究精神，提高学生的学习能力，打造智慧共生的课堂，提高教育教学质量。

一、模式框架

基于化学学科的特点，我们在长期的教学实践中形成了基于教育信息化的化学“四大步”智慧课堂教学模式，其组织过程如图 3-5-1 所示：

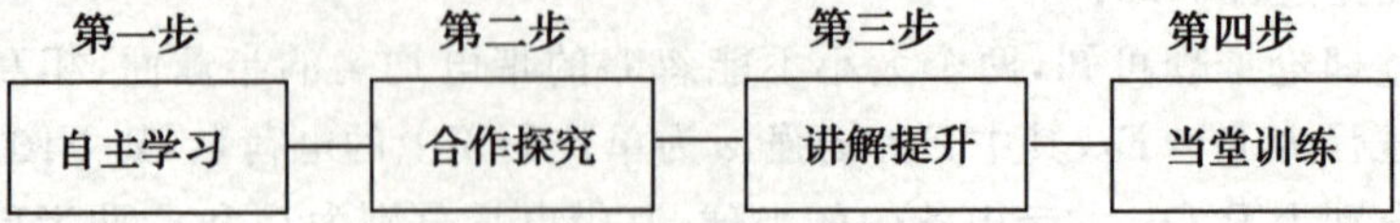

图 3-5-1 组织过程

二、化学“四大步”智慧课堂教学模式实施过程

(一)第一步:自主学习思维导图

自主学习思维导图如图 3-5-2 所示:

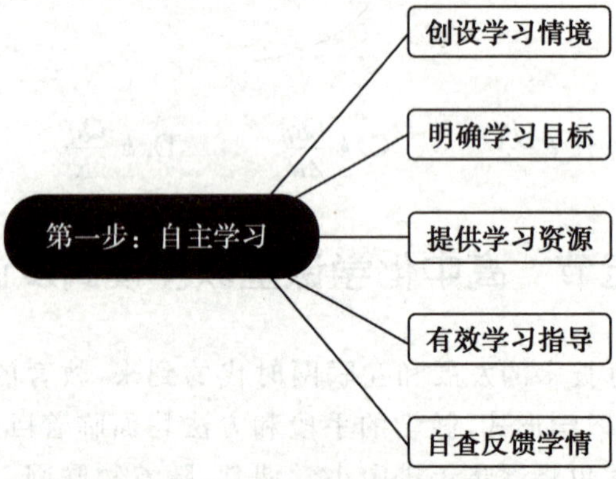

图 3-5-2 自主学习思维导图

1.创设学习情境

好的学习情境能激发学生学习的兴趣、动力、热情和求知欲。借助于现代化的信息技术,我们可创设丰富的、形象的学习情境,促使师生和谐共鸣。

化学学科的特点是与生产生活紧密相关,创设教学情境的素材很多。基于教育信息化平台,我们可以运用丰富的、结合生产生活实际的、形象生动直观的动画、视频等进行课堂导入,创设学习情境,引起学生的学习兴趣,启发学生的思维。

例如,在“氮的循环”这一节课中,我们可以通过农村的一句谚语“雷雨天发庄稼”导入课程,通过视频创设学习情境,激发学生的探究兴趣。在“化学电池”这一节课,我们可以通过播放热点新闻“三星手机电池爆炸事件”导入,也可以列举生活中形形色色的电池来导入,创设学习情境,激发学生了解研究化学电源的兴趣。在“乙醇”这一节,可以通过多媒体播放我国酿酒技术和酒文化等相关视频和图片,让学生感受化学与生活的密切相关,产生学习兴趣。在“金属的腐蚀和防护”这一节，我们可以通过列举学生发现的生活中常见的金属腐蚀现象，长期在海洋中航行的轮船如何防腐蚀等话题导入新课。

学习情境的创设能促使学生带着强烈的求知欲自觉地进行学习，引发学生更多的积极思考。

2.明确学习目标

明确的学习目标是学生学习的依据。有目标就有方向，知道每节课要学会什么，能使学生的学习不走弯路或少走弯路。学习目标的达成会使学生产生成就感，从而增强学生的自信心、进取心。

学习目标可以直接展示给学生，也可以在创设学习情境时将学习目标包含在其中。明确学习目标可以把学生的注意力引导到主要问题上，调动学生的学习积极性，促进学生在以后的每一个环节主动围绕目标学习和探究。教师围绕教学目标，给学生设计一些有思考价值的问题，引导学生进行深入思考和探究。

3.提供学习资源

教材上的基础知识往往不能满足所有学生的需求，这就要求教师提供全面而丰富的学习资源，以满足不同层次学生的需要。通过信息化平台，我们可以给学生提供视频、微课、课件等丰富的可视化学习资源，照顾学生的发展差异，实现因材施教。

教师要在课前准备好学生自学用的学习资源，如课件、视频、重难点知识的微课、题库等，将这些教学资源发布到学生的平板电脑等学习终端上，以备学生在自学阶段使用。例如，“化学电池”这一节课提供的学习资源如图3-5-3所示：

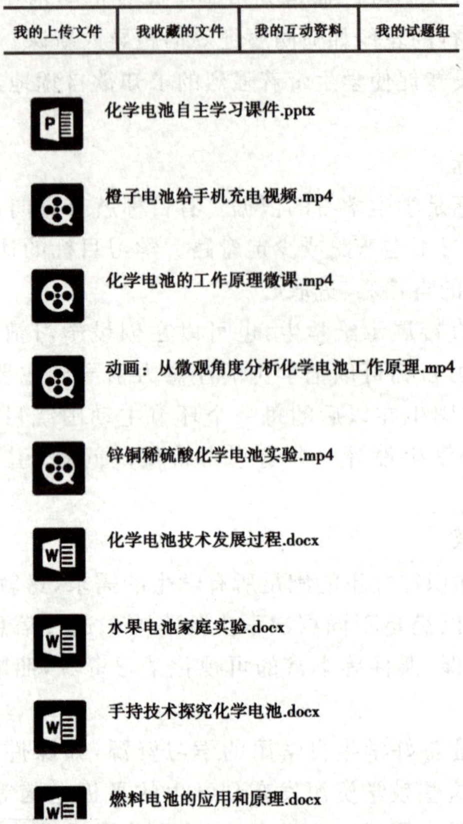

图 3-5-3 “化学电池”的学习资源

4.有效学习指导

在学生自主学习阶段，有效的学习指导不仅是学生身心发展的必然要求，也是教学规律的客观体现。有效的学习指导可以促进或提高学生的学习效率及效果。

教师根据学习的规律和学生学习的实际情况，对学生的自学提供有效的学习指导，让学生进一步明确学习内容、学习方法，自主学习时间的长短、应达到什么要求等，让每一位学生都能积极动脑，认真学习，挖掘潜能，提高自学的效率。

例如，在“金属的腐蚀与防护”这一节课中，教师可以围绕教学目标，给学生设计一些有思考价值的问题，引导学生进行深入思考和探究，如“你在生活中见到了哪些金属腐蚀的现象？”“你认为金属腐蚀的危害是什么？”“怎样对金属的腐蚀进行分类？”“析氢腐蚀和吸氧腐蚀的原理是什么？”“金属的电化学腐蚀和化学腐蚀的相同点和不同点是什么?”“生活中可采取哪些金属防护的方法,这些方法对应的原理是什么?”教师要对学生进行学法指导,指导学生用原电池原理研究吸氧腐蚀和析氢腐蚀,利用原电池和电解池原理研究金属的电化学防护。

在学生自主学习的过程中,教师要观察学生的学习情况,以便及时了解学情,提高后续的讲解提升和个别辅导的有效性。

5. 自我检测

有针对性的自我检测可以使学生了解自身自主学习的效果,了解自己对知识理解的程度以及学习目标的达成情况。

教师课前准备好自测题并发布到平板电脑等学习终端上。自我检测题要起点低,紧扣教学目标和自学内容。学生自主学习结束后进入自我检测环节,要将答题结果通过平板电脑等学习终端向教师进行提交。教师在即时了解了学生的自测情况,包括每道题、每个知识点的掌握情况,每位学生的答题情况、小组班级整体学习目标达成情况等之后,对学生的学情进行有效分析、汇总,并进行课堂上的再次备课,为讲解提升做好充分准备。信息化平台反馈的习题的正答率统计如图 3-5-4 所示:

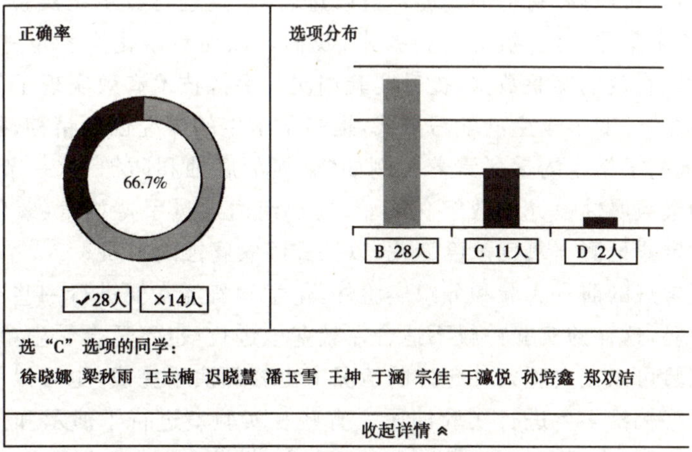

图 3-5-4 信息化平台反馈的习题的正答率统计

(二)第二步:合作探究思维导图

合作探究思维导图如图 3-5-5 所示:

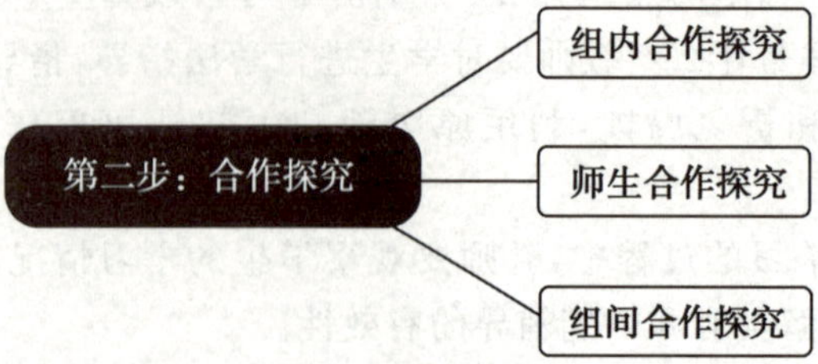

图 3-5-5　合作探究思维导图

1.组内合作探究

学生针对自主学习和自我检测中遇到的问题，以小组合作的方式进行交流研讨，如交流对具体知识的不同认识、困惑以及自测题纠错等。

2.师生合作探究

化学学科很多知识的探究和落实要以实验为依托。高中化学实验的形式有演示实验、分组实验等。一些简单的验证性实验和探究性实验可以在课堂上以小组合作的方式完成，这样做能充分调动学生的学习兴趣，培养学生的探究精神和动手能力，提高学习效果。

教师也可以将教材上的实验进行改进，让学生进行数字化实验。借助于传感器、数据采集器、计算机等手持技术，我们可以使数字化实验走进课堂，获得实时、精准、直观的实验数据，提升实验档次。手持技术有效实现了信息技术与学科的整合，转变了学生的学习方式，提高了学生的探究创新精神，拓展了学生的视野，提高了学生的学科素养。例如"金属的腐蚀和防护"这一节课，我们可以将铁的吸氧腐蚀设计成数字化实验，在小组内通过手持技术（氧气浓度传感器），实时定量地测出氧气浓度变化，以探究吸氧腐蚀的本质。

除了常规的演示实验和分组实验外，化学学科经常要进行一些涉及有毒化学品的实验，这样的实验一般不适合在教室里进行，也不适合学生单独操作，这些特殊实验可以在实验条件允许的情况下由教师演示完成，也可以借助平板电脑等学习终端给学生进行实验演示。有些在实验室进行了演示和分组操作的实验也可以制成实验视频或微课发布给学生，供学生自主学习使用。

3.组间合作探究

小组间的交流研讨主要是小组之间展示学习成果，并且提出本小组无法解决或争议较多的问题，再次进行交流讨论。要大胆放手，让学生自我解决问题，要让每一位学生都参与其中，强化学生间进行有效的交流研讨，教师不越组代庖。

学生可以通过平板电脑等学习终端将存在的问题反馈给教师，以便于教师了解学情；教师也要全程监控学生的合作探究情况，必要时参与讨论。要及时准确地了解学情，明确在讲解提升阶段给学生讲什么、怎么讲、讲到什么程度，使讲解做到有的放矢。

（三）第三步，讲解提升思维导图

讲解提升思维导图如图 3-5-6 所示：

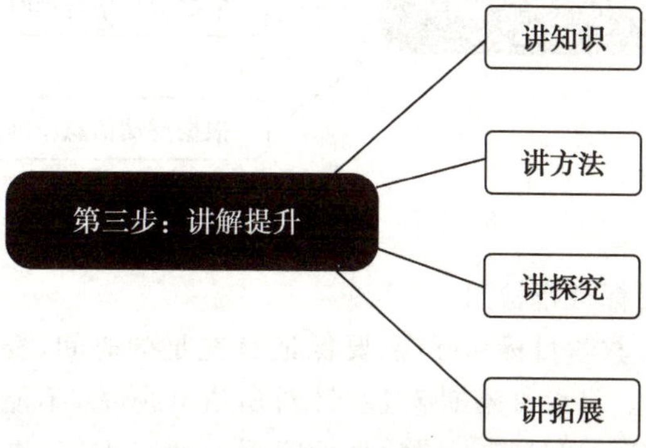

图 3-5-6　讲解提升思维导图

教师根据学生的自主学习情况和信息化平台统计的学生自我检测情况以及交流研讨暴露出来的问题，对重点知识进行有针对性的讲解，实现"精准教学"。教师讲解是课堂教学中教师主导地位的重要体现，是知识提升、规律总结、方法掌握的关键，要做到以下三点：一是提倡"三讲三不讲"，三讲是指讲重点、讲难点、讲疑点，三不讲是指学生一看就会的不讲、学生经过讨论能会的不讲、讲了学生也不会的不讲。二是控制讲解时间，以便安排更多的时间让学生进行个性化学习。三是要有提升，在讲解的过程中不能就题论题，要引导学生对知识进行提升、对问题进行探索、对规律进行总结，使学生知其所以然，提升学生的认识。

对于一些比较抽象的微观现象和学生存在问题较多、理解不到位的知识，教师讲解时可以借助 Flash 动画、视频、思维导图等智慧教育手段进行突破和强化。讲解完成后，要给学生留一点自查反馈的时间，教师通过平板电脑进一步给学生提供用于知识巩固和拓展的学习资源，让学生进行知识的消化吸收和提升，满足不同层次学生的需要，让学生有选择地利用资源进行个性化学习。这时，教师还要根据前面的数据反馈，针对个别学生出现的问题进行个别指导。

（四）第四步，当堂训练思维导图

当堂训练思维导图如图 3-5-7 所示：

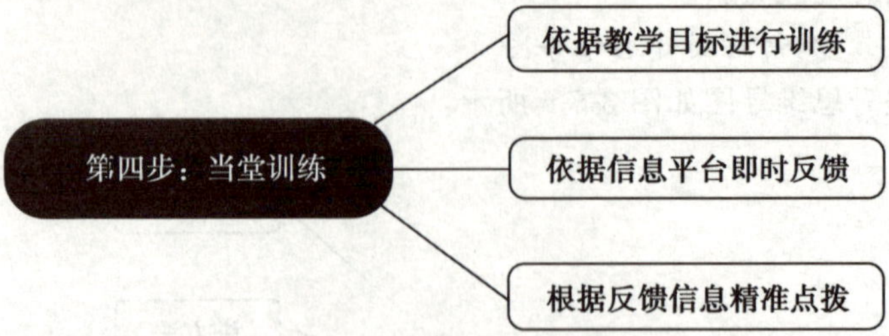

图 3-5-7　当堂训练思维导图

1. 依据教学目标进行检测

当堂训练要与教学目标相呼应，要保证有充足的时间，要闭卷。训练题要典型、适度和适量。训练要有针对性，针对所讲和所练，不能随意拓展。训练起点要低、要有层次，以适应不同学生的需要。通过训练，进一步强化和实现教学目标的达成。

2. 依据信息平台即时反馈

学生完成当堂检测后，检测结果和学生提出的问题通过平板电脑等学习终端即时反馈给教师。信息平台会将学生的答题时间、每道题的答题情况、每个学生的答题情况、每个知识点的答题情况反馈给教师，教师可以即时了解详细的信息，如图 3-5-8 所示：

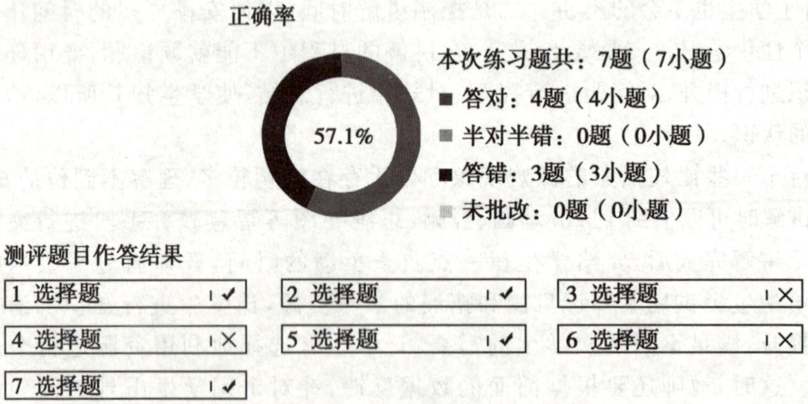

图 3-5-8　答题情况信息

3.根据反馈信息精准点拨

教师可以根据数据反馈情况，针对出现错误比较多的知识点进行当堂点拨释疑，并有针对性地布置课后作业。针对个别学生的学习情况，可以布置个性化的作业。同时，教师或学生对本节课进行总结归纳。

随着信息技术的飞速发展，信息技术真正融入到了课堂教学中，教育的所有元素都能在教育信息化平台上实现，师生间的交流与沟通变得更加方便快捷：学生可以随时随地访问教师创建的学习资源库，并实时与教师进行互动；教师可以实时地关注学生的学习动态，并对学生提出的问题和要求进行回应。

基于教育信息化的“四大步”化学智慧课堂教学模式体现的是“以学为主，先学后教”的教学理念，让现代教育技术充分服务于教育教学活动，将教师从低效的、繁琐的资源推送、试卷批改、数据统计、信息采集中解脱出来，使各种展示与反馈变得直观、准确、快捷，并且借助于交流研讨、活动探究和自我检测、当堂检测等手段做到实时监控学情，提高了课堂教学的效率。“四大步”化学智慧课堂教学模式中的四个基本环节环环相扣，同时具有很强的普适性，不仅适用于新授课，也适用于复习课、试题讲评课。不同课型中的四个基本环节不变，但可以根据不同教学目标、知识和内容的需要进行进一步的拆分、细化，在此不一一赘述。

畅想未来，5G 网络、物联网、虚拟现实、人工智能等先进技术将进一步走进中学课堂，届时将给我们的教学带来更大的冲击和挑战，我们将不断学习和探索新技术，将新技术融入课堂，让技术服务于教学，不断打造有利于培养高中学生化学学科核心素养的智慧型课堂，培养新时代需要的接班人。

课例 1

化学反应能量转化的重要应用——化学电池

山东省龙口第一中学 王福吉 周学波

一、设计说明

本节课是山东科学技术出版社 2019 年 7 月第 1 版《化学》必修第二册第 2 章“化学键 化学反应规律”第 2 节“化学反应与能量转化”第 2 课时的内容。本节课的核心基础是氧化还原反应，通过学生已经掌握的分析氧化还原反应的知识，结合氢氧燃料电池，进行原电池认识模型的建构。原电池构成模型如图3-5-9 所示：

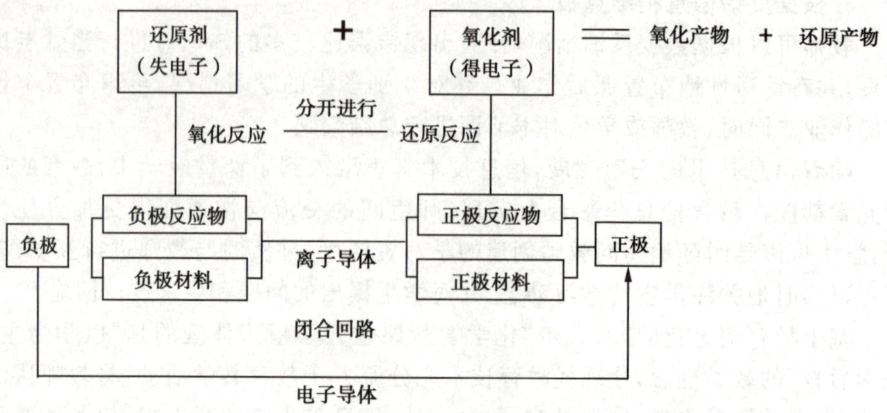

图 3-5-9　原电池的构成模型

在原电池认识模型的基础上，形成分析原电池的思路和方法，并能设计水果电池、铜锌原电池，利用铁与氯化铁的反应设计原电池，利用腐蚀印刷线路板的反应设计原电池等，引导学生体会构建模型对于掌握化学核心知识的巨大作用。

教学中，可利用信息化平台、学生平板电脑共享课前自学资料、微课、视频、原电池微观分析动画等方式突破教学中的难点，提高学习效率，提高学生的学习能力。

在教学中引入手持技术，输出直观的数字化图像，提高学生的信息素养。在教学中要发展学生的逻辑推理能力，提高学生的化学科学素养，培养学生的科学探究能力，提高学生将理论与实践相结合的能力。

本节课前要准备好简易氢氧燃料电池、干电池、电流计、发光二极管、Cu片、Zn片、稀 H_2SO_4、$CuSO_4$溶液、$FeCl_3$溶液、西红柿、橙子、导线等。

二、教学目标与核心素养

1. 证据推理与模型认知

通过分析氢氧燃料电池，从氧化还原的角度构建原电池的认识模型，形成分析一般电池基本构成的思路，并应用于分析和设计常见的简单电池，发展学生的“证据推理与模型认知”化学学科素养。

2. 变化观念与平衡思想

对比氢氧燃料电池工作时的能量转化形式、氢气在氧气中燃烧的能量转化形式、铜锌原电池能量转换形式、锌与稀硫酸反应的能量转换形式，了解能量转换的途径。

3.科学探究与创新意识

能根据原电池构成模型，设计并完成一些基本的原电池装置，明确进行科学探究的意义，了解科学探究的方法，提高探究的能力和创新意识。

4.宏观辨析与微观探析

了解原电池的工作原理，并能分析该原电池的工作原理，对原电池进行宏观辨识和微观探析。

5.科学态度与社会责任

联系生活实际，关注与电池相关的社会热点和科学前沿，了解电池对环境的影响，增强环境保护意识，逐步形成可持续发展思想，培养科学态度，增强社会责任感。

三、学情分析

化学电池在生活中的应用比较广泛，如汽车、电动车、手表、人造卫星、宇宙飞船等必须配备电池。虽然原电池在生活中非常重要，但通过调查，我们了解到大部分学生对原电池的原理了解很少，因此我们在进行教学设计的时候尽量降低起点，以学生已有的认识作为出发点，借助信息技术平台和分组实验开展教学，帮助学生理解化学电池的工作原理、构成条件。在化学能转化为电能的实验探究过程中，纠正学生一些不正确的认识，真正了解电流产生的原因，能写出化学电池的电极反应式。

四、教学重难点

(1)重点：构建原电池的认识模型，了解原电池形成条件和工作原理，能写出简单的电极反应及电池反应。

(2)难点：从宏观层面了解原电池的结构，知道电极材料和电极反应物的区别，从微观层面了解原电池的原理，并能依据原电池的构成模型设计和组装原电池装置。

五、教学过程

本课例的教学活动与设计意图如表 3-5-1 所示。

表 3-5-1 “化学反应能量转化的重要应用——化学电池”的教学活动与设计意图

教学环节		教学活动	设计意图
自主学习	创设学习情境	学生：课前利用周末收集废旧电池，并进行“电池在生活中的应用”调查。利用手机、平板电脑等信息终端将图片、视频上传到信息化平台 教师：将学生上传到信息化平台的图片和视频进行共享，并在大屏幕上播放，如播放学生搜集的电池，如下图所示：  学生搜集的电池 教师：生活中手电筒、手机、遥控器、计算器、笔记本电脑、汽车等都离不开电池。电池已经成为人类生产和生活中重要的能量来源。原电池是怎样把化学能转变成电能的呢？今天我们一起来探究原电池的构成、原理，并根据原电池的认识模型来设计简单的原电池	利用信息化技术共享学生录制的视频和图片，创设教学情境，激发学生的学习兴趣、动力
	明确学习目标	教师：展示原电池学习目标的思维导图，如下图所示： 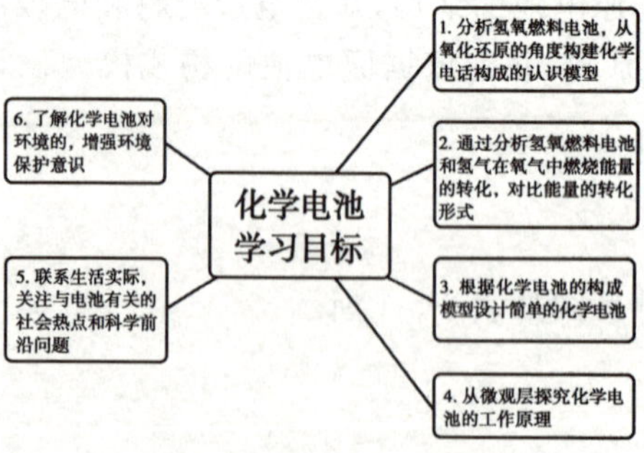 原电池学习目标思维导图	明确的学习目标是学生努力学习的依据，能使学生产生学习的热情和动力

续表

<table>
<tr><th colspan="2">教学环节</th><th>教　学　活　动</th><th>设　计　意　图</th></tr>
<tr><td rowspan="2">自主学习</td><td>提供学习资源</td><td>教师：利用信息化平台发布自主学习资源到学生的平板电脑等学习终端，学生阅读课本的同时可以利用这些资源进行自主学习。自主学习资源如下图所示：
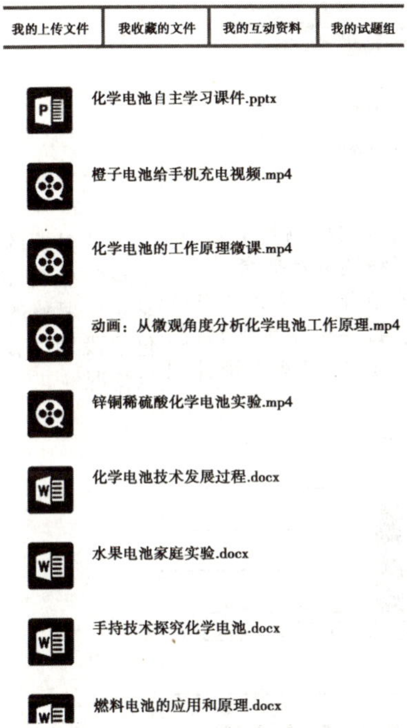
</td><td>利用信息化技术给学生提供丰富的、形象的、可视化的学习资源，以满足不同层次学生的需要</td></tr>
<tr><td>有效学习指导</td><td>教师依据教学目标，根据学习规律和学生学习的实际情况，对学生的自主学习提供高效的学习指导。指导学生通过阅读课本和学习课件、微课等方式进行自主学习。在学生自主学习的过程中，教师要给学生提供帮助，让每一位学生都能积极动脑，认真学习，挖掘他们的潜能，提高自主学习的效率
学生依据教师的学习指导以及教师提出的问题，根据课本和教师提供的资源进行自主学习。在学习过程中遇到了困惑及时请教教师
教师根据学生提出的问题了解学情</td><td>有效学习指导可以促进和提高学生的学习效率和效果</td></tr>
</table>

续表

<table>
<tr><th colspan="2">教学环节</th><th>教学活动</th><th>设计意图</th></tr>
<tr><td>自主学习</td><td>自查反馈学情</td><td>教师将课前准备好的、起点较低、紧扣自主学习内容的自测题发布到学生平板电脑等学习终端，发布的自我检测互动资料如下图所示：
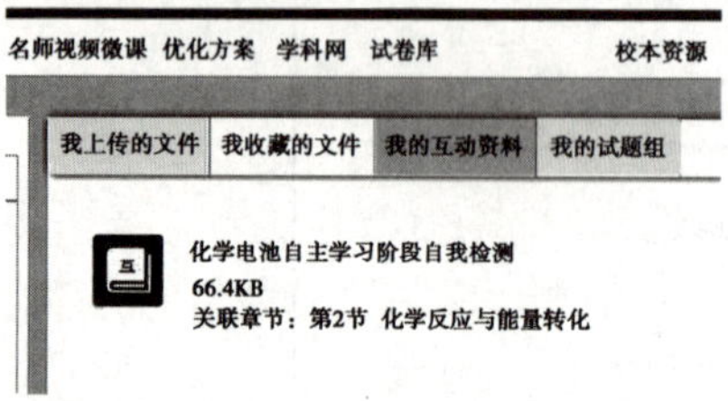

学生自主学习结束后进入自我检测环节，并将答题结果通过平板电脑等学习终端进行提交。
教师即时了解学生的自测情况，包括每道题的情况、每个知识点的掌握情况、每一位学生的情况、小组情况、班级情况等，如第一题的正确率统计如下图所示：
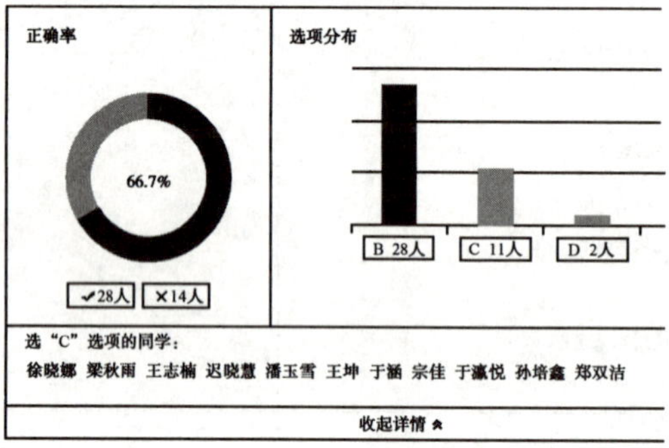
</td><td>针对性的自我检测，可以了解学生自主学习的效果和对知识理解的程度，利用信息化手段即时反馈学生自我检测情况</td></tr>
<tr><td>合作探究</td><td>组内合作探究</td><td>学生：针对自主学习和自我检测中遇到的问题，以小组合作的方式进行交流研讨，例如交流对具体知识的认识、自测题纠错等
学生探究的问题：
(1)什么是原电池？
(2)什么样的反应可以设计成原电池？
(3)电子定向移动的方向？
(4)离子移动的方向？
(5)两个电极发生了什么反应？
(6)怎样书写电极反应式？</td><td>学生能自己解决的知识让学生通过互相交流解决遇到的问题</td></tr>
</table>

续表

教学环节		教　学　活　动	设　计　意　图
合作探究	师生合作探究	教师：人们不仅利用氢气、氧气反应产生的热能为火箭升空提供动力，还利用氢气、氧气设计成燃料电池，通过电池产生的电能为航天器供电。下面以小组为单位进行实验探究： 按照如下图所示的组装装置电解水，制备氢气和氧气 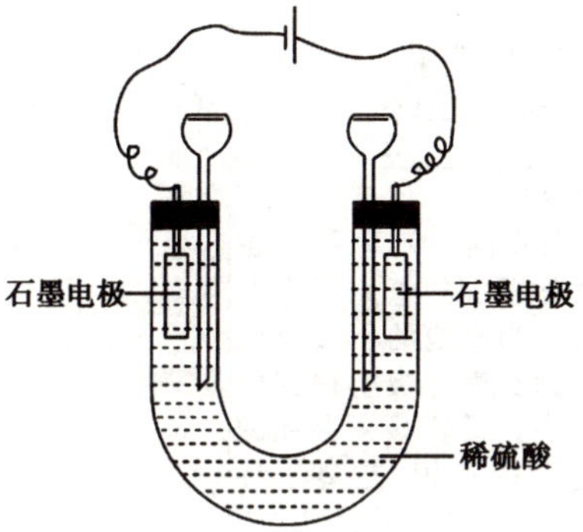 反应方程式：$2H_2O \xlongequal{通电} 2H_2\uparrow + O_2\uparrow$ 收集一定体积的氢气和氧气后，将电池换成电流计，按如下图所示的连接装置进行实验，记录观察到的实验现象。 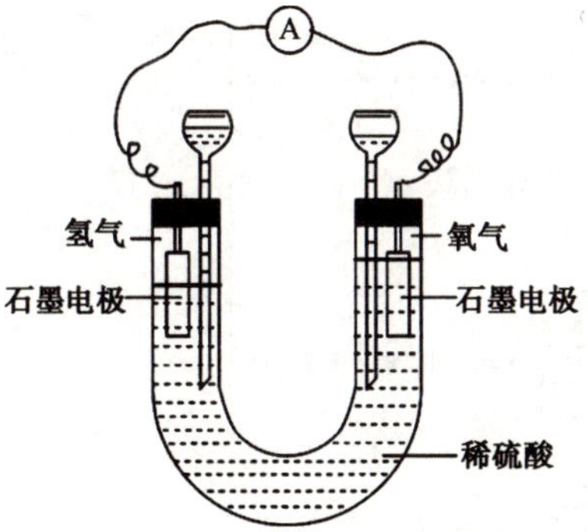 学生：电流计的指针发生了偏转	通过实验探究，验证学生在自主学习中学到的知识，培养学生的实验探究精神，提高学生的科学素养

续表

<table>
<tr><th colspan="2">教学环节</th><th>教学活动</th><th>设计意图</th></tr>
<tr><td>合作探究</td><td>师生合作探究</td><td>
教师：
(1)氢气在氧气中燃烧的能量转化形式是什么?
(2)氢氧燃料电池的能量转化形式是什么?
学生：
(1)化学能转化为热能。
(2)化学能转化为电能。
能量转化的途径不同。
教师：小组汇报氢氧燃料电池的工作原理。
学生：氢氧燃料电池中发生反应：
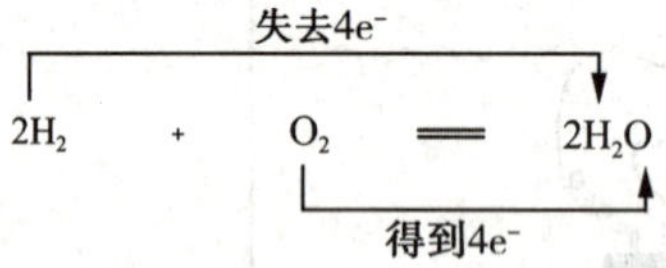

氧化反应与还原反应分别在两个不同的区域进行，石墨是电极材料。氢气分子中的氢原子在左侧石墨电极上失去电子，氢气作为电池的负极反应物；氧气分子中的氧原子在右侧石墨电极上得到电子，氧气作为电池的正极反应物。稀硫酸中存在的自由移动的离子起到传导电荷的作用，是离子导体；导线是电子导体，起到传导电子的作用。
教师：氢氧燃料电池的构成要素如下图所示：
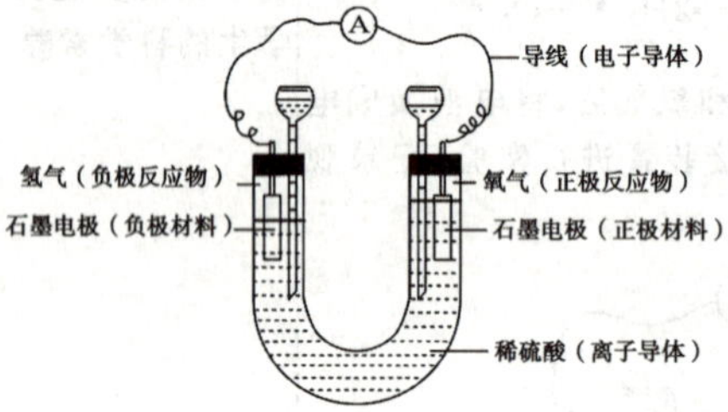

师生共同构建原电池的构成模型，如下图所示：
原电池的构成模型
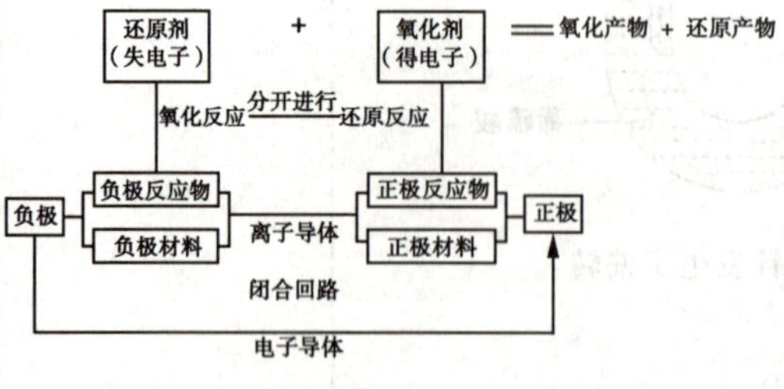

</td><td>建构原电池的认知模型，根据认知模型设计原电池</td></tr>
</table>

续表

<table>
<tr><th colspan="2">教学环节</th><th>教　学　活　动</th><th>设　计　意　图</th></tr>
<tr><td>合作探究</td><td>师生合作探究</td><td>
教师:将活动探究内容发布到学生平板电脑等学习终端,依据原电池的构成模型进行分组实验探究。
实验用品:Zn 片、Cu 片、Fe 片、石墨棒、稀 H_2SO_4、稀盐酸、$FeCl_3$ 溶液、酒精、蔗糖溶液;烧杯、导线、电流表、发光二极管、开关等。
设计思路及依据如下表所示:
<table>
<tr><th colspan="3">设计原电池</th></tr>
<tr><td colspan="2">氧化还原反应</td><td></td></tr>
<tr><td rowspan="2">确定负极</td><td>选择负极反应物:</td><td></td></tr>
<tr><td>选择负极材料:</td><td></td></tr>
<tr><td rowspan="2">确定正极</td><td>选择正极反应物:</td><td></td></tr>
<tr><td>选择正极材料:</td><td></td></tr>
<tr><td rowspan="2">构成闭合回路</td><td>选择离子导体:</td><td></td></tr>
<tr><td>选择电子导体:</td><td></td></tr>
</table>
学生:画出实验装置图,然后组装原电池,观察实验现象。
一组:利用锌和稀硫酸的反应设计原电池,然后将溶液换成酒精、蔗糖溶液,观察现象。
二组:利用西红柿设计水果电池,观察现象。
三组:利用锌和硫酸铜的反应设计原电池,观察现象。
四组:利用铁和三氯化铁溶液的反应设计原电池,观察现象。
五组:利用腐蚀印刷线路板的反应设计成原电池,观察现象。
学生:小组间将实验装置图、实验现象的图片利用平板电脑发布到信息化平台,进行资源共享。
学生:分享到信息化平台的水果电池图片如下图所示:

水果电池
</td><td>小组进行实验,并将实验结果通过信息化平台共享,提高了学习效率</td></tr>
</table>

续表

教学环节		教学活动	设计意图
合作探究	组间合作探究	学生：通过平板电脑等学习终端反馈未解决的问题： (1)实验时锌铜稀硫酸原电池两极为什么都有气泡？ (2)实验时锌铜硫酸铜原电池为什么两极都有铜析出？ (3)电流表的指针读数逐渐变小，以上电池为什么不能形成持续稳定的电流？ 教师：针对小组提出的以上问题，小组间利用手持技术进行实验探究。 实验用品：除上述用品外，再准备电流传感器、电脑等数字化信息平台。 利用电流传感器和电脑测出铜锌原电池的电流变化，如下图所示： 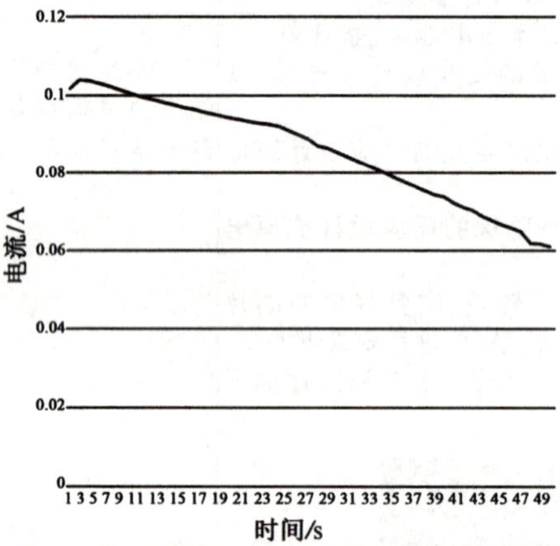 电流变化情况 师生：单液原电池的缺点：如在铜锌硫酸铜原电池中，锌片直接与硫酸铜溶液接触反应，锌片上也有红色物质析出，化学能转化为电能的效率低，不能长时间获得稳定的电流	通过小组间的合作解决一些更深入的问题。手持技术可以利用电脑的数据处理功能输出实时的图像，可以使学生更直观地认识实验，提高学生的信息素养

续表

教学环节	教　学　活　动	设　计　意　图
讲 解 提 升	1.通过图示和动画，从微观的角度分析原电池的原理，并学会书写电极反应式的方法，动画截图如下图所示： 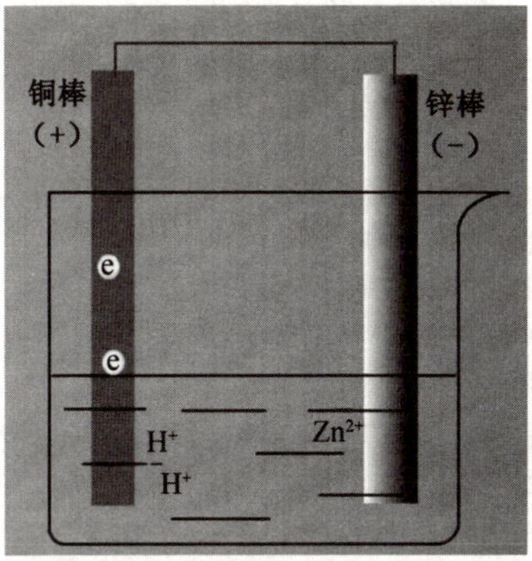 (1)铜锌稀硫酸原电池 电子、电流、溶液中离子的移动方向 电子流向：Zn→Cu 外电路电流流向：Cu→Zn 阳离子向 Cu 电极移动，阴离子向 Zn 电极极移动 电池总反应：$Zn+2H^+ = Zn^{2+}+H_2\uparrow$ 电极反应式： 负极：$Zn-2e^- = Zn^{2+}$ 正极：$2H^++2e^- = H_2\uparrow$ (2)氢氧燃料电池 电池总反应：$2H_2+O_2 = 2H_2O$ 电极反应式： 负极：$2H_2-4e^- = 4H^+$ 正极：$O_2+4H^++4e^- = 2H_2O$ 2.总结原电池正负极的判断方法 (1)根据电极材料：一般，活泼金属为负极，不活泼的金属或石墨为正极 (2)根据电子移动方向：电子从负极通过导线向正极移动 (3)根据离子移动：阳离子移向正极，阴离子移向负极	讲知识、讲方法、讲探究、讲拓展，利用 Flash 动画技术模拟原电池的微观变化，突破教学的重难点

续表

教学环节	教 学 活 动	设 计 意 图
讲 解 提 升	(4)根据电极附近的现象:一般,溶解的电极为负极,有气泡产生或变粗的电极为正极 (5)根据电极反应判断:负极发生氧化反应,正极发生还原反应 3.分析:制备氢气时,向稀硫酸溶液中加入几滴硫酸铜溶液的原因? 锌置换出少量铜附着在锌的表面,与锌在稀硫酸中形成无数微小的铜锌原电池,加快反应速率 4.根据原电池原理,人们设计出了各种各样的原电池,以满足人们生产和生活的需要。市场上的化学电池有干电池(一次电池)、铅蓄电池等可充电电池(二次电池)和燃料电池等。手电筒等使用的锌锰电池属于干电池,而汽车用的铅蓄电池以及手机用的锂离子电池等属于充电电池。燃料电池由于具有能量转换效率高等优点而主要应用于航天和军事领域 我们平常使用的5号电池或7号电池都是锌锰干电池。锌锰干电池分为酸性锌锰干电池和碱性锌锰干电池两种 思考:在酸性锌锰干电池中,负极反应物和正极反应物分别是什么?正负极材料分别是什么?离子导体是什么? 5.化学电池的分类(见下图) 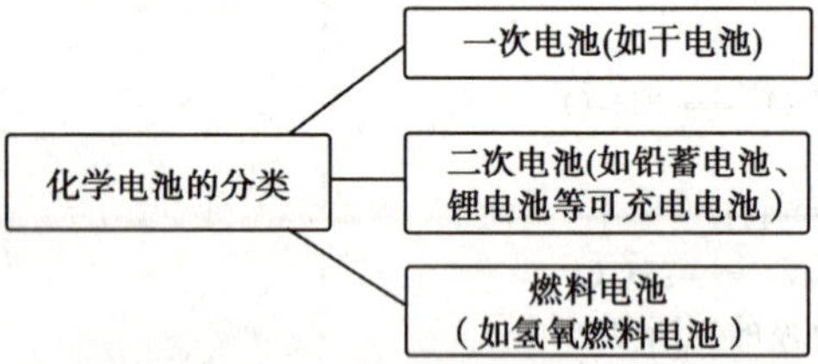 6.普通干电池会造成汞污染,铅酸蓄电池会造成重金属污染,化学电池的随意丢弃会对环境产生影响,我们要增强环境保护意识,对废旧电池要集中回收处理	对正负极的判断方法进行汇总,初步认识反应速率,用思维导图对电池进行分类,增强社会责任感

续表

教学环节		教　学　活　动	设　计　意　图
当堂检测	依据教学目标进行训练	教师：通过信息平台发布当堂检测，如下图所示： 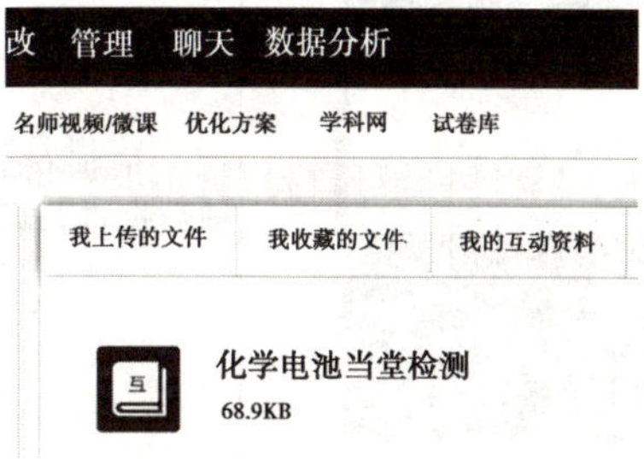 学生进行定时训练	通过信息化平台，选取针对教学目标的习题发布到学生平板电脑，进行巩固练习
	依据信息平台即时反馈	学生将结果通过平板电脑等学习终端提交到信息化平台。 教师通过电子黑板分析学生答题情况，如下两幅图所示： 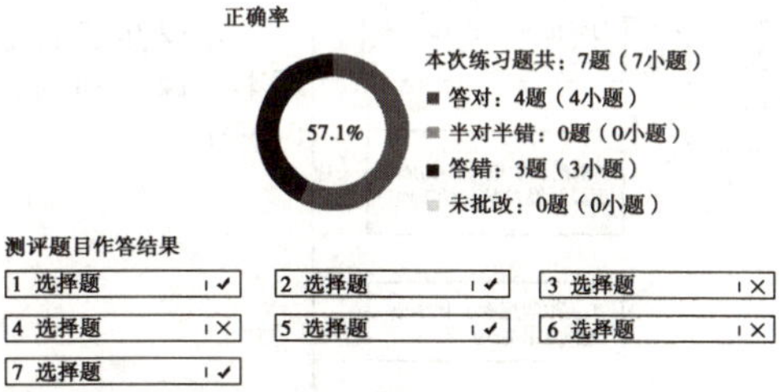 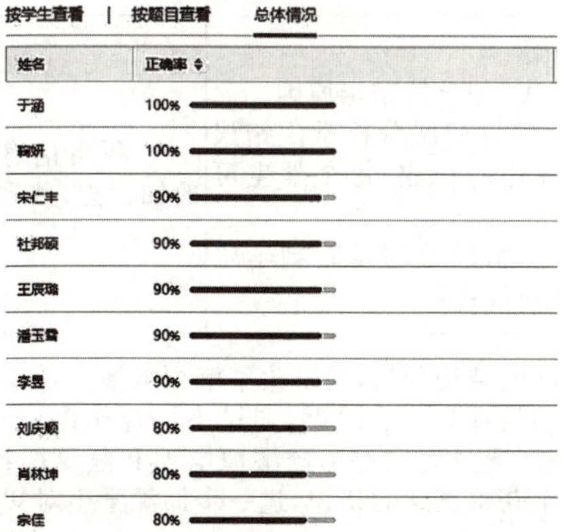 	学生通过平板电脑等学习终端提交答案，信息平台即时反馈数据，实现当堂分析

续表

教学环节	教学活动	设计意图
当堂检测 根据反馈信息精讲点拨	教师：根据数据反馈情况，针对出现错误比较多的知识点进行当堂点拨释疑，如下图所示： 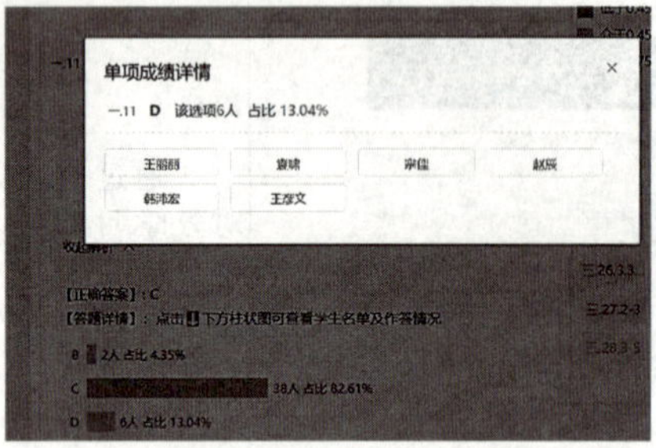 出现错误比较多的知识点	依据信息平台反馈的详细数据进行即时讲解
课堂总结	课堂小结思维导图如下图所示： 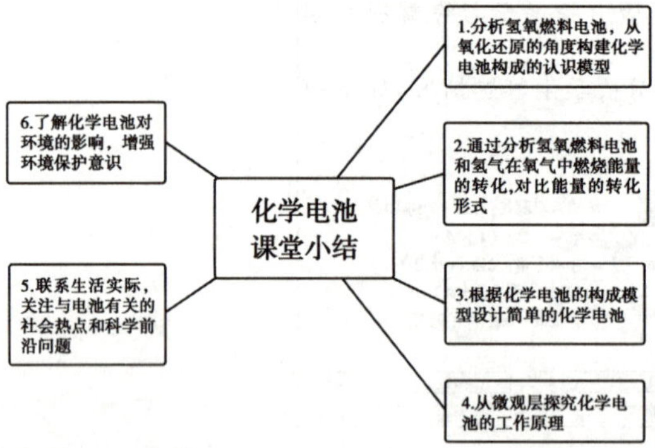 课堂小结思维导图	由学生进行总结，学生梳理本节课学到的知识，形成知识网络
作业	(1)课后习题4、7、8、10、11题 (2)利用平板电脑整理错题集，并分析错误原因 (3)信息化平台会根据学生答题情况分析学生错误的知识点，然后推送给学生个性化的作业，每个学生可以进行针对性练习 (4)教师根据本节课的情况，精选习题发布到学生的平板电脑等学习终端，进行针对性练习	利用信息平台分析错误的知识点，并推送针对性练习
教学反思	本节课通过对氢氧燃料电池的结构分析，使学生了解原电池的认识模型，进而利用原电池的构成模型学会原电池的设计方法和思路，通过小组合作探究设计组装原电池装置，加深对原电池原理的认识。通过对铜锌稀硫酸原电池和氢氧燃料电池的工作原理的分析，结合微观动画，让学生获得直观的认识，进一步加深学生对知识的理解	

课例 2

氮的循环

山东省龙口第一中学　成君华　于秀英

一、教学目标

1. 宏观辨析与微观探析

(1)通过学生平板电脑推送的资源和课本的预习，初步认识 N_2、NO、NO_2 的性质。

(2)从微观结构理解氮气性质稳定的原因。

2. 变化观念与平衡思想

(1)能用氧化还原的原理分析含氮物质的转化。

(2)能依据转化和信息技术手段认识 N_2、NO、NO_2 的性质。

3. 证据推理与模型认知

(1)构建氮及其化合物的二维图。

(2)能依据二维图实现含氮物质的转化，并能解决实际问题。

4. 科学探究与创新意识

学生能依据实验目的设计含氮物质的转化方案，并能用实验验证。

5. 科学态度与社会责任

(1)了解氮循环的意义。

(2)认识人类应合理参与氮循环。

二、学情分析

学生在前面学习了研究元素化合物知识的方法和程序，具备了利用二维图，从氧化还原和物质类别角度研究元素及其化合物性质的一般思路和方法，并能进行性质预测和解决实际问题。学生已经具备了基本的自主探究、合作交流、归纳和辨析的能力。

三、教学过程

本课例的教学活动与设计意图如表 3-5-2 所示。

表 3-5-2　“氮的循环”的教学活动与设计意图

教学环节		教学活动	设计意图
自主学习	创设学习情境	教师，让学生观看电子黑板上“雷雨发庄稼”视频，如下图所示：  学生观看视频，并根据现象分析原理，引出对含氮的相关物质性质的探究，联想质疑原理	让学生通过对这一熟悉的自然现象的观察和分析，来培养他们分析问题及提出质疑的能力，目的是通过自然现象引出化学问题
	明确学习目标	教师在幻灯片上展示目标： (1)了解氮的循环及其意义 (2)学生能够自主构建氮及其化合物的二维图，并能用物质分类和氧化还原的观点来预测物质的性质及相互转化 (3)学生了解氮的固定，并能根据转化掌握 N_2 和 NO 及 NO_2 的性质 学生观看目标，明确学习任务	学生明确学习任务
	推送资源	教师在学生平板电脑上给学生推送课件、导学案、实验视频、检测等学习资源，安排好自学任务 学生接收资源，对照课本和学习资源的内容，了解自然界中的氮循环的主要物质，建立氮及其化合物的“价-类”二维图	为学生自学提供足够的素材
	有效指导	教师根据本节课的目标去指导学生自主学习，根据电子黑板上平台反馈的数据，教师能及时知道学生测试的情况，包括按照题目分析的结果、按照学生分析的结果还有班级的总体得分情况。这样方便对学生学情的掌握，方便课堂上的再次备课，为讲解、提升做好充分的准备	提高学生的自学能力，预习课本后归纳重难点，再填写导学案，利用资源信息分析归纳、解决问题

续表

<table>
<tr><th colspan="2">教学环节</th><th>教　学　活　动</th><th>设　计　意　图</th></tr>
<tr><td>自主学习</td><td>自查反馈学情</td><td>学生：根据目标和教师的指导开展自学，及时上传预习提纲的图片和提交检测题的答案，反馈学习效果如下图 3-5-29 所示：
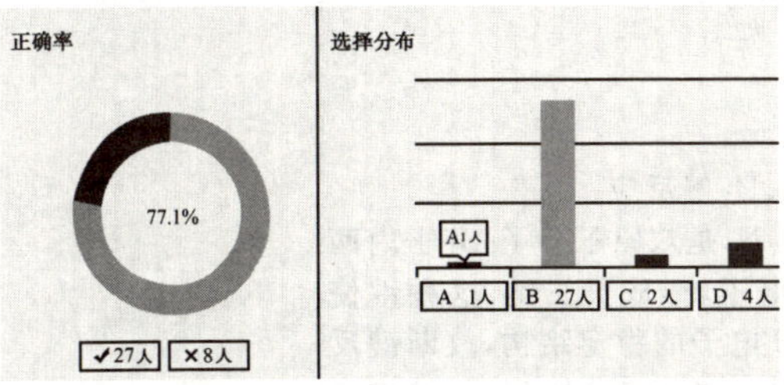
</td><td>教师依据学生平板电脑统计的情况及时了解学情</td></tr>
<tr><td rowspan="3">合作探究</td><td>小组内的合作探究</td><td>教师观察学生活动，学生填充二维图，思考交流学案中自己没解决的问题和幻灯片上对应的思考题
教师指导学生看实验视频，讨论
学生观看实验视频后，思考涉及的氮的相关物质的性质及其相互转化，研讨相关问题，并完成思考题</td><td>通过填充二维图和合作探究及进一步质疑，掌握从化合价和物质类型两个角度来分析含氮物质的性质，通过观察实验视频提高观察、分析、推理能力</td></tr>
<tr><td>师生合作探究</td><td>教师通过全程观察学生的合作交流情况，必要时参与小组讨论，便于及时准确地了解学情，明确在讲解提升阶段给学生讲什么、怎么讲、讲到什么程度，使讲解做到有的放矢</td><td>师生交流，及时答疑解惑，并准确了解学情</td></tr>
<tr><td>组间的合作探究</td><td>学生根据小组内讨论的结果，提出讨论仍未解决的问题和发现的新问题，小组间再继续讨论，上传反馈问题</td><td>学生进一步交流，提高合作交流能力</td></tr>
</table>

续表

教学环节	教 学 活 动	设 计 意 图
讲 解 提 升	研究物质性质的方法和思路引导： 通过二维图的架构，从物质类别和氧化还原两个角度预测物质的性质 一、氮气的化学性质 教师：分析类别 学生：非金属单质 教师：通性预测 学生：和金属单质、H_2等反应 教师：结构的分析：N_2是双原子分子，分子内两个原子之间共用三对电子，形成了三键，这种键使每个氮原子都达到了8电子的稳定结构，故断键反应需要吸收很高的能量。这就充分体现了“结构决定着性质”这一化学上重要的规律，所以N_2性质通常是不活泼的，但也不能说不能与其他物质发生反应，在一定条件下也可以 （学生倾听） 教师：化合价分析：通过填充二维图，我们了解了氮元素常显示的价态有： 学生：－3、0、＋1、＋2、＋3、＋4、＋5。 教师：从化合价来看，氮的化合价是既可降低也可升高，故可表现出一定的氧化、还原性。 综合前面的分析，再结合前人的实验结论和自己观察视频得出： 教师：氮气的化学性质： (1)与金属镁反应 学生：观察镁在N_2中燃烧的视频，写出方程式 $3Mg+N_2\xlongequal{点燃}Mg_3N_2$ 教师：(2)与非金属(H_2、O_2)反应 学生：观察N_2与O_2放电实验视频，如下图所示，写出方程式： 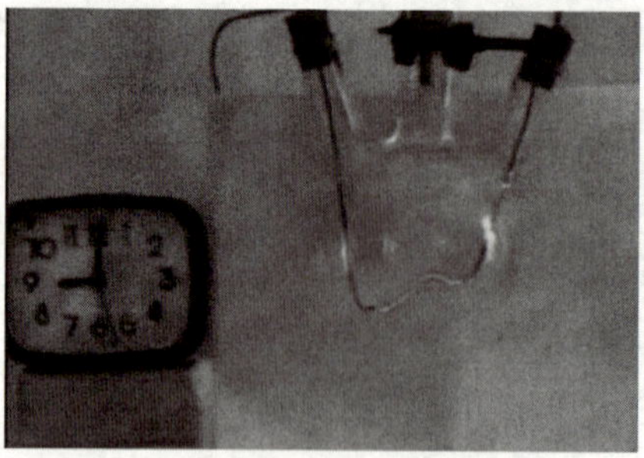	应用前面学的研究方法，从二维角度预测氮气的性质，分析结构，推导氮气性质稳定的原因，培养学生的学科素养。通过观察和对实验的分析探究，提高学生根据实验目的去设计探究实验的能力，掌握基本的研究方法 认识实验的重要性，通过定性观察、科学归纳，突出科学研究方法的教育 教给学生用实验的手段去探究和验证，并能进行合理的推理，最终建立起研究元素化合物的思维模型，也就是从转化的角度去认识一些物质

续表

<table>
<tr><th>教学环节</th><th>教 学 活 动</th><th>设 计 意 图</th></tr>
<tr><td>讲
解
提
升</td><td>①与氧气反应
$N_2+O_2\xlongequal{\text{放电}}2NO$，$2NO+O_2 = 2NO_2$
②与氢气反应
$N_2+3H_2 \underset{\text{催化剂}}{\overset{\text{高温、高压}}{\rightleftharpoons}} 2NH_3$（工业合成氨）
教师：补充分析可逆反应
二、氮的氧化物 NO 和 NO_2 的性质
教师：氮的氧化物种类很多，根据化合价有 N_2O、NO、N_2O_3、NO_2、N_2O_4、N_2O_5 等
教师：分析化合价：
学生：+2、+4
教师：预测性质
学生：都可以发生氧化和还原反应
学生：阅读课本，性质归纳：
(1)NO 的化学性质：$2NO+O_2 = 2NO_2$，该反应常温下无条件反应
教师：实验室中我们应该如何收集它？它的制备应该注意哪些问题？
学生：排水法。应注意不能和空气接触，也就是要排除空气的干扰
教师：根据化合价和氧化还原反应的规律，预测 NO 能否和氨气反应，若能，试着写出方程式并配平（条件可以不写）
学生回答，教师归纳：能，产物是氮气（规律是一般氧化还原生成相邻价态）
方程式：$6NO+4NH_3\xlongequal{\text{催化剂}}5N_2+6H_2O$（补充：该反应一般需要催化剂）
(2)教师：NO_2 的化学性质，如下图所示：

氮气的化学性质 PPT</td><td>通过阅读，培养学生提取归纳信息的能力，并能在分析的同时预测相关问题</td></tr>
</table>

续表

教学环节	教学活动	设计意图
讲解提升	学生：观察实验现象，书写方程式： $3NO_2+H_2O=2HNO_3+NO$ 注意这个反应中氮元素化合价的升降情况 教师：思考题：实验室中我们应该如何收集它？ 学生回答，教师归纳：向上排空气法 教师：思考题：根据化合价和氧化还原反应的规律，预测 NO_2 能否和氨气反应，若能，试着写出方程式并配平(条件可以不写) 学生回答，教师归纳：能，产物是氮气(规律是一般氧化还原生成相邻价态，生成NO后可以继续被还原) 方程式：$6NO_2+8NH_3 \xlongequal{催化剂} 7N_2+12H_2O$ (补充：该反应一般需要催化剂) 教师：补充应用：一氧化氮和二氧化氮可以和氨气反应，应用在汽车尾气的催化转化器中	通过对实验视频的观看和分析，提高学生通过观察现象，分析推理实验原理，并能根据所学的知识去推测反应及产物，提高对知识的灵活运用和反思的能力，提高合作意识和能力
跟踪检测：根据目标训练	教师：根据目标设计典型的、适度的、分层次的跟踪检测题，以测评的形式推送到平板电脑上，保证充足的答题时间	通过设置合理的、定时的测试题，提高学生灵活应用知识以及应试的能力
跟踪检测：依据信息平台即时反馈	学生独立完成当堂训练，并提交答案，如下两幅图所示： 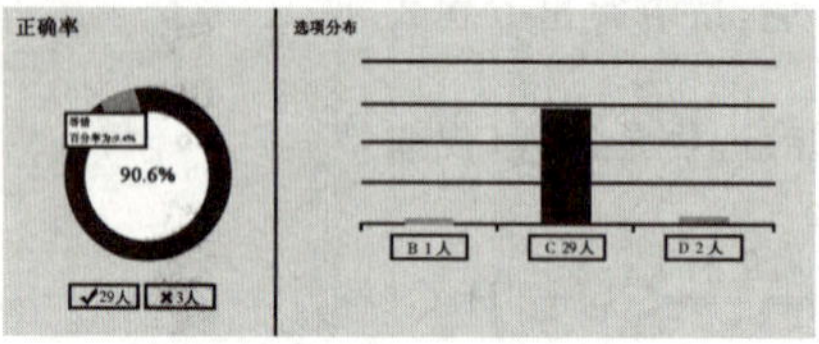 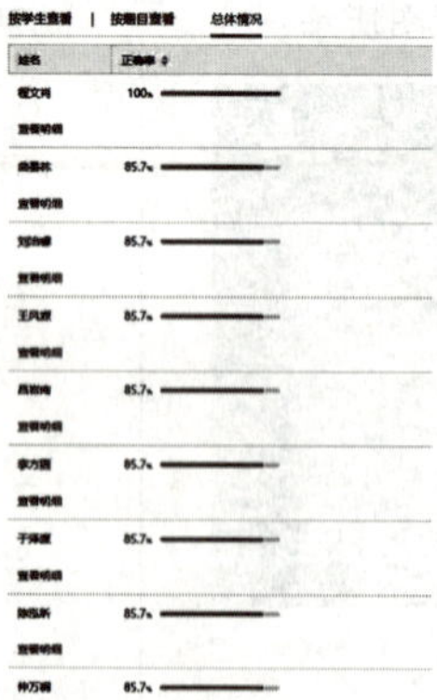	通过学生平板电脑及时进行反馈，让教师能及时了解学情，从而提高课堂效率

续表

<table>
<tr><th colspan="2">教学环节</th><th>教　学　活　动</th><th>设　计　意　图</th></tr>
<tr><td>跟踪检测</td><td>根据反馈精讲点拨</td><td>教师根据学生平板电脑反馈的情况进行精讲点拨，学生听讲，思考，记录</td><td>根据学生反馈的情况精讲，讲学生所需，提高授课的效率</td></tr>
<tr><td colspan="2">课堂总结</td><td>氮及其化合物的转化和氮的固定课堂小结如下图所示：
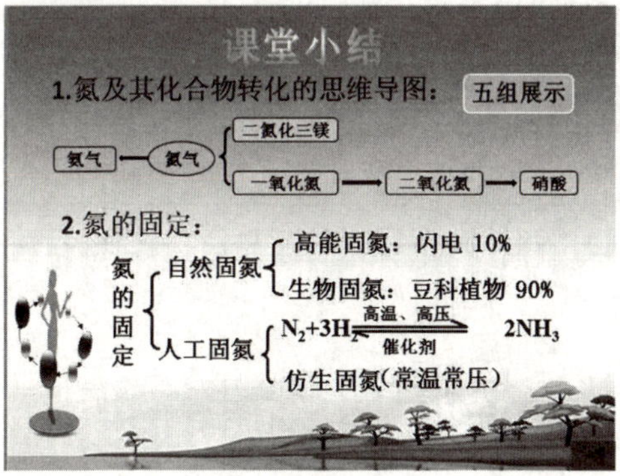
</td><td>培养学生分析归纳、构建知识网络的能力</td></tr>
<tr><td colspan="2">作业布置</td><td>通过信息平台发布作业内容到学生平板电脑的终端，信息化平台会及时上传学生答题情况和错误分析，教师可以根据学生的答题情况设置有针对性的练习</td><td>利用信息化平台自动为学生建立错题集，并有针对性地推送练习，做到有的放矢</td></tr>
</table>

续表

教学环节	教学活动	设计意图
教学反思	本节课的导入环节，通过“一场雷雨一场肥”这个视频情景的设计和对原理的好奇，调动起学生学习的积极性，将学生带入新知的准备状态，产生对本节内容的向往；通过形象化、直观化、生动化的影像，配以适当的导入语，让学生产生驱动力，能以一种积极的心态迎接后面的学习。教学过程中，通过学生自主探究、小组讨论、展示、精讲点拨等环节，让学生利用物质类别和氧化还原的知识来认识和学习氮气的性质，不但能够应用“价-类”二维图分析和预测物质的性质，还能提高学生自主学习的能力和自我检测能力。镁在氮气中燃烧和氮气与氧气放电反应视频的播放和二氧化氮溶于水的视频及合成氨厂图片的展示，使学生通过形象、直观、可视的情景，分析实验现象和原理，调动了学习的积极性，增强了学习效果。最后课堂跟踪评价的设计可以让教师及时掌握学生的课堂学习效果 总之，本节课的设计充分体现出了信息技术对教学的支持作用，也体现了对学生核心素养的培养，环节的设计容易调动起学生的积极性并去主动思考学习，课堂气氛比较活跃。通过积极讨论，学生各抒己见，调动起了思维。通过本节课的学习，学生不但能掌握更多的知识，而且还能学会一些化学的学习和研究方法。授课过程将课堂和时间还给学生，能充分体现出新课改的教育理念	

课例 4

乙醇

山东省龙口第一中学　董晓静　郑玉珍

一、教学目标

(1)了解乙醇的物理性质，通过对乙醇的组成、分子结构的探究，培养“宏观辨识与微观探析”的学科核心素养。

(2)掌握乙醇的化学性质，逐渐形成“结构决定性质”的重要化学思想。

(3)通过乙醇分子结构的探究过程，培养“证据推理与模型认知”的学科核心素养。

(4)通过对乙醇化学性质的实验探究，培养“科学探究与创新意识”的学科核心素养。

(5)通过对生产、生活中乙醇用途的列举，让学生体验到化学的实用价值。

(6)通过了解饮酒的利弊、酒后驾车的危害，培养“科学态度与社会责任”的学科核心素养。

二、教学设计

本课例的教学活动和设计意图如表 3-5-3 所示。

表 3-5-3 “乙醇”的教师活动与设计意图

教学环节		教学活动	设计意图
自主学习	创设学习情境	教师活动：多媒体播放我国酿酒技术和酒文化的相关视频和图片，推送视频，如下图所示： 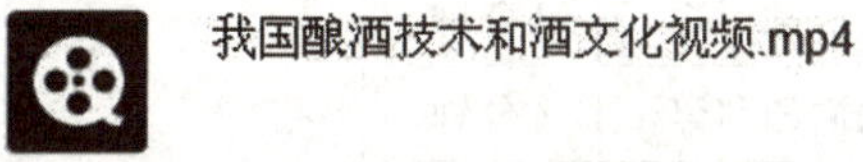 教师活动：我们龙口人喜欢喝酒也喜欢酿酒，威龙葡萄酒股份有限公司是我国最大的有机葡萄酒生产商，它给我们龙口带来了很多的就业岗位和很大的经济效益，是利国、利民的好企业	借助多媒体手段，让学生了解酒对于国人来说是一种饮料，更是一种文化 通过龙口本地的特色企业，感受化学就在我们身边，化学与利国利民的好企业也息息相关，从而充分调动起学生的学习热情
	明确学习目标	教师活动：酒就在我们身边，那酒类的主要化学成分是什么？结构如何？性质如何？有何用途？	明确学习目标，在清晰的目标的引领下进入本节课的学习
	提供学习资源	教师活动：通过信息化平台向学生推送学习资源筐，如下图所示： 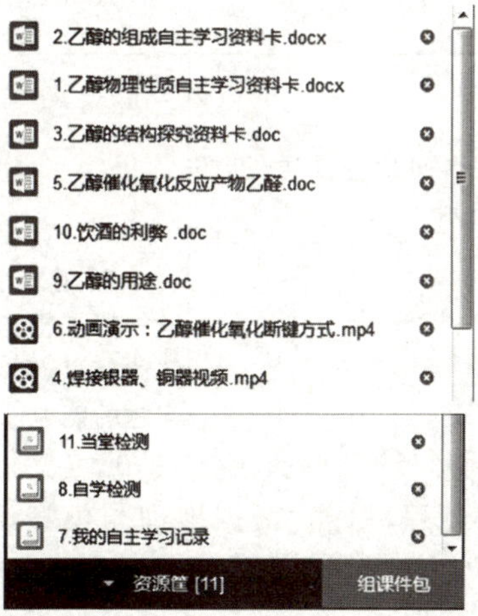 	通过信息化手段向学生提供丰富的学习资源，支持学生自主学习

续表

<table>
<tr><th colspan="2">教学环节</th><th>教　学　活　动</th><th>设　计　意　图</th></tr>
<tr><td rowspan="2">自主学习</td><td>有效学习指导</td><td>教师活动：通过信息化平台向学生展示自学指导，如下表所示：
<table>
<tr><th>自主学习内容</th><th>自主学习资源</th><th>学习时长</th></tr>
<tr><td>1.乙醇的物理性质</td><td>《乙醇物理性质自主学习资料卡》</td><td>3分钟</td></tr>
<tr><td>2.乙醇的组成</td><td>《乙醇的组成自主学习资料卡》</td><td>4分钟</td></tr>
<tr><td>3.乙醇催化氧化反应</td><td>“焊接银器和铜器”视频</td><td>1分钟</td></tr>
<tr><td>4.乙醇的用途</td><td>“乙醇的用途”</td><td>2分钟</td></tr>
<tr><td>5.饮酒的利弊</td><td>“饮酒的利弊”</td><td>2分钟</td></tr>
<tr><td>6.完成“我的自主学习记录”并拍照上传</td><td></td><td>2分钟</td></tr>
<tr><td>7.自学检测</td><td>“自学检测”</td><td>3分钟</td></tr>
</table></td><td>通过信息化平台向学生提供有效、清晰的学习指导，可以提高学生的学习效率</td></tr>
<tr><td>自查反馈学情</td><td>学生活动：将自主学习记录拍成照片，通过信息化平台上传至教师端，并完成“自学检测”
教师活动：整理学生拍摄的照片，发现其中的优点和不足，并及时与学生交流，挑选学习过程记录清晰、完整的小组做汇报</td><td>通过信息化平台的交互功能，实现学生与教师、学生与学生间的交流</td></tr>
<tr><td>合作探究</td><td>组内合作探究</td><td>探究一：乙醇的结构
教师活动：通过信息化平台向学生推送《乙醇的结构探究资料卡》，如下图所示：
1. 根据乙醇的分子式，画出它可能的结构式。
2. 已知：
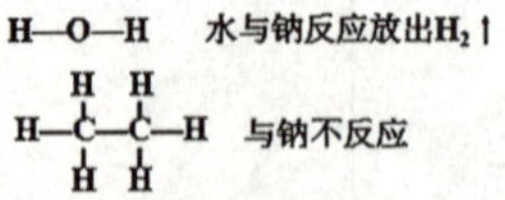
请设计实验，确定乙醇的结构。
3.已知：1mol乙醇与足量的钠反应生成0.5molH_2，请预测反应中断裂的化学键。</td><td>利用之前所学有机物的结构特点提出猜想，培养学生解读信息、利用已有认知分析问题的能力</td></tr>
</table>

续表

<table>
<tr><th colspan="2">教学环节</th><th>教　学　活　动</th><th>设　计　意　图</th></tr>
<tr><td rowspan="2">合作探究</td><td>组内合作探究</td><td>学生活动：根据乙醇的分子式和对有机物结构的已有认知，小组交流提出有关乙醇结构的猜想
学生活动：观看“焊接银器和铜器”视频，预测其中乙醇的作用，进行探究二
探究二：乙醇的催化氧化反应
学生实验：做乙醇催化氧化实验，如下图所示。反复操作几次，认真记录实验过程和现象
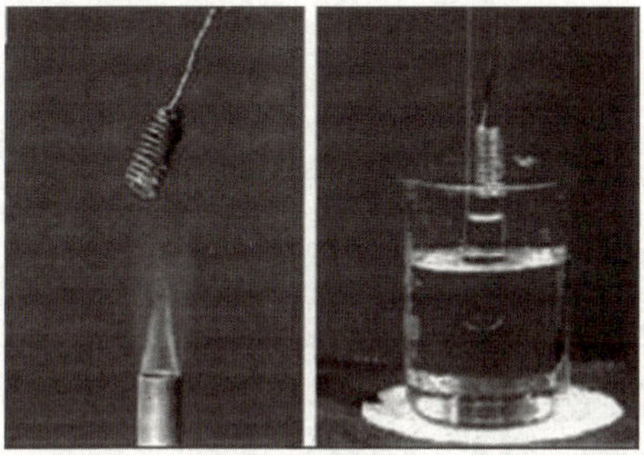</td><td>学生再次了解乙醇在生产、生活中的用途，体会化学就在身边，激发学生探究的兴趣
培养学生通过具体实验解决问题的能力以及实验操作能力</td></tr>
<tr><td>师生合作探究</td><td>探究一：
学生活动：根据《乙醇的结构探究资料卡》中乙醇和水的结构及其与钠反应的情况设计实验，探究乙醇的结构，并预测反应中断裂的化学键
学生设计实验：向试管里注入约 2 mL 无水乙醇，加入一小块金属钠，观察实验现象，检验生成的气体
学生活动：根据实验现象和探究资料中乙醇与水反应产生氢气的量的关系，确定断键方式
探究二：
学生活动：研究学习资料中的“乙醛催化氧化产物乙醛”，如下图所示，并回答问题
乙醛是一种醛，无色易流动液体，有刺激性气味。熔点－121℃，沸点 20.8℃，相对密度小于 1。可与水和乙醇等一些有机物质互溶。易燃易挥发，蒸气与空气能形成爆炸性混合物，爆炸极限 4.0%～57.0%（体积）。
分子式为 C_2H_4O，结构简式：CH_3CHO　结构式：</td><td>通过呈现乙烷和水在结构及性质上的不同，学生设计科学的实验探究乙醇的结构，学习根据证据对物质的结构提出可能的假设并验证的科学研究方法
培养学生设计实验、解决问题和合作探究的能力</td></tr>
</table>

续表

教学环节		教学活动	设计意图
合作探究	师生合作探究	问题： (1)上述实验中铜丝变黑又变红的原因是什么？ (2)整个过程中铜丝的作用是什么？ (3)该反应中乙醇的断键方式是什么？	从乙醇的结构和键的极性出发，理解乙醇的催化氧化反应的断键方式，同时加深对催化剂概念的理解
	组间合作探究	探究一： 学生活动：小组合作，利用超轻黏土制作乙醇结构球棍模型，并将制作好的成品拍照上传至教师端。如下图所示： 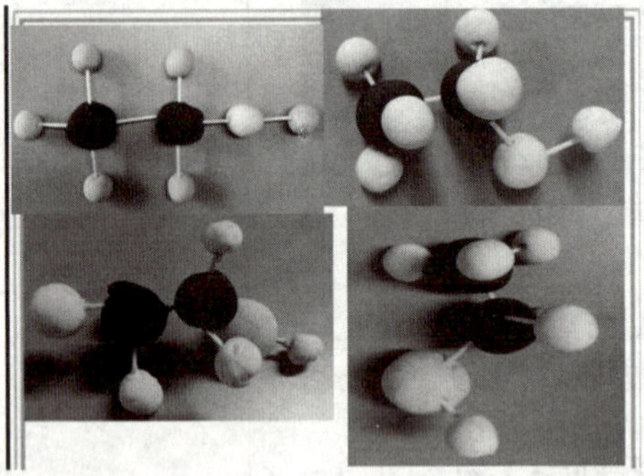 教师活动：分类、整理学生上传的照片，将不同的作品通过多媒体播放 学生活动：对不同的作品进行讨论研究，分析其合理性 学生活动：讨论并回答为什么乙醇既可溶于水，又可溶于有机溶剂 教师总结：乙醇既可以看成乙烷分子中氢原子被羟基取代，也可看成是水分子中氢原子被乙基取代。乙基是疏水基，羟基是亲水基，与水分子间存在较强的作用力，所以乙醇能溶于水也能溶于有机溶剂	锻炼学生制作化学模型的能力与合作能力。教师通过信息化平台及时与学生交流互动，掌握学生学情，并及时给予必要的指导 加深对乙醇分子结构中既有烃基又有羟基的认识，渗透“结构决定性质”的重要化学思想

续表

<table>
<tr><th colspan="2">教学环节</th><th>教　学　活　动</th><th>设　计　意　图</th></tr>
<tr><td>合作探究</td><td>组间合作探究</td><td>探究二：
学生活动：组间交流乙醇催化氧化反应可能的断键方式
教师活动：通过信息化平台推送“乙醇催化氧化断键方式微课”，如下图所示：
动画演示：
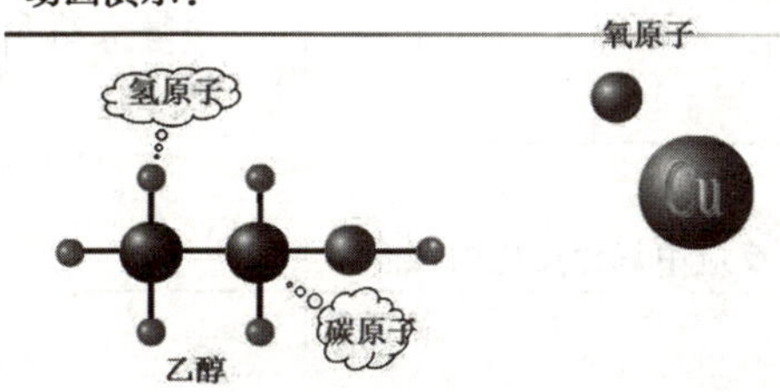

学生活动：交流对饮酒的看法，讨论酒后驾车的危害</td><td>借助信息化教学手段，将微观抽象的化学反应通过动画模型演示的方式帮助学生直观理解
通过了解饮酒的利弊、酒后驾车的危害，增强学生的社会责任感</td></tr>
<tr><td colspan="2">讲解提升</td><td>1. 针对性讲解
教师活动：根据学生完成的“自我检测”反馈的相关问题有针对性地讲解
2. 对比研究羟基与氢氧根离子
教师活动：通过多媒体呈现出表格，引导学生从组成元素、所带电荷、存在形式等方面分析羟基与氢氧根离子的区别与联系
3. 对比研究钠与乙醇、水的反应
教师活动：播放金属钠与水、乙醇、煤油反应的录像
学生活动：观察对比实验，完成实验现象记录，如下表所示。结合乙醇与钠反应的断键方式，对比分析现象不同的原因，完成相应反应的化学方程式
<table><tr><td>与 Na 反应</td><td>煤油</td><td>水</td><td>乙醇</td></tr><tr><td>现象</td><td></td><td></td><td></td></tr></table></td><td>利用信息化手段反映学生的学情，并有针对性地解决问题
通过对比分析，加深学生对乙醇的官能团羟基的认识
通过与水的结构的对比，使学生注意到烃基对羟基的影响造成羟基性质上的不同，加深对“结构决定性质”的理解</td></tr>
</table>

续表

<table>
<tr><th colspan="2">教学环节</th><th>教 学 活 动</th><th>设 计 意 图</th></tr>
<tr><td colspan="2">讲解提升</td><td>4.对比研究乙醇的氧化反应
教师活动:引导学生分析乙醇燃烧和催化氧化反应的异同,完成下表
乙醇燃烧和催化氧化比较
<table><tr><th></th><th>乙醇燃烧</th><th>催化氧化</th></tr><tr><td>反应方程式</td><td></td><td></td></tr><tr><td>断键位置</td><td></td><td></td></tr><tr><td>碳元素的化合价变化情况</td><td></td><td></td></tr></table>学生活动:完成表格
教师活动:总结有机反应中氧化反应的概念</td><td>将乙醇的燃烧反应与催化氧化反应放在一起做对比研究,引导学生分析比较这两个氧化反应的特点,学生逐渐意识到在有机反应中,反应条件不同带来的产物可能不同
掌握有机反应中氧化反应的概念</td></tr>
<tr><td rowspan="2">当堂检测</td><td>依据教学目标进行训练</td><td>教师活动:通过信息化平台推送“当堂训练”
学生活动:完成“当堂训练”并提交至教师端</td><td>通过训练,进一步强化和实现教学目标</td></tr>
<tr><td>依据信息平台即时反馈</td><td>教师活动:平台反馈的结果如下图所示,分析学生在解答题目时存在的问题
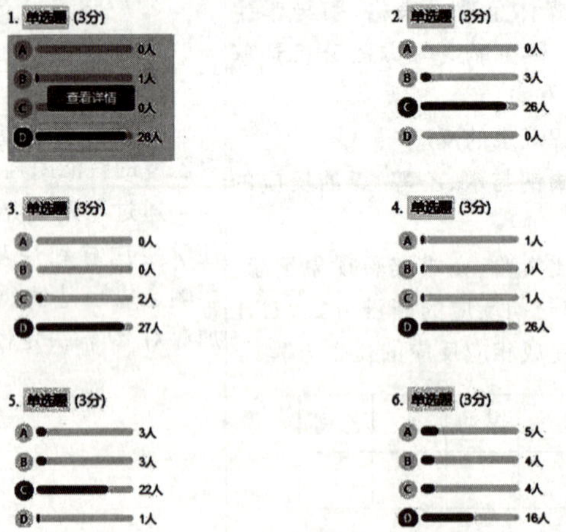</td><td>根据平台批改得到的数据,分析学生存在的问题,有针对性地解决问题</td></tr>
</table>

续表

教学环节	教　学　活　动	设　计　意　图
当堂检测　根据反馈信息精讲点拨	教师活动：针对个别学生存在的问题及时与学生交流、点拨	实现分层教学和个性化教学
课堂总结	学生活动：列举生产、生活中乙醇的用途。 教师活动：根据学生的讨论情况及时补充。 学生活动：总结本节课的学习内容，如下图所示： 小结 乙醇 分子式：C_2H_5OH　结构式：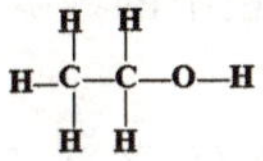 物理性质：无色、透明，具有特殊香味的液体，密度小于水 沸点低于水，易挥发，可做溶剂。 化学性质： 与金属反应：$2C_2H_5OH + 2Na \longrightarrow 2CH_3CH_2ONa + H_2\uparrow$ 氧化反应：$C_2H_5OH + 3O_2 \xrightarrow{点燃} 2CO_2 + 3H_2O$ $2CH_3CH_2OH + O_2 \xrightarrow[\triangle]{Cu} 2CH_3CHO + 2H_2O$	学生体验化学的实用价值。通过让学生小结本节课学习内容，帮助学生理清思路，建立知识网络；帮助学生自查本节课的学习目标的落实情况
作业	作业设计：学生完成教师推送的根据“当堂检测”设计的个性化跟踪训练	利用信息化平台推送的个性化作业，有针对性地帮助不同的学生落实学习目标
教学反思	在课堂教学中，笔者充分利用平台的互动功能，将本节课的学习目标和任务推送给学生，让学生心中有数。在组间合作探究环节中，学生将做成的乙醇模型及时上传，教师汇总后发给全班学生，学生们集体讨论不同小组设计模型的合理性，将合作学习的优点发挥至最大。本节课也有很多不成功之处，例如“酒驾的检测”等与化学相关的内容没有与同学展开讨论，没有将课堂中的化学知识与实际生活紧密联系起来	

课例 4

化学平衡(高三复习课)

山东省龙口第一中学　吴德杰

一、教学目标

1. 知识与技能

(1)了解浓度、温度、压强对化学平衡的影响,并能够准确判断平衡移动的方向。

(2)熟练掌握化学平衡的计算方法和思路,平衡转化率、平衡常数的计算。

2. 过程与方法

(1)通过讲解高考题,掌握平衡常数和平衡转化率的计算,培养学生的计算能力。

(2)引导学生分析、处理高考题中的数据,提高学生的逻辑归纳能力。

3. 情感态度与价值观

(1)通过化学平衡常数、平衡转化率的计算,培养学生思维严谨的科学作风。

(2)在学习、研究、解决问题的过程中,体验化学学习的乐趣。

二、教学重难点

(1)重点:化学平衡常数、平衡转化率及其相关的计算、外界条件对化学平衡的影响。

(2)难点:化学平衡常数、平衡转化率及其相关的计算。

三、教学过程

本课例的教学活动和设计意图如表 3-5-4 所示。

表 3-5-4　　“化学平衡”的教学活动和设计意图

<table>
<tr><th colspan="2">教学环节</th><th>教　学　活　动</th><th>设　计　意　图</th></tr>
<tr><td rowspan="3">自主学习</td><td>创设学习情境</td><td>教师在电子黑板上用幻灯片展示化学平衡在高考中的地位及难度和分值，高考题分析如下表所示：
<table><tr><th>卷名</th><th>题号、题型</th><th>赋分</th></tr><tr><td>2019 年全国理综卷</td><td>28.(1)(2)，填空</td><td>4 分</td></tr><tr><td>2018 年全国理综卷</td><td>28.(2)，填空</td><td>11 分</td></tr><tr><td>2017 年全国理综卷</td><td>28.(3)，填空</td><td>8 分</td></tr></table></td><td>通过化学平衡对高考的重要性，引发学生对此知识的重视并提高学习的积极性</td></tr>
<tr><td>明确学习目标</td><td>教师：幻灯片展示目标
学生：观看目标，明确学习任务
教学目标如下图所示：
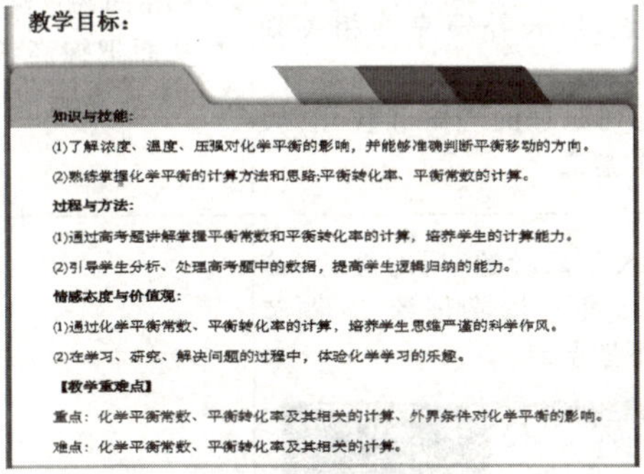
教学目标：
知识与技能：
(1)了解浓度、温度、压强对化学平衡的影响，并能够准确判断平衡移动的方向。
(2)熟练掌握化学平衡的计算方法和思路;平衡转化率、平衡常数的计算。
过程与方法：
(1)通过高考题讲解掌握平衡常数和平衡转化率的计算，培养学生的计算能力。
(2)引导学生分析、处理高考题中的数据，提高学生逻辑归纳的能力。
情感态度与价值观：
(1)通过化学平衡常数、平衡转化率的计算，培养学生思维严谨的科学作风。
(2)在学习、研究、解决问题的过程中，体验化学学习的乐趣。
【教学重难点】
重点：化学平衡常数、平衡转化率及其相关的计算、外界条件对化学平衡的影响。
难点：化学平衡常数、平衡转化率及其相关的计算。</td><td>让学生明确学习目标</td></tr>
<tr><td>提供学习资源</td><td>教师：在幻灯片上展示高考题并同时推送到平板电脑上，安排学生解答高考题，发布试题如下图所示：

学生利用所学知识解答高考题</td><td>为学生自学提供足够的素材</td></tr>
</table>

续表

<table>
<tr><th colspan="2">教学环节</th><th>教　学　活　动</th><th>设　计　意　图</th></tr>
<tr><td rowspan="4">自主学习</td><td>有效学习指导</td><td>教师根据目标指导学生解题的方法，指导学生通过高考题分析考察的知识点。
学生：先自己解答高考题，并写出解题步骤，再根据高考题的内容分析归纳题目中涉及的知识点</td><td>提高学生分析问题、解决问题的能力，通过高考题查找相关知识点的能力</td></tr>
<tr><td>自查反馈学情</td><td>学生根据目标和教师的要求作出解答，及时上传答案，反馈学习效果，查找自身的错误和遗漏</td><td>根据学生的反馈材料，及时掌握学生解答中存在的主要问题</td></tr>
<tr><td>合作探究</td><td>教师观察并指导学生的活动，提出探讨问题：学习了温度、浓度、压强对化学平衡的影响后，如何理解勒夏特列原理并应用其解释化学平衡移动？
学生通过交流探讨，每组学生得出一个最佳答案，学习其他同学的优点，取长补短完善相关知识点
学生总结：对勒夏特列原理的理解和应用，关键在于理解“减弱”二字的意义</td><td>通过讨论、交流，提高学生对知识点的熟练程度和学生分析问题、解决问题的能力，从而把握高考题的命题思路和考察方法</td></tr>
<tr><td>讲解提升</td><td>教师：分析解答 2018 年高考题，用幻灯片（或通过平板电脑）展示 2018 年全国卷理综 28 题节选，分析解答高考题，如下图所示：
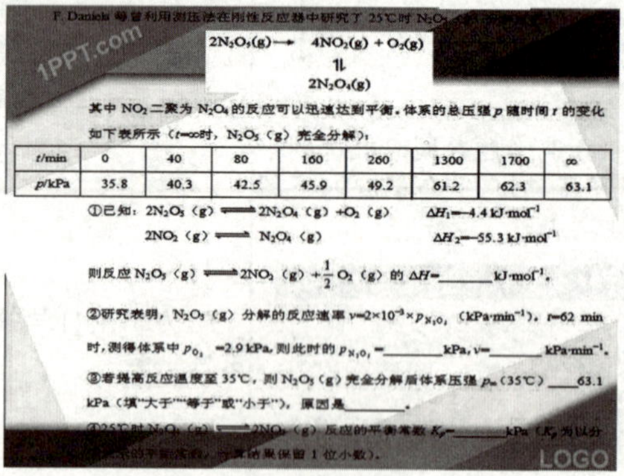

高考题 PPT</td><td>通过分析解答 2018 年高考题，引出化学平衡常数以及外界条件对化学平衡移动方向的影响的知识点</td></tr>
</table>

续表

教学环节		教学活动	设计意图
自主学习	讲解提升	学生：举手向教师提出解题时遇到的问题和困难并提出疑问 教师：对学生提出的疑问作出解答和评价，并展示详细解题过程，引出和本题相关的知识点，请学生归纳总结知识点 学生：总结知识点，教师加以补充： 1. 化学平衡常数： (1)概念：对于一定条件下的可逆反应 $aA(g)+bB(g)\rightleftharpoons cC(g)+dD(g)$达到化学平衡时，化学平衡常数可表示为： $K_C=\frac{[C]^c[D]^d}{[A]^a[B]^b}$。如果反应物和生成物均为气体，当达到化学平衡时，将由各物质平衡分压算得的平衡常数称为“压强平衡常数”，即： $K_p=\frac{p^c(C)p^d(D)}{p^a(A)p^b(B)}$ 浓度平衡常数和压强平衡常数均称为“化学平衡常数”。注意： (1)固体或纯液体不列入平衡常数表达式 (2)各物质的分压等于总压与该物质物质的量分数的乘积 2. 反应条件对化学平衡的影响 (1)勒夏特列原理：如果改变平衡体系的条件(如温度、浓度、压强)之一，平衡将向减弱这个改变的方向移动 (2)反应条件对化学平衡的影响： ①温度：升高温度，化学平衡向吸热反应方向移动；降低温度，化学平衡向放热反应方向移动；②浓度：若 $Q_c<K_c$，化学平衡正向(向右)移动；若 $Q_c>K_c$，化学平衡逆向(向左)移动 ③ 压强：若 $Q_p<K_p$，化学平衡正向(向右)移动；若 $Q_p>K_p$，化学平衡逆向(向左)移动	通过分析解答2018年高考题，引出化学平衡常数以及外界条件对化学平衡移动方向的影响的知识点

续表

<table>
<tr><th colspan="2">教学环节</th><th>教 学 活 动</th><th>设 计 意 图</th></tr>
<tr>
<td>自
主
学
习</td>
<td>讲
解
提
升</td>
<td>

教师：分析解答 2017 年高考题，幻灯片（或通过平板电脑）展示 2017 年全国卷理综 28 题节选，分析解答高考题，如下图所示：

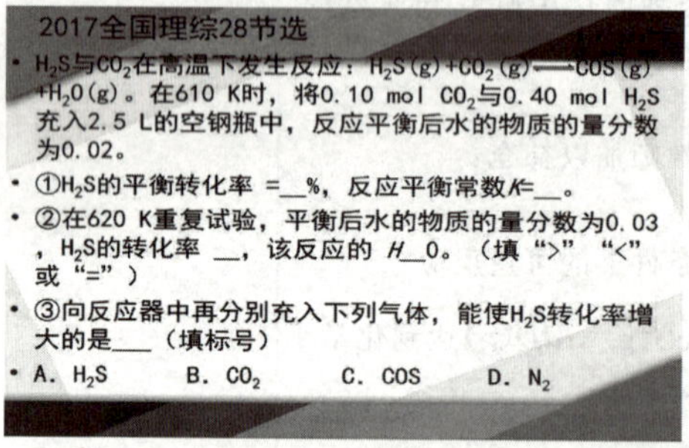

学生：举手向教师提出解题时遇到的问题和困难，并提出疑问

教师：对学生提出的疑问作出解答和评价，并展示详细的解题过程，引出和本题相关的知识点，请学生归纳总结知识点

学生：总结知识点，教师加以补充

3. 平衡转化率

对于 $aA(g)+bB(g) \rightleftharpoons cC(g)+dD(g)$，反应物 A 的平衡转化率可以表示为：

$$\alpha(A)=\frac{n_{消耗}(A)}{n_0(A)}\times 100\%=\frac{n_0(A)-n_{平衡}(A)}{n_0(A)}\times 100\%$$

反应体系体积不变时，反应物 A 的平衡转化率也可以表示为：

$$\alpha(A)=\frac{c_0(A)-[A]}{c_0(A)}\times 100\%$$

4. 化学平衡计算基本方法——三段式法

如：　$mA(g)\ +nB(g) \rightleftharpoons pC(g)+qD(g)$

起始浓度 c_0(mol/L)　a　b　0　0

转化浓度 $c_{转}$(mol/L)　mx　nx　px　qx

平衡浓度 $c_{平}$(mol/L)　$a-mx$　$b-nx$　px　qx

【注意】各物质的转化浓度之比等于它们在化学方程式中的化学计量数之比

</td>
<td>通过对 2017 年高考题的分析解答，引出平衡转化率和化学平衡计算方法的知识点</td>
</tr>
</table>

续表

<table>
<tr><th colspan="2">教学环节</th><th>教　学　活　动</th><th>设　计　意　图</th></tr>
<tr><td rowspan="3">当堂检测</td><td>依据教学目标进行训练</td><td>教师:通过幻灯片或平板电脑发布当堂训练。2019 年全国卷理综 28 题节选如下图所示:
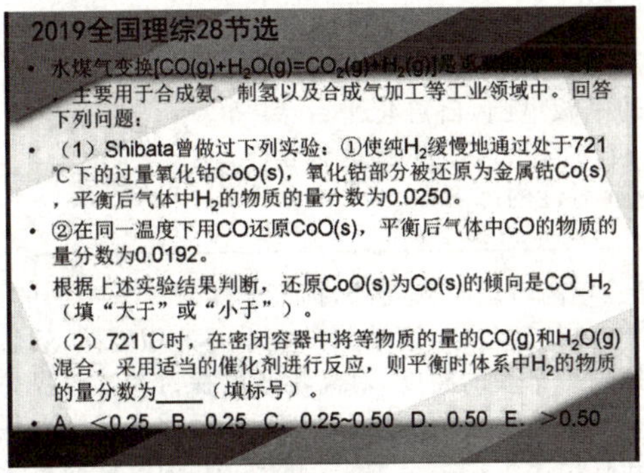

学生进行定时训练</td><td>通过信息化平台,将习题发布到学生平板电脑</td></tr>
<tr><td>依据信息平台即时反馈</td><td>学生:将结果通过平板电脑等学习终端提交到信息化平台。
教师:通过电脑信息化平台分析掌握学生答题情况,如下图所示:
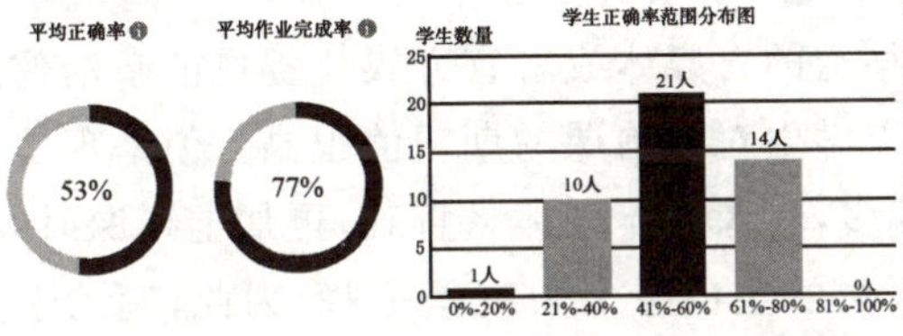
</td><td>学生通过平板电脑等学习终端提交答案,信息平台即时反馈数据,实现当堂分析</td></tr>
<tr><td>根据反馈信息精讲点拨</td><td>教师根据学生平板电脑反馈的错误问题进行精准讲解,并点明与其相关的重要知识点
学生思考理解解题思路,记录重要知识点</td><td>提高课堂学习效率</td></tr>
</table>

续表

教学环节	教 学 活 动	设 计 意 图
课堂总结	本节课通过近三年的高考题，复习了平衡常数及其相关的计算、平衡转化率及其相关的计算、外界条件对化学平衡移动方向的影响等知识点，同时提高了学生相关的计算能力	利用信息平台，自动为学生建立错题集
作业	将作业发布到学生的平板电脑，信息化平台会根据学生答题情况分析错误的知识点并推送给学生，每位学生可以进行有针对性的练习	分析错误的知识点，并推送针对性练习
教学反思	本节课通过分析近三年高考题导入新课，提高学生对化学平衡的重视程度，将学生对高考的好奇和向往带动起来，调动起学生学习的积极性；然后带领学生解答高考题，把学生引领到一个新的高度，对高考题的探讨和解读提升了学生的思维高度，同时还巩固了有关化学平衡的基础知识；最后通过当堂训练检验了学生这节课的学习效率，并找出学生化学平衡知识的缺漏，为今后的教学指明了方向。所以，本节课充分体现了信息化教学的重要性，通过信息化教学，能够把更多的时间交给学生，体现了新课改的教育理念	

第六节　高中政治课堂教学模式及课例

就高中政治教学来说，随着高中生的心理年龄增长，学生对政治的学习兴趣也日益见长，因为有很多渠道的自媒体或者官方媒体提供的政治信息量非常大而且特别具有时效性，所以学生对政治课的期望值很高。但是现实是高中政治课本理论和理念的东西偏多，不像媒体里那么直观，再加上授课时间紧、课堂任务重，教材的理论性太强，对学生的吸引力就差一些，因此，调动学生的积极性和提高课堂效率是亟待解决的问题。

随着大数据时代的来临，信息技术广泛发展，多媒体开始和多个领域相融合，学校教育也朝着“互联网＋”的改革方向前行。随着人民生活水平的提高，很多学生都会使用现代传播工具，包括各种 APP 软件的下载和应用。现代信息技术的大发展以及各种 APP 软件和平台的使用为高中思想政治课的新模式——翻转课堂的实施与发展提供了技术支持和平台保障。互联网和计算机对于学生而言已不再是简单的娱乐和聊天工具，现已转身变为利用信息技术进行学习的工具。教师利用技术手段可以建立上课前的交流平台，并借助平台上传有关的文件、图片、视频、音频、微课等。课前学生通过平台上传的资料进行学习，这不仅能调动学生的兴趣，还能进一步引导学生通过平台将自主学习遇到的问题及时提出来。同时，教师也在平台的另一个端口对学生的学习情况进行及时的总结、归纳和监督，而且还可以利用平台和第三方建立的 APP，如 QQ、钉钉或者技术平台上的交流群等方式来进行线上交流和讨论，学生在自主学习过程中产生的疑惑随时可以发到群里询问。教师可以通过大数据来统计学生的学习情况，同时教师也可通过短信或者制作录音、视频等方式来与学生沟通，进行答疑解惑即使学生在家学习，无论师生之间还是生生之间的交流都可以采用钉钉会议、腾讯会议等方式进行"面对面"的即时交流和沟通，对学生的学习进行监督和管理。总之，借鉴先进的教学工具和创新的教学模式，不仅可以提高学生的学习兴趣，还可以对学生家校两头的学习都起到监督作用，提高学生的学习积极性，从而更高质量地完成教学任务。就高中思想政治教学而言，中学生作为学习的主体，也是当前信息化教学中的最大受益者，将信息化与翻转课堂融合到一起并运用到高中思想政治教学中，不仅可以及时地让学生了解时事动态，还能改善以往仅靠语言阐述图片或者视频等来服务于教学内容的陈旧教学模式。信息化教学的优点就在于能够开拓学生的学习视野，增强学生的学习积极性，这不得不说是解决当前高中思想政治教学中存在问题的一剂良方。而与信息化相结合的翻转课堂正是将课堂的知识由被动讲解转为主动接受，能够充分发挥学生的自我学习、自我判断和自我分析能力，通过探究和合作的方式解决问题，是实现先学后教、以学定教的重要探索。本文就是要通过对翻转课堂的新授课模式的研究和分析，找出适合高中思想政治教学的教学模式。

构建"两备三段八环节"课堂教学模式是对解决教学中所存在问题的重要模式探索。所谓"两备"，就是教师要进行两次备课：第一次备课是用于课前资源的推送，引导学生自主预习相关学习内容；第二次备课主要是通过第一次备课后针对学生反映的问题进行整合后的又一次备课，第二次备课主要适用于课堂中和课堂后这两个环节。"三段"指的是将一堂课分成课前、课中、课后三段，针对不同课段完成不同的任务。教师的两次备课主要是围绕这三段进行。所谓"八环节"即发布任务，自主学习，反馈信息，获取学情，课堂展示，合作释疑，检测提升，布置作业，课外拓展。"三段"中始终贯穿着这八个环节，通过这八个环节，就将整个课堂在教师有准备、有计划的前提下，让学生的学习由被动变主动，由死记硬背变成融会贯通，使课堂的效能达到最大化。

一、课前段

教师的第一次备课是基于本节课的教学目标准备相应的预习资源，作为学生课前自主学习的"支架"。俗话说："不打无准备之仗。"教师要为学生提供情景化、系统化、丰富化的学习资源，构建出以学生为主体的学习资料和问题，尊重学生的主体地位，使学生在课前段的预习过程中，尽可能地自主解决基本概念、完成知识体系的构建和对关键问题的关注。

（一）发布任务

让学生学会学习，让每个孩子都得到发展，都快乐地成长为最好的自己，才是我们高中阶段教育的终极目标。无规律、无指导的自主学习，会使教学的目标外延变大，会使学生的学习分不清主次，这并不是翻转课堂所倡导的自主学习方式。课前阶段教师除了要像传统教学中备课外，还要针对本节课所要达成的目标，将所要准备的问题通过导学案、情境问题设置、议题式问题、微课、视频、测试等方式，利用在线教育平台发布学习任务，推送给学生，为学生提供良好的学习情境。还可以将授课内容制作成微课，或者在网上借助与教学内容有关的资料自行制作相关的微视频，为学生尽可能多地提供一些形象的、直观的、视野比较宽的教学情境。学生在兴趣的导引下对这些资料进行学习，可以很快由此及彼，由感性上升到理性认识。此阶段还具有反复观看打磨的特点，而且不受时间限制，对于完成新授课来说，极大地提高了效率和质量。

这样的课前预习不但能够让学生对学习的内容有大致的了解，做到心中有数，从而提高课堂听课效果，而且可以让学生自己控制学习进度，边听边学边记，学后检测自己的预习效果，培养学生良好的自学能力和学习品质。相比传统的预习环节，弥补了教师备课缺乏学情指导这一不足，可以及时了解学生预习情况和预习效果，同时也增强了预习的形式多样性和内容针对性，使课堂更加高效。

（二）自主学习

传统预习效率低下是教师普遍认为的问题，学生在干什么、干成什么样、怎么干的等教师都无法监控，而上课也就成了教师按照教材内容将预习再延续和深化，无法解决有效授课的问题，这样一堂课对于提高学生分析问题和解决问题的能力的效能是低下的。而培养学生自主学习能力在新课标中被反复强调。学生合理有效地安排自主学习时间，达成自主学习目标，是为课堂学习打好基础的关键之一。自主学习是指教师通过导学案、微课、议题式问题或者利用校内课程资源、自主录制视频、推送试题等手段，组织学生利用平板电脑进行自主学习，学习的过程中还可以通过暂停、重复观看等形式了解相关内容，提高教学双方的实效性。这样对于学生可以初步达成对教学目标的了解，对于教师也能避免课堂上对教学内容的重复和无目标的深化，还能通过自主学习了解学生的个体掌握情况，为课堂授课提供依据。

（三）反馈信息

这一环节对于课堂授课内容的针对性是相当重要的。以往的传统预习是无法反馈预习效果的，只是教师在教，学生在答，比较单调而枯燥。而智能教学下，通过推送资源结合自主学习这两个过程后，学生在自主学习时所产生的问题可以通过发送短信或者班级 QQ 群等方式与教师及同学开展在线问题交流。教师可以通过平板电脑查看学生自主学习提交作业的情况，对提交的作业进行对比，也可以利用学生之间互批的形式。通过表扬、批评、校正，还可以为二次备课打下基础。这个环节使每一位学生不仅关注自己的自主学习成果，还能进一步看到其他同学的学习成果，使生生之间构成相互借鉴、点播思路、示范典型、取长补短的学习氛围，不仅了解自己，也了解别人，有利于正确认知自己的能力和水平。

（四）获取学情

夯实基础知识，如基本概念的掌握、知识间的梳理等，对课堂教学的顺利开展起着引领作用。以往教学手段下获取的学情与信息化教学手段下获取的学情相比，肯定是不够全面的。在这一环节中，如果是新授课学生提交的导学案，教师就可以针对掌握的学情在课堂上作进一步完善、充实；如果提交的是试题答案，教师就可以掌握正确率和错误选项以及犯错的学生情况；如果提交的是自制问题的答案，教师就可以了解学生思考问题的方向以便获取下一步解决问题的思路。总之，获取学情的方式是多样的，可以是递交表格、短信留言等。一个阶段性的学习任务的完成会产生各种的问题，教师通过讨论组留言等形式让学生通过留言将遇到的问题即时提出来。教师可以根据这些问题为二次备课打下基础，也为下一步课堂教学过程提供了建立在充分了解学情基础上的反思问题。对于问题的提问，教师可以设定“自我评价表”，这个表是对学生提出问题能力的一种鼓励和刺激，目的是引导学生进行有效的思考。提出有质量的问题是学生对自己学习能力的一种自我评价，可提高自主学习能力，使学生获取的知识更加系统化，使知识更加融会贯通，实现教学相长。

二、课中段

针对前面四个环节，教师要进行更重要的二次备课，对二次备课的要求是将一次备课中出现的问题和有待完善的问题进一步完善，并且围绕一次备课对学情的掌握情况再次设定课堂问题或者构建课堂情境。这给教师提出了更高的要求，教师在这个环节要利用小组合作探究、开放式议题、辩论会、互问互答等多种手段和形式来解决未来课前和课中出现的问题，达成教学目标，提高学生核心素养。

（一）课堂展示

在传统的政治课堂上，教师一般运用讲授法传授知识，教学内容枯燥，乏味的理论使课堂气氛沉闷，学生的主体地位体现不出来。而在课前学习过程中，教育信息化就充分发挥了学生作为学习主体的作用，通过翻转课堂教学模式，学生的主体地位得到进一步明确。课堂的展示交流环节不仅在形式上要使课堂气氛活起来，增强课堂的趣味性，还要在生成抽象的理论知识之前，让学生在学生生活和社会生活实践中讨论和总结自己对问题的看法和观点，实现知识的初步生成。教师在这个环节也可以利用丰富多彩的辅助工具，例如点名、抢答、锁屏、点评等，来调动课堂气氛，吸引学生参与到本环节中来，提高学生对问题的关注度，这样教师就能获取更多更有效的学生学习状况。

（二）合作释疑

翻转课堂的特点之一就是课前预习要充分，不断延长课堂学习时间。促使效率的提高，关键在于教师要依据课前预习时学生所产生的问题，结合教学任务将其融入课堂中，实现课堂效能最大化、知识完成内在最大化。毋庸置疑，议题式问题的设置和小组合作探究释疑就是最好的课堂应用手段。议题式问题的产生本身就是学生在课前预习时所产生的问题，只不过纳入课堂讨论时必须与教学中的重难点知识相结合。这些议题的产生要因材施教、量体裁衣，这样既做到了立足于学生的实际情况，又有利于解决需要上升到一定高度的理性认识。同时，小组合作探究这种方式，即课堂中的生与生之间、师与生之间的交流，又会助推这些情境任务的完成和议题问题的解决。

对于课堂小组合作探究，首先学生要划分小组，每个小组要有一个带头人，带领大家讨论问题并完成任务。小组讨论的内容必将是教师留下的议题或者需要合作探究的问题。讨论时，大家要各抒己见，因为前面同学们提出的问题都是“书面”形式的，是时间和空间分离的，无法进行面对面的思维碰撞。而今的课堂小组讨论形式弥补了隔空交流的缺陷，发挥了在真实语言环境下交流的长处，并且探究问题的设置也是教师根据课前同学的预习结果结合教材设置的，可谓是“量身定制”，所以无论内容还是形式，都是对传统手段的一种辩证的否定。从结果上看，课堂小组讨论在本环节的最后要进行成果展示，由组长汇报本组的交流心得或者成果，教师可以对每个小组的发言进行梳理、点拨、总结归纳，或者继续生成问题，由其他组继续释疑，直到弄懂为止。教师在合作探究环节中充当主持人的角色，点拨学生，启发思考，最终解决问题，引导学生形成对问题的理性认识，进而系统化、理论化，帮助学生将问题拓展、深化。

另外，学生进行成果展示的过程中，教师要“大度”，允许学生犯错误，让学生畅所欲言，教师此时就是一个记录者、旁观者，不要急于给出答案，以至于学生刚刚打开的思路立马就关上了。教师只需要引导学生，由一个知识点升华到另一个知识点，控制好课堂的节奏，做好课堂的管理者，随时根据学生的展示成果做出调整，维护好课堂秩序，减少无效汇报；对于关键的地方，例如涉及重难点问题，做好留用课堂资源的准备，可以制作成微课，供学生课下多揣摩学习。

（七）检测提升

通过课前与课中环节的学习和探索，学生已经基本上完成了知识的吸收和内化，在此基础之上通过检测，学生可以加深对所学知识的掌握。在知识内化的基础之上，新授课的检测一定要完善对知识体系的建构；复习课通过思维导图、练习题、变式训练题、开放式试题等检测方式提高学生的综合能力；习题课的检测可以通过漫画、图表、视频、音频、选择题等多种方式进行，达到巩固基础知识的目的，同时还要提高学生的解题技巧，明确试题所要考查的学科素养。总之，检测提升就是通过各种练习题提高学生获取和解读信息的能力、调动运用知识的能力、描述和阐述事物的能力以及论证和探究问题的能力。同时，学生所获取的解题技巧将会潜移默化地变成做题考试的技能，慢慢地由量变到质变，成为学习能力的一部分。教师在这个环节的问题设置上既要立足于本课所学知识，又要善于运用课堂教学中学生容易出现的问题或者误区，采用各种形式的试题进一步夯实这些易错易混点。学生通过检测也应该收集属于自己的问题，形成错题集，在以后的学习中要多回顾。

三、课后段

课后段可总结为“布置作业，课外拓展”，课后作业具有引导复习、总结、消化、拓展课堂内容、预防、纠错的作用，也可以帮助引导学生预习新课，是课堂教学后非常重要的环节。所以，关于作业的形式、数量、质量就需要教师在掌握课前和课中这两个环节的基础上精心设置。课后作业的形式可以在传统的文本作业的基础上，增加图片、音频、视频等多媒体形式，同时也要参考学生在课前和课中表现的差异性，布置分层性作业，以分组的形式通过信息平台推送到不同的学习小组。作业批改和统计分析后，及时地将作业批改结果以图表的形式反馈给学生，做错的作业自动加入错题本，强化学生的学习。

传统的教学模式单纯地注重教师的“教”来提高成绩，学生是被动地、“填鸭式”地学，学科素养得不到提高，视野不够开阔，这种教学模式会让学生觉得所学内容索然无味，这种教学模式下的学生应试能力可以，但是学科素养没有培养起来。而先学后教、以学定教，“两备三段八环节”课堂教学模式的构建是基于我国大数据时代的到来，对高中思想政治教学实施翻转课堂教学模式的有益探索，但是其落实和发展仍旧面临着很多挑战，无论是教师的水平还是课堂实践的检验，均有待于进一步提高，我们会在之后的教学实践中继续研究并不断完善。

课例 1

伟大的改革开放

山东省龙口第一中学　史建芳　刁　磊

一、核心素养

（一）政治认同

认同改革开放的必要性，领会改革开放的伟大意义，增强深化改革开放的信心，增强对社会主义制度的认同感，树立道路自信、理论自信、制度自信和文化自信。

（二）科学精神

明确改革开放的重大决策符合我国国情，符合我国的发展规律。辩证看待改革开放的成就，明确科学社会主义发展的道路不是一帆风顺的，培养学生用全面发展的观点看问题的能力。

（三）公共参与

明确改革开放对我国的重大影响，理解改革永无止境，积极支持改革、参与改革。

二、教学重难点

教学重点：改革开放的历史进程，改革开放的伟大意义。

教学难点：改革开放的伟大意义。

三、教学方式和手段

教学方式：采用主题情境探究引导学生进行探究学习。

教学手段：信息化教学。

四、课型

新授课。

五、教学过程

本课例的教学活动和设计意图如表 3-6-1 所示。

表 3-6-1　“伟大的改革开放”的教学活动和设计意图。

教学环节		教学活动	设计意图
课前段	发布任务	教师活动： (1)向学生展示海阳旧城与新城两组图片 (2)请同学们以小组为单位搜集同一地点发生巨变的原因	通过分析，感受改革开放给我们带来的巨变
	自主学习	一、观看视频《一分钟，中国会发生什么》 二、预习课本，填导学案 (一)改革开放的进程 1.1978 年 12 月召开的党的十一届三中全会重新确立了马克思主义的思想路线、政治路线和组织路线，作出实行__(1)__的重大决策，实现了中华人民共和国成立以来党的历史上具有深远意义的伟大转折，开启了__(2)__新时期 党的十一届三中全会后，__(3)__率先取得突破，家庭联产承包责任制得以推行，乡镇企业迅速发展。1984 年，党的十二届三中全会召开，标志着中国改革重点__(4)__，企业改革迈出重要步伐。1980 年，深圳、珠海、汕头、厦门四个经济特区设立，标志着__(5)__。1984 年，开放了大连、青岛等 14 个沿海港口城市。1988 年，设立海南省，并把海南开辟为经济特区。1990 年，开发开放上海浦东。至此，我国__(6)__的对外开放格局基本形成 2.以 1992 年邓小平南方谈话和党的十四大明确建立__(1)__目标为标志，__(2)__进入一个新的阶段。1993 年召开的党的十四届三中全会就建立社会主义市场经济体制进行部署，此后改革的重点围绕社会主义市场经济体制的建立和完善展开。2001 年，我国成功加入世界贸易组织，标志着__(3)__。2003 年召开的党的十六届三中全会围绕完善社会主义市场经济体制进行了部署 2013 年召开的党的十八届三中全会作出全面深化改革的重要部署，提出要使市场在资源配置中起决定性作用和更好地发挥政府作用，__(4)__取得重大突破。2013 年设立中国(上海)自由贸易试验区。2017 年，党的十九大提出形成全面对外开放新格局。这都表明__(5)__	通过视频，让我们深受震撼，感受到创新发展、协调发展、绿色发展、开放发展、共享发展的中国分分秒秒发生的巨大变化！感受到改革开放带来的中国速度、中国奇迹、中国新天地！ 通过预习导学案，对本课内容有了初步的了解和认识，能够让学生更加清晰地明确本节的教学目标

续表

教学环节		教学活动	设计意图
课前段	自主学习	(二)改革开放的意义 1.1978 年以来,中国改革全面推进,对外开放向纵深发展。改革开放极大改变了中国的面貌、中华民族的面貌、中国人民的面貌、中国共产党的面貌。中华民族迎来了____(1)____的伟大飞跃,中国特色社会主义迎来了____(2)____的伟大飞跃,中国人民迎来了____(3)____的伟大飞跃。中华民族正以崭新的姿态屹立于世界的东方 2.实践充分证明:____(1)____是党和人民大踏步赶上时代的重要法宝,是坚持和发展中国特色社会主义的____(2)____,是决定当代中国命运的____(3)____,也是决定实现“两个 100 年”奋斗目标、实现中华民族伟大复兴的____(4)____。实践发展永无止境,解放思想永无止境,改革开放永无止境。停顿和倒退没有出路,____(5)____是中国的基本国策。当今世界是开放的世界,开放带来进步,封闭必然落后。改革开放只有进行时,没有完成时	通过视频,让我们深受震撼,感受到创新发展、协调发展、绿色发展、开放发展、共享发展的中国分分秒秒发生的巨大变化!感受到改革开放带来的中国速度、中国奇迹、中国新天地! 通过预习导学案,对本课内容有了初步的了解和认识,能够让学生更加清晰地明确本节的教学目标
	反馈信息	学生把自己看完视频的感受及导学案的内容提交到平板电脑上	主要培养学生自主学习能力和探究合作能力
	获取学情	教师通过平台将预习成果或产生的问题整理出来 操作建议:进行二次备课	整合课前预习情况,有利于教师更好地了解学生的学情,可以进行有针对性的二次备课,以便更好地完成本节课的教学目标

续表

<table>
<tr><th colspan="2">教学环节</th><th>教　学　活　动</th><th>设　计　意　图</th></tr>
<tr><td rowspan="2">课中段</td><td>课堂展示</td><td>教师导入：一分多钟内展示的事情，让我们深受震撼，感受到创新发展、协调发展、绿色发展、开放发展、共享发展的中国分分秒秒发生的巨大变化！感受到改革开放带来的中国速度、中国奇迹、中国新天地！
学生展示自主学习成果，谈自己的感受；找出典型进行表扬
教师总结：同学们，让我们带着这份震撼、这份感动，像重走长征路一样，沿着先辈的足迹，重温改革开放的伟大历程！</td><td>展示可以增强学生的自信心，进而激发学生的学习热情</td></tr>
<tr><td>合作释疑</td><td>议题一：改革开放的伟大历程
学生自主学习教材第 31～33 页我国改革开放的进程，请同学们在学习过程中带着这些问题进行思考，一会儿四个小组进行这八个问题的接力赛
（学生自主学习，思考问题）
教师展示改革开放历史进程的幻灯片，结合幻灯片进行讲解
对于改革开放，教师强调这样几个问题：
我国的改革开放是对内改革、对外开放的一项政策。改革主要指改掉事物中陈旧的、不合理的部分，使之合理、完善。我国的改革包括经济体制改革、政治体制改革等各个领域的改革。开放主要指对外开放，广义上还包括对内开放
教师通过一个课堂练习来强调一下
（教师展示幻灯片）
【辨易错・强认知】
(1)改革就是进行经济体制改革
(2)中国的改革是中国特色社会主义的自我完善和发展
(3)改革是中国特色社会主义发展的强大动力
（教师请学生回答）
教师活动：同学们回答正确，说明同学们对改革开放有正确的认知
教师点拨：
(1)我国的改革范围广泛，不仅包括经济体制改革，还包括政治体制改革、文化体制改革等社会各个领域的改革
(2)我国经过 40 多年的改革，改变了我国的国家性质了吗？没有，我国仍然是社会主义国家，改革作为我国的第二次革命，是一场解放和发展生产力的革命，是社会主义制度的自我完善和发展，而不是对社会主义制度的根本性改革</td><td>高一新生认知能力相对较差，因此采用直观教学和活动探究的教学方法为宜，让学生在探究合作中掌握知识，并能根据时间逻辑来构建思维导图。本节课结合海阳当地的实际发展情况，能够调动广大学生的积极性，激发学习热情，可以在浓厚的氛围中提高自己的认识水平，达到预期的教学效果</td></tr>
</table>

续表

教学环节		教学活动	设计意图
课中段	合作释疑	(3)改革是中国特色社会主义发展的强大动力,而推动中国特色社会主义发展的根本动力是任何社会存在的基本矛盾,即生产力与生产关系的矛盾、经济基础和上层建筑的矛盾。 教师活动:同学们,我们党作出实行改革开放的重大决策是基于对党和国家前途命运的深刻把握,基于对社会主义革命和建设实践的深刻总结,基于对时代潮流的深刻洞察,基于对人民群众期盼和需要的深刻体悟。1978 年 12 月 18 日,在中华民族历史上、在中国共产党历史上、在中华人民共和国历史上,都必将是一个载入史册的日子 教师活动:同学们,我们重温改革开放的伟大历程,就让这段历程跃然纸上,被深刻地记录下来吧。下面我们进行一个课堂练习——手绘活动,小组所有同学合作在一张纸上手绘我国改革开放时间轴,标明重要时间点和重大事件,并思考你们对时间轴上的哪个时间点和重大事件印象最为深刻 (学生小组合作,手绘改革开放时间轴) 教师活动:请四个小组的同学们向后转,向老师展示小组手绘成果 教师活动:谢谢同学们!哪个小组说说,你们对时间轴上的哪个时间点和重大事件印象最为深刻? (学生回答:略) 教师活动:同学们,改革开放的历程,从开启新时期到跨入新世纪,从站上新起点到进入新时代,近 14 亿中国人在中国共产党的领导下解放思想、实事求是,大胆地试、勇敢地改,干出了一片新天地!我们接着学习体会第二个议题:改革开放的伟大意义 议题二:改革开放的伟大意义 就让我们通过一组组数据再来感受改革开放给我国带来的中国奇迹、中国腾飞! (教师放视频:《数说中国》) 教师活动:从一组组数据中,同学们能不能感受到改革开放带来的新天地,对我国产生的巨大影响、巨大意义啊? (学生:能)	高一新生认知能力相对较差,因此采用直观教学和活动探究的教学方法为宜,让学生在探究合作中掌握知识,并能根据时间逻辑来构建思维导图。本节课结合海阳当地的实际发展情况,能够调动广大学生的积极性,激发学习热情,从而可以在浓厚的氛围中提高自己的认识水平,达到预期的教学效果

续表

教学环节		教学活动	设计意图
课中段	课堂展示	教师活动：好，哪个小组的同学能起来告诉我们改革开放对我国产生的重大意义啊？ （学生回答：略） 教师活动：改革开放的重大意义、重大影响，其实也就发生在我们身边，同学们能不能联系我们的生活谈谈改革开放的影响、意义啊？好，可以小组合作探究一下，联系我们的所见所闻，说说改革开放对我们生活、社会的巨大影响、意义。请各个小组起立聚到一起探讨，讨论成熟可以回座位。为了使各个小组的探讨意见相对集中，老师规定一下各个小组的探讨方向 1组：经济方面（吃、穿、住、用、行方面） 2组：政治、教育、社会保障方面 3组：科技创新、文化发展方面 4组：国际影响、国际地位方面 （小组起立聚到一起讨论，教师走动点拨） 教师活动：好，现在我们一起来听听同学们的“所见所闻看意义” 请1组代表发言：（学生回答：略） 好，1组同学描述的改革开放对我们日常生活的影响、意义很贴近我们的生活，很接地气啊！请坐 请2组代表发言：（学生回答：略） 政治民主、教育发展、社会保障全民覆盖、城乡统筹，很好，请坐 请3组代表发言：（学生回答：略） 为我国丰硕的科技成果点赞，为我们3组同学的探究成果点赞！ 请4组代表发言：（学生回答：略） 教师总结：同学们总结的信息量太大、太全面了，让老师应接不暇，为所有同学点赞！确实，40多年来，改革开放改变了我们的生活，为我国经济、政治、文化、社会、生态等方面的发展注入了强大动力，推动中国经济、社会取得了辉煌成就！正如2018年习近平主席在庆祝改革开放40周年大会上的讲话所作的系统阐述：40年来，我们始终坚持以经济建设为中心；40年来，我们始终坚持中国特色社会主义政治发展道路；40年来，我们始终坚持发展社会主义先进文化；40年来，我们始终坚持在发展中保障和改善民生；40年来，我们始终坚持推进生态文明建设；40年来，我们始终坚持不断推进国防和军队现代化；40年来，我们始终坚持推进祖国和平统一大业；40年来，我们始终不渝走和平发展道路；40年来，我们始终坚持加强和改善党的领导	高一新生认知能力相对较差，因此采用直观教学和活动探究的教学方法为宜，让学生在探究合作中掌握知识，并能根据时间逻辑来构建思维导图。本节课结合海阳当地的实际发展情况，能够调动广大学生的积极性，激发学习热情，从而可以在浓厚的氛围中提高自己的认识水平，达到预期的教学效果

续表

<table>
<tr><th colspan="2">教学环节</th><th>教学活动</th><th>设计意图</th></tr>
<tr><td>课中段</td><td>合作释疑</td><td>40多年来，春风化雨、春华秋实，改革开放极大地改变了中国的面貌、党的面貌、人民的面貌、中华民族的面貌！中华民族以崭新的姿态屹立于世界的东方！
教师强调：在这里，老师想请同学们思考两个问题(教师放PPT)：
(1)改革开放的巨大成就来源于哪些因素？
(2)你认为我国的改革开放是否会继续下去？
(学生总结回答第一个问题：略)
教师点拨：
1.巨大成就来源于党和国家作出的改革开放的重大决策，来源于党正确坚强的领导，还来源于近14亿中国人的奋斗！改革开放40多年来，党领导人民绘就了一幅波澜壮阔、气势恢宏的历史画卷，谱写了一曲感天动地、气壮山河的奋斗赞歌！人民是改革开放伟大奇迹的创造者，是改革开放的力量源泉！在庆祝改革开放40周年之际，党中央、国务院授予于敏等100位同志“改革先锋”称号，弘扬他们“敢闯敢试、敢为人先”的改革精神！
(教师放PPT：100位“改革先锋”照片)
(设计意图：激发学生创造美好生活的热情，对比改革先锋，培养学生的家国情怀，激励学生立鸿鹄志，做奋斗者)
2.对外开放是中国的基本国策，停顿和倒退没有出路。开放带来进步，封闭必然落后。改革开放只有进行时，没有完成时，改革开放永无止境！没有任何力量能够阻挡中国人民和中华民族的前进步伐！建设社会主义现代化强国，实现中华民族的伟大复兴是一场接力跑，我们要一棒接一棒地跑下去，每一代人都要为下一代人跑出好成绩！
(教师放PPT)
教师引导学生思考：新时代，我们青年一代怎样接好接力棒，跑出一个好成绩？
(学生总结发言：略)</td><td>高一新生认知能力相对较差，因此采用直观教学和活动探究的教学方法为宜，让学生在探究合作中掌握知识，并能根据时间逻辑来构建思维导图。本节课结合海阳当地的实际发展情况，能够调动广大学生的积极性，激发学习热情，可以在浓厚的氛围中提高自己的认识水平，达到预期的教学效果</td></tr>
</table>

续表

<table>
<tr><th colspan="2">教学环节</th><th>教　学　活　动</th><th>设　计　意　图</th></tr>
<tr><td rowspan="2">课中段</td><td>合作释疑</td><td>教师总结：好，同学们，让我们沐改革春风，做奋斗者、追梦人！
教师过渡：好，同学们，接下来给大家 3 分钟的时间回顾课本并构建本节课的思维导图
【构建知识体系】（先由学生自己小结，教师根据学生小结的情况作适当补充）
教师结束语：同学们，2020 年的钟声即将响起，还记得习近平主席在 2019 年元旦新年贺词中勉励我们：“我们都在努力奔跑，我们都是追梦人！”这句话饱含深情，这句话充满力量，激励着 14 亿中国人星夜兼程、砥砺前行！同学们风华正茂，让我们立鸿鹄志、做奋斗者，为建设美丽富饶的家乡，为实现两个“一百年”的奋斗目标，实现中华民族的伟大复兴，从前辈手中接过接力棒，再跑出一个好成绩！跑出一个加速度！同学们有没有决心？同学们有没有信心？
（学生回答）
好，再次为同学们点赞！谢谢同学们！本课到此结束，再见！</td><td>高一新生认知能力相对较差，因此采用直观教学和活动探究的教学方法为宜，让学生在探究合作中掌握知识，并能根据时间逻辑来构建思维导图。本节课结合海阳当地的实际发展情况，能够调动广大学生的积极性，激发学习热情，从而可以在浓厚的氛围中提高自己的认识水平，达到预期的教学效果</td></tr>
<tr><td>检测提升</td><td>1. 1978 年，党的十一届三中全会开启了____的历史征程，推动中国发生了翻天覆地的变化。
A. 土地改革　　B. 改革开放
C. 建立社会主义市场经济体制
D. 国有企业改革
2. 十九大报告指出：“坚持全面深化改革。只有社会主义才能救中国，只有改革开放才能发展中国、发展社会主义、发展马克思主义。”我们之所以坚持深化改革，是因为改革是（　　）。
A. 强国之路，富民之路，是决定当代中国命运的关键抉择
B. 兴国之要，是我们党我们国家兴旺发达和长治久安的根本要求
C. 立国之本，是我们党我们国家生存发展的政治基石
D. 是解决国家发展中所有问题的关键
3. 十九大报告指出：经济保持中高速增长，在世界主要国家中名列前茅，国内生产总值从 54 万亿元增长到 80 万亿元，稳居世界第二，对世界经济增长的贡献率超过 30%。下列对此理解不正确的是（　　）。</td><td>当堂检测，了解学情，及时查漏补缺</td></tr>
</table>

续表

<table>
<tr><th colspan="2">教学环节</th><th>教 学 活 动</th><th>设 计 意 图</th></tr>
<tr><td>课
中
段</td><td>检
测
提
升</td><td>A. 我国成为世界经济增长的主要稳定器和动力源
B. 我国已跻身先进国家行列
C. 中国的腾飞证明，改革开放是决定当代中国命运的关键抉择
D. 我国综合国力显著增强
4. 改革开放40年来，我国综合国力进入世界前列，国际地位显著提升，中华民族的面貌发生了前所未有的变化。中国的腾飞证明了(　　)。
A. 中国已经顺利实现了中华民族的伟大复兴
B. 中国全面建成了社会主义现代化强国
C. 改革开放是决定当代中国命运的关键抉择
D. 改革开放只促进了中国少数地区的发展
5.“只有社会主义才能发展中国。”下列选项中能说明这一论断的是(　　)。
①我国资源形势严峻
②“墨子号”量子卫星发射
③世界最大的射电望远镜在贵州建成
④中国政府反对任何形式的恐怖主义
A. ①②　B. ②③　C. ③④　D. ①④
6. 40年以前，农民生活大多是吃不好，穿不暖，过的都是苦日子。现在，农民的经济能力越来越好，纷纷过上了小康生活。手机、彩电、冰箱……这些曾经连想都不敢想的东西，一样样成为现实。以前，农村给人的印象大多是又脏又乱，一下雨，小路便成了“水泥路”，山上杂草丛生，无人问津……现在，一提到农村，人们大多想到的是空气清新、山清水秀……这说明(　　)。
A. 我国建立了完善的社会主义市场经济体制
B. 我国人民通过改革开放过上了幸福生活
C. 中国的经济发展对世界经济增长的贡献率和影响力越来越大
D. 中国已经成为推动世界经济增长的重要“引擎”</td><td>当堂检测，了解学情，及时查漏补缺</td></tr>
<tr><td>课
后
段</td><td>布置作业
课外拓展</td><td>改革开放已经40多年，虽然我国取得了巨大成就，发生了翻天覆地的变化，但是，改革只有进行时，没有完成时。请你谈一谈对这个观点的看法</td><td>主要让学生在充分理解和掌握本课内容的基础上，提升对知识学以致用的能力</td></tr>
</table>

课例 2

中国特色社会主义的创立、发展和完善

山东省龙口第一中学　殷　涛　徐海燕

一、核心素养

(一)政治认同

通过学习我国社会主义的创立、发展和完善,深刻领会社会主义道路、理论和制度的作用以及其对世界发展中国家的借鉴价值,社会主义作为新的社会形态具有强大生命力,从而增强坚持走中国特色社会主义道路的自信,增强对中国特色社会主义的认同感,增强道路自信、理论自信、制度自信和文化自信,帮助学生树立为共产主义远大理想和中国特色社会主义共同理想而奋斗的信念。

(二)科学精神

理解改革开放以来党的全部理论和实践的主题是"走自己的道路,建设中国特色社会主义",能运用辩证唯物主义和历史唯物主义的基本观点,科学阐释中国特色社会主义理论的开创与发展;能用辩证思维和历史思维,科学分析中国特色社会主义道路、理论、制度、文化,以建设性态度回应各种不同观点,弘扬科学精神。

(三)法治意识

修改宪法是及时把党的指导思想确立为国家的指导思想。

(四)公共参与

学生通过了解中国特色社会主义的创立、发展和完善,综合运用各种论据,辨析各种错误思潮,有创见地批驳封闭僵化或改旗易帜的主张,树立为实现中华民族伟大复兴而奋斗的理想,勇于担当社会责任。

二、教学重难点

教学重点:中国特色社会主义是如何创立、发展和完善的?

教学难点:改革开放以来,中国取得一切成绩和进步的根本原因是什么?如何坚持和发展中国特色社会主义?

三、教学方式和手段

教学方式:采用主题情境探究,引导学生进行探究学习。

教学手段:信息化教学。

四、课型

新授课。

五、教学过程

本课例的教学活动和设计意图如表 3-6-2 所示。

表 3-6-2　“中国特色社会主义的创立、发展和完善”的教师活动和设计意图

发布环节		教学活动	设计意图
课前段	推送任务	教师活动：播放微视频《海阳》，请同学们结合自己的所见所闻或者利用现代网络和传媒上的资源查阅有关海阳的前世今生	跟随着海阳发展巨变的脚步，感受中国特色社会主义的创立、发展和完善的过程
	自主学习	一、改革开放以来党的全部理论和实践的主题 布局、协调推进“四个全面”战略布局，坚持“稳中求进”的工作总基调，对党和国家各方面工作提出一系列新理念、新思想、新战略，推动党和国家事业发生历史性变革、取得历史性成就(1)进入新时代 1. 1982 年，在党的十二大开幕式上，邓小平明确提出了“(2)”这一鲜明主题。从此以后，中国共产党所有的理论创新和实践都是紧紧围绕这个主题展开的。改革开放以来，中国共产党坚持从中国实际出发，在实践创新的基础上不断推动理论创新，成功开创并发展了(3) 党的十一届三中全会以后，以邓小平同志为主要代表的中国共产党人团结带领全党全国各族人民，深刻总结我国社会主义建设正反两方面经验，借鉴世界社会主义历史经验，创立了(4)，作出了把党和国家的工作中心转移到经济建设上来、实行改革开放的历史性决策，深刻揭示社会主义本质，确立(5)，明确提出走自己的路、建设中国特色社会主义，科学回答了建设中国特色社会主义的一系列基本问题，制定了到 21 世纪中叶分三步走、基本实现社会主义现代化的发展战略，成功开创了(6)	通过视频了解海阳市： 风雨同心七十年，破釜沉舟勇跨越。中华人民共和国成立以来，海阳市在中央和中共山东省委、烟台市委的坚强领导下，抢抓机遇、创新实干，统筹抓好稳增长、促改革、调结构、惠民生、防风险等重点工作，各项事业方兴未艾、欣欣向荣，谱写了经济社会赶超跨越、高质量发展的华丽篇章。这一切成就的取得，突飞猛进的发展，都要从 40 年前改革开放的一声春雷开始，改革开放让海阳大地渐渐苏醒，一个春潮涌动、万类竞发的时代来到了

续表

教学环节		教学活动	设计意图
课前段	自主学习	2.党的十三届四中全会以后，以(7)同志为主要代表的中国共产党人团结带领全党全国各族人民，坚持党的基本理论、基本路线，加深了对什么是社会主义、怎样建设社会主义和建设什么样的党、怎样建设党的认识，积累了治党治国新的宝贵经验，形成了“(8)”重要思想。在国内外形势十分复杂、世界社会主义出现严重曲折的严峻考验面前，捍卫了中国特色社会主义，确立了(9)的改革目标和基本框架，确立了(10)，开创了(11)的新局面，推进党的建设新的伟大工程，成功地把中国特色社会主义推向了21世纪 党的十六大以后，以(12)同志为主要代表的中国共产党人团结带领全党全国各族人民，坚持以邓小平理论和“三个代表”重要思想为指导，根据新的发展要求，深刻认识和回答了新形势下实现什么样的发展、怎样发展等重大问题，形成了(13)，抓住重要战略机遇期，在全面建设小康社会的进程中推进实践创新、理论创新、制度创新，强调坚持以人为本、全面协调可持续发展，形成(14)总体布局，着力保障和改善民生，促进社会公平正义，推动建设(15)，推进党的(16)，成功在新的历史起点上坚持和发展了中国特色社会主义 党的十八大以来，以(17)同志为核心的党中央团结带领全党全国各族人民，全面审视国际国内新的形势，通过总结实践、展望未来，深刻回答了新时代坚持和发展什么样的中国特色社会主义、怎样坚持和发展中国特色社会主义这个重大时代课题，形成了(18)，坚持统筹推进“五位一体”总体时代 二、中国特色社会主义道路、理论、制度、文化 1.改革开放以来，中国取得一切成绩和进步的根本原因，归结起来就是：(1)带领中国人民，开辟了(2)，形成了(3)，确立了(4)，发展了(5) 2.中国特色社会主义道路是(6)的必由之路，中国特色社会主义理论体系是指导党和人民(7)的正确理论，中国的社会主义制度是当代中国发展进步的(8)，中国特色社会主义文化是激励全党全国各族人民奋勇前进的____ 中国特色社会主义(9)相互联系、相互作用，统一于中国特色社会主义伟大实践。在当代中国，坚持和发展(10)，就是真正坚持社会主义。我们要始终高举中国特色社会主义伟大旗帜，坚定(11)	通过探究海阳的发展，分析中国特色社会主义科学理论体系是如何形成的；以及40载辉煌历程，海阳取得伟大成就的根本原因是开辟了适合自己发展的道路，这个道路就是千千万万个海阳汇成的中国特色社会主义道路

续表

<table>
<tr><th colspan="2">教学环节</th><th>教学活动</th><th>设计意图</th></tr>
<tr><td rowspan="2">课前段</td><td>反馈信息</td><td>学生结合教材和自己的探究思考，将导学案的内容提交到平板电脑上</td><td>培养学生的自主学习能力和辩证思维能力，同时让学生通过形象地展示，能初步认识以下两个问题：
(1)改革开放以来党的全部理论和实践的主题是什么？
(2)中国特色社会主义科学理论体系是如何形成的？</td></tr>
<tr><td>获取学情</td><td>教师通过平台将预习成果或产生的问题整理出来
操作建议：进行二次备课</td><td>整合课前预习情况，有利于教师的二次备课，更好地完成本节课的教学目标</td></tr>
<tr><td>课中段</td><td>课堂展示</td><td>教师导入：40 年的发展史，就是一部建城史。1978～2018 年，中国人口增长了 1.5 倍，而城镇人口增长了 4.8 倍，中国的城市建设堪称奇迹。如今，4 个一线城市打头，15 个新一线城市赶超，30 个二线城市紧追，数百个大大小小的城市遍布全国。40 年，它们经历了什么？它们在走向何方？
今天，我们就跟随海阳发展巨变的脚步，感受中国特色社会主义的创立、发展和完善的过程
操作建议：
(1)展示每一位学生的自主学习成果
(2)找出典型进行表扬
(3)找出不足进行完善
(4)教师总结：1982 年，在党的十二大开幕式上，邓小平明确提出了“走自己的道路，建设中国特色社会主义”这一鲜明主题。从此以后，中国共产党所有的理论创新和实践都是紧紧围绕这个主题展开的。改革开放以来，中国共产党坚持从中国实际出发，在实践创新的基础上不断推动理论创新，成功开创并发展了中国特色社会主义。改革开放 40 年，中国取得了伟大成就，根本原因是中国共产党带领中国人民，开辟了中国特色社会主义道路，形成了中国特色社会主义理论体系，确立了中国特色社会主义制度，发展了中国特色社会主义文化</td><td>源于生活情境中的真实问题，学习活动有利于满足关注国家和社会层面的问题需求</td></tr>
</table>

续表

教学环节		教学活动	设计意图
课中段	合作释疑	探究一：通过海阳的发展，分析中国特色社会主义科学理论体系是如何形成的 【知识点拨】中国特色社会主义理论 党的十一届三中全会以后，以邓小平同志为主要代表的中国共产党人团结带领全党全国各族人民，深刻总结我国社会主义建设正反两方面的经验，借鉴世界社会主义历史经验，创立了邓小平理论，作出了把党和国家工作中心转移到经济建设上来、实行改革开放的历史性决策，深刻揭示社会主义本质，确立社会主义初级阶段的基本路线，明确提出走自己的路、建设中国特色社会主义，科学回答了建设中国特色社会主义的一系列基本问题，制定了到 21 世纪中叶分三步走、基本实现社会主义现代化的发展战略，成功开创了中国特色社会主义 党的十三届四中全会以后，以江泽民同志为主要代表的中国共产党人团结带领全党全国各族人民，坚持党的基本理论、基本路线，加深了对什么是社会主义、怎样建设社会主义和建设什么样的党、怎样建设党的认识，积累了治党治国新的宝贵经验，形成了“三个代表”重要思想。在国内外形势十分复杂、世界社会主义出现严重曲折的严峻考验面前，捍卫了中国特色社会主义，确立了社会主义市场经济体制的改革目标和基本框架，确立了社会主义初级阶段的基本经济制度和分配制度，开创了全面改革开放的新局面，推进了党的建设新的伟大工程，成功地把中国特色社会主义推向了 21 世纪 党的十六大以后，以胡锦涛同志为主要代表的中国共产党人团结带领全党全国各族人民，坚持以邓小平理论和“三个代表”重要思想为指导，根据新的发展要求，深刻认识和回答了新形势下实现什么样的发展、怎样发展等重大问题，形成了科学发展观，抓住重要战略机遇期，在全面建设小康社会进程中推进实践创新、理论创新、制度创新，强调坚持以人为本、全面协调可持续发展，形成中国特色社会主义事业总体布局，着力保障和改善民生，促进社会公平正义，推动建设和谐世界，推进党的执政能力建设和先进性建设，成功地在新的历史起点上坚持和发展了中国特色社会主义	根据高一年级学生的心理特征及认知规律，采用直观教学和活动探究的教学方法，以学生为重心，放手让学生自主探究地学习，主动地参与到知识形成的整个思维过程中。本课的教学起点“海阳”对学生而言，是源于生活情境中的真实问题，力求使学生在积极、愉快的课堂氛围中提高自己的认识水平，从而达到预期的教学效果

续表

教学环节		教学活动	设计意图
课中段	合作释疑	党的十八大以来，以习近平同志为核心的党中央团结带领全党全国各族人民，全面审视国际国内新的形势，通过总结实践、展望未来，深刻回答了新时代坚持和发展什么样的中国特色社会主义、怎样坚持和发展中国特色社会主义这个重大时代课题，形成了习近平新时代中国特色社会主义思想，坚持统筹推进“五位一体”总体布局，协调推进“四个全面”战略布局，坚持“稳中求进”的工作总基调，对党和国家各方面工作提出了一系列新理念、新思想、新战略，推动党和国家事业发生历史性变革，取得历史性成就，中国特色社会主义进入了新时代 探究二：同学们作为海阳人，用你的所见所闻向我们介绍一下海阳的变化以及40载辉煌历程，海阳取得伟大成就的根本原因 【知识点拨】 根本原因：中国共产党带领中国人民，开辟了中国特色社会主义道路，形成了中国特色社会主义理论体系，确立了中国特色社会主义制度，发展了中国特色社会主义文化 (1)中国特色社会主义道路，就是在中国共产党领导下，立足基本国情，以经济建设为中心，坚持四项基本原则，坚持改革开放，解放和发展社会生产力，建设社会主义市场经济、社会主义民主政治、社会主义先进文化、社会主义和谐社会、社会主义生态文明，促进人的全面发展，逐步实现全体人民共同富裕，建设富强、民主、文明、和谐、美丽的社会主义现代化强国 (2)中国特色社会主义理论体系，就是包括邓小平理论、“三个代表”重要思想、科学发展观、习近平新时代中国特色社会主义思想在内的科学理论体系 (3)中国特色社会主义制度，就是人民代表大会制度这一根本政治制度，中国共产党领导的多党合作和政治协商制度、民族区域自治制度以及基层群众自治制度等基本政治制度，中国特色社会主义法律体系，公有制为主体、多种所有制经济共同发展的基本经济制度，以及建立在这些制度基础上的经济体制、政治体制、文化体制、社会体制等各项具体制度	根据高一年级学生的心理特征及认知规律，采用直观教学和活动探究的教学方法，以学生为重心，放手让学生自主探究地学习，主动地参与到知识形成的整个思维过程中。本课的教学起点“海阳”对学生而言，是源于生活情境中的真实问题，力求使学生在积极、愉快的课堂氛围中提高自己的认识水平，从而达到预期的教学效果

续表

教学环节		教　学　活　动	设　计　意　图
课中段	合作释疑	(4)中国特色社会主义文化源自于中华民族五千多年文明历史所孕育的中华优秀传统文化，熔铸于党领导人民在革命、建设、改革中创造的革命文化和社会主义先进文化，植根于中国特色社会主义伟大实践。发展中国特色社会主义文化，就是以马克思主义为指导，坚守中华文化立场，立足当代中国现实，结合当今时代条件，发展面向现代化、面向世界、面向未来的，民族的、科学的、大众的社会主义文化，推动社会主义精神文明和物质文明协调发展	根据高一年级学生的心理特征及认知规律，采用直观教学和活动探究的教学方法，以学生为重心，放手让学生自主探究地学习，主动地参与到知识形成的整个思维过程中。本课的教学起点“海阳”对学生而言，是源于生活情境中的真实问题，力求使学生在积极、愉快的课堂氛围中提高自己的认识水平，从而达到预期的教学效果
	检测提升	1. 下列关于邓小平理论的说法，不正确的是(　　)。 A. 深刻揭示社会主义本质 B. 科学回答了建设中国特色社会主义的一系列基本问题 C. 制定了到 21 世纪中叶分三步走的发展战略 D. 坚持统筹推进“五位一体”总体布局 2. 党的十六大把“三个代表”重要思想确定为我们党的(　　)。 A. 重要原则　　B. 基本原则 3. 邓小平理论产生的国内社会历史条件有(　　)。 ①和平与发展成为时代主题 ②世界新技术革命浪潮的兴起 ③我国社会主义建设的经验教训 ④中国改革开放和现代化建设的实践 A. ①②　B. ①③　C. ②④　D. ③④ 4. 邓小平理论之所以能够成为马克思主义在中国发展的新阶段，是因为(　　)。 ①它坚持解放思想、实事求是，实现了全党工作中心向经济建设的转移 ②它深刻认识和回答了新形势下实现什么样的发展、怎样发展等重大问题 ③它阐明了在中国建设社会主义、巩固和发展社会主义的基本问题 ④它系统回答了新时代坚持和发展什么样的中国特色社会主义的时代课题 A. ①③　B. ①②　C. ③④　D. ②④	重难点突出，挖掘教材，分析有度，思路清晰，使学生能够关注了解现实生活而学以致用

续表

教学环节		教学活动	设计意图
课中段	检测提升	5. 邓小平说:“马克思主义必须是同中国实际相结合的马克思主义,社会主义必须是切合中国实际的有中国特色的社会主义。”这句话的含义是(　　)。 ①马克思主义必须中国化 ②必须以实用化的态度对待马克思主义 ③社会主义必须具有中国特色 ④离开中国实际谈马克思主义没有意义 A. ①②③　　B. ②③④ C. ①③④　　D. ①②④ 6. 党的十八大以来,以习近平同志为主要代表的中国共产党人顺应时代发展,坚持辩证唯物主义和历史唯物主义,创立了习近平新时代中国特色社会主义思想,从理论和实践结合上系统回答的重大时代课题是(　　)。 ①什么是社会主义、怎样建设社会主义 ②实现什么样的发展、怎样发展等重大问题 ③新时代坚持和发展什么样的中国特色社会主义 ④怎样坚持和发展中国特色社会主义 A. ①②　B. ①③　C. ②④　D. ③④	重难点突出,挖掘教材,分析有度,思路清晰,使学生能够关注了解现实生活而学以致用
课后段	布置作业,课外拓展	中国特色社会主义亦称“具有中国特色的社会主义”,包括中国特色社会主义道路、理论、制度、文化。中国特色社会主义发展道路即指由中国共产党领导中国人民实行经济建设、改革开放伟大革命实践开辟的一条中国式的现代化道路;中国特色社会主义理论体系即指中国共产党把马克思主义与中国实际相结合、实现马克思主义中国化的理论成果。中国特色社会主义是科学社会主义的基本原则与中国实际相结合的产物,具有鲜明的时代特征和中国特色 结合材料,简述中国特色社会主义道路、理论、制度、文化的各自地位和相互关系	培养学生通过回顾中国特色社会主义的创立、发展和完善过程,认识到只有中国特色社会主义才能发展中国。我们要始终高举中国特色社会主义伟大旗帜,坚定道路自信、理论自信、制度自信、文化自信。能用辩证思维和历史思维科学分析中国特色社会主义道路、理论、制度、文化,以建设性态度回应各种不同观点,弘扬科学精神。

课例 3

中华民族伟大复兴的中国梦

山东省龙口第一中学 孙丽萍 刘 芳

一、教学目标

（一）政治认同

阐述中国梦的本质，展望新时代建设社会主义现代化强国的目标，提高坚持和发展中国特色社会主义的政治认同。

（二）科学精神

不忘初心，牢记使命。明确只有坚持中国共产党的领导，才能实现中华民族的伟大复兴。

（三）公共参与

青年应参与到中华民族伟大复兴的中国梦中，在实现中国梦的生动实践中放飞青春梦想。

二、教学重难点

(1)中国梦的本质是国家富强、民族振兴、人民幸福。

(2)新时代中国共产党的历史使命。

(3)分“两步走”建成社会主义现代化强国。

三、教学方式和手段

（一）教学方式

(1)直观演示法：利用图片、视频等手段进行直观演示，使抽象的知识形象化、具体化，激发学生的学习兴趣，活跃课堂气氛。

(2)自主、合作探究法：通过探究问题的设置，让学生在对知识进行探究的过程中增进理解，升华感悟。

（二）教学手段

信息化教学。

四、课型

新授课。

五、教学过程

本课例的教学活动和设计意图如表 3-6-3 所示。

表 3-6-3　“中华民族伟大复兴的中国梦”的教师活动、学生活动和设计意图

<table>
<tr><th colspan="2">教学环节</th><th>教　学　活　动</th><th>设　计　意　图</th></tr>
<tr><td rowspan="4">课前段</td><td>发布任务</td><td>教师活动:播放视频《致追梦人》,让学生认识到只有创造过辉煌的民族才懂得复兴的意义,只有经历过苦难的民族才对复兴有如此深切的渴望</td><td>(1)通过视频激发学生兴趣,引入新课
(2)目标引领进入本节课的学习</td></tr>
<tr><td>自主学习</td><td>一、中国梦的本质是国家富强、民族振兴、人民幸福
1.中国梦的本质、基本内涵和特点
2.中国共产党提出中国梦的历史意义(知识拓展)
二、新时代中国共产党的历史使命
3.中国共产党的初心和使命是什么?
4.怎样实现中华民族伟大复兴的伟大梦想?
三、分“两步走”建成社会主义现代化强国
5.新时代中国特色社会主义发展的战略安排,如下表所示:
<table><tr><th></th><th>时间跨度</th><th>目标</th></tr><tr><td>第一阶段</td><td></td><td></td></tr><tr><td>第二阶段</td><td></td><td></td></tr></table>6.实现新时代中国特色社会主义发展的战略安排的措施是什么?
7.我国发展重要战略机遇期的内容是什么?
8.我国青年在新时代中国特色社会主义建设事业中应如何“担当”?</td><td>结合教材对知识进行理论梳理,让学生认识到新时代的挑战性和紧迫性,深刻理解新时代党的初心和使命是任重而道远的,需要长期艰苦的努力,培养学生用发展的观点看问题的能力</td></tr>
<tr><td>反馈信息</td><td>学生结合教材和自己的探究思考,将导学案的内容提交到平板电脑上</td><td>通过预习让学生将思路集中到:实现中华民族伟大复兴是中华民族最伟大的梦想,它是中华民族团结奋斗的最大公约数和同心圆</td></tr>
<tr><td>获取学情</td><td>教师通过平台将预习成果或产生的问题整理出来
操作建议:进行二次备课</td><td>通过学习新时代党的初心和历史使命,认识到实干才能兴邦,深刻领会始终坚持和发展中国特色社会主义是实现中国梦和新时代党的初心和使命的必由之路</td></tr>
</table>

续表

教学环节		教　学　活　动	设　计　意　图
课中段	课堂展示	1.同学们谈谈中国梦是什么 2.2019 年的国庆阅兵式上,是什么让你热泪盈眶?结合中国共产党的奋斗历程,谈谈你对中国共产党的历史使命的理解 3.中国共产党如何实现初心和使命? 4.新时代中国特色社会主义发展的战略安排	通过学习中国梦的本质、内涵和特点,并结合中华民族追求梦想艰难曲折的道路,深刻理解中国梦归根到底是人民的梦,主动把个人理想融入国家和民族的伟大梦想之中
	合作释疑	一、中国梦的本质就是国家富强、民族振兴、人民幸福 1.情景探究 (1)观看视频《致追梦人》,历代中国人追求的梦想是什么? (2)什么是我们的中国梦?中国梦的本质是什么? (3)结合实际,谈谈你的梦想和中国梦的关系 2.自由辩论 正方:中国梦成就个人梦 反方:个人梦成就中国梦 流程要求: (1)自由辩论阶段:双方自由轮流发言,阐述本方观点(2 分钟) (2)双方代表总结陈词(1 分钟) (3)总结提升: ①中国梦的本质;②中国梦是人民的梦,是民族的梦,是世界的梦! 二、新时代中国共产党的历史使命 1.情景探究 利用图片展示: (1)中国共产党的初心和使命是什么? (2)以"中国共产党""使命""我"为关键词写一句或一段话,与同学们分享 (3)共产党如何实现初心和使命? 2.利用图片进行分享,探究"四个伟大" 3.总结提升 (1)中国共产党的初心和使命 (2)实现伟大梦想必须进行伟大斗争、推进伟大工程、推进伟大事业	(1)学生在情感流露中感受中国共产党的初心和使命。在回顾党的奋斗历程中理解初心和使命就是为中国人民谋幸福,为中华民族谋复兴,增强学生的政治认同 (2)学生分享和展示自己写的一段话,深化对共产党使命的认识和理解 (3)通过辩论的方式,讨论新时代各种挑战和矛盾,明确要深入推进党的建设伟大工程,要始终坚持和发展中国特色社会主义。明确中国共产党要实现历史使命,就必须进行伟大斗争,推进伟大工程,推进伟大事业

续表

教学环节		教学活动	设计意图
课中段	合作释疑	三、分“两步走”实现社会主义现代化强国的建设目标 1.思考 (1)新时代分“两步走”的战略 (2)如何实现“两步走”战略 2.总结提升 (1)贯彻习近平新时代社会主义思想 (2)抓住大有可为的历史时期 (3)青年人要在实现中国梦中放飞青春梦想 四、梦想在接力 说出自己梦想的大学和职业，进行梦想接力	
	检测提升	1.回归目标：自我评价反思 中国梦的本质 { ①是什么 ②特点 新时代中共产党的历史使命 { ①是什么 ②怎么样 分“两步走”建成社会主义现代化强国 { ①是什么 ②怎么做 2.请同学们回归学习目标，评价一下这节课你的目标达成情况 3.2019 年 1 月 11 日，习近平在中纪委第二次全体会议上指出：“党的建设新的伟大工程是引领伟大斗争、伟大事业最终实现的根本保证。”为此，中国共产党要(　　)。 ①始终成为时代先锋、民族脊梁 ②始终成为马克思主义执政党 ③始终成为中国梦的创造者和享有者 ④自身必须始终过硬 A.①②③　　B.①③④ C.①②④　　D.②③④ 4.北京大学校长周其凤新学年开学时曾寄语：“学会‘担当’，培养‘士以天下为己任’的使命感、抱负和情怀。”这说明(　　)。 ①青年人要勇于承担历史使命 ②我们要坚持个人前途居首位，同时兼顾国家的发展和民族的振兴 ③使命是个人把自己的人生理想融入社会共同理想中而形成的神圣的责任感 ④每个人的个人理想和历史使命总是一致的，实现了个人理想，也就担当了使命 A.②③　B.②④　C.①③　D.③④	明确了中国梦，清晰了新时代“两步走”的战略安排，要让学生在这个难得的建功立业的人生际遇里，担负起“天将降大任于斯人”的时代使命，增强学生的公共参与意识和参与能力，要坚定理想信念，志存高远，脚踏实地，勇做时代的弄潮儿，在实现中国梦中书写人生！

续表

<table>
<tr><th colspan="2">教学环节</th><th>教学活动</th><th>设计意图</th></tr>
<tr><td>课后段</td><td>布置作业，课外拓展</td><td>我和祖国共成长，如下表所示：<table><tr><th></th><th>2020 年</th><th>2035 年</th><th>2050 年</th></tr><tr><td>我的年龄</td><td></td><td></td><td></td></tr><tr><td>我的职业</td><td></td><td></td><td></td></tr><tr><td>我的贡献</td><td></td><td></td><td></td></tr></table></td><td>通过课堂小结，使学生对本节课知识进行系统总结，对学习目标的达成情况进行自我反思，从而学有所获</td></tr>
</table>

第七节　高中历史课堂教学模式及课例

随着新高考新课标的推进及新课改的日益深入，传统的以灌输式和“填鸭式”为主的教学模式已不能适应新形势的需要。在信息化时代的今天，辅助现代化、信息化的教学手段，利用平板电脑等学习终端优化教学过程，提高教学的有效性，应该是发展的趋势。信息化的教学手段可以拓展学生的视野，使教学的深度和广度进一步发展；同时可以引导学生自主学习与合作探究，激发学生的主动性和创造性，进行思维碰撞和梳理，培养学生的逻辑思维能力，提高课堂效率。

为此，笔者将同仁们在辅助信息化教学中的一些做法不断反思和总结，构建了“基于教育信息化的高中历史课堂教学模式”，希望与大家共同探讨。

一、模式框架

探究性教学模式是以探究历史知识、探究史实之间的内在逻辑关系、探究解题方法为基本特征的一种教与学的过程，符合新课改的要求。基于学科特点，我们在教学过程中形成了依托信息化教学手段的探究性教学模式，具体操作流程如图 3-7-1 所示：

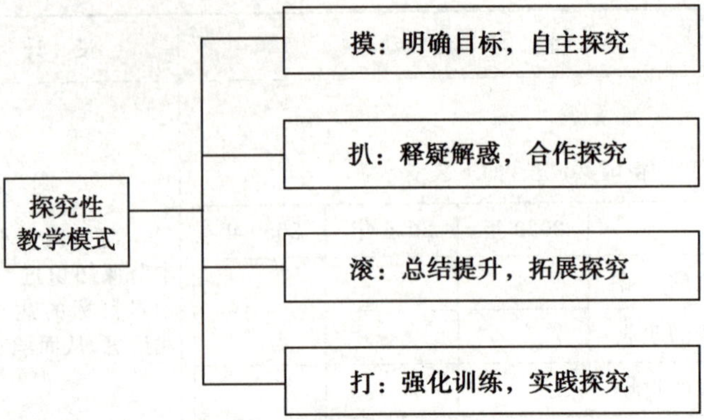

图 3-7-1　探究性教学模式框架

二、模式实施过程

(一)摸：明确目标，自主探究

“摸”的具体内容是摸索探究，即根据学科指导意见和新课程标准，明确教学目标，进行摸索式自主探究，过程如图 3-7-2 所示：

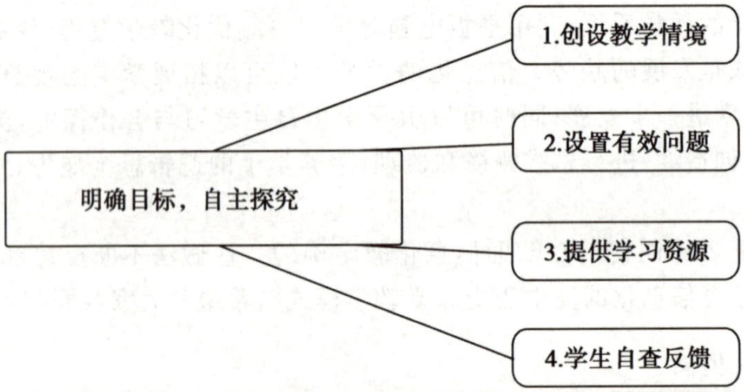

图 3-7-2　摸索探究的过程

1.利用信息化教学手段创设教学情境

高中历史教学实现信息化教学，可以让学生更好地融入课堂环境中，激发学生的思维。通过信息技术手段向学生展示图文并茂的材料、视频等，将学生领入故事殿堂，或是将学生带入那个时代，从而激发学生的兴趣。总之，利用信息技术，通过创设情境将学生领入相应的时空。

例如，在“北洋军阀统治时期的政治、经济与文化”这一课中，我们可以播放一段北洋军阀统治时期的视频导入新课，之后展示图片和文字说明，将学生带入相应的历史时空，激发学生的兴趣并使之主动融入课堂。在“马克思主义的诞生与传播”这一课中，可展示《国际歌》歌词，根据预习材料提供的背景一起回顾相关内容，高昂激情地朗诵歌词，然后设置问题，带领学生探寻马克思“为什么要改造旧世界，如何改造的，改造世界的尝试”，引领本课线索，激发学生兴趣，穿越时空隧道，将学生带进历史情境。

2. 设置有效问题

教师要鼓励学生自主学习，思考分析问题，这是信息化教学环境下的一种有效方式。通过信息化教学手段设置有思维含量的问题，通过问题的层层深入，步步引导，最终达成教学目标。具体操作中，可以在每个子目录下设置相应的问题，达成阶段目标。再围绕本课中心主题设置问题，注重子目录之间的内在逻辑关系，整体把握历史线索，最终达成主题目标。

例如“马克思主义的诞生与传播”这一课，第二子目录中我们根据平板电脑提供《共产党宣言》的视频和经典文字材料，让学生自主选择学习方式，探究马克思改造世界的方案，设置问题让学生围绕目标学习和探究：

(1)社会发展的基本规律是什么？

(2)改造世界的力量是什么？(依靠力量)

(3)改造世界的方式是什么？(斗争方式)

(4)改造成怎样的新世界？(奋斗目标)

3. 提供学习资源

在信息化时代的今天，学生获取知识的途径是多样的。除了课本、课堂、报纸、杂志等传统资源，还有微博、微信、云课堂、社群等借助信息化平台的资源。所以我们要跟上时代的脚步，借助信息化平台向学生推送更多的资源，如课件、微课、拓展资料、历史纪录片等，帮助学生理解历史史实和开拓视野。

具体操作中我们可以根据学生的个体差异，向不同的学生推送适合自身的学习内容，真正做到分层教学。我们可以根据前面设计的思考题向学生推送相应的材料，帮助学生分析问题和解决问题；还可以根据课本的内容上传适当的补充资料。例如在“辛亥革命”一课中，我们通过平板电脑上传了补充资料“如何理解清末新政”，如图 3-7-3 所示：

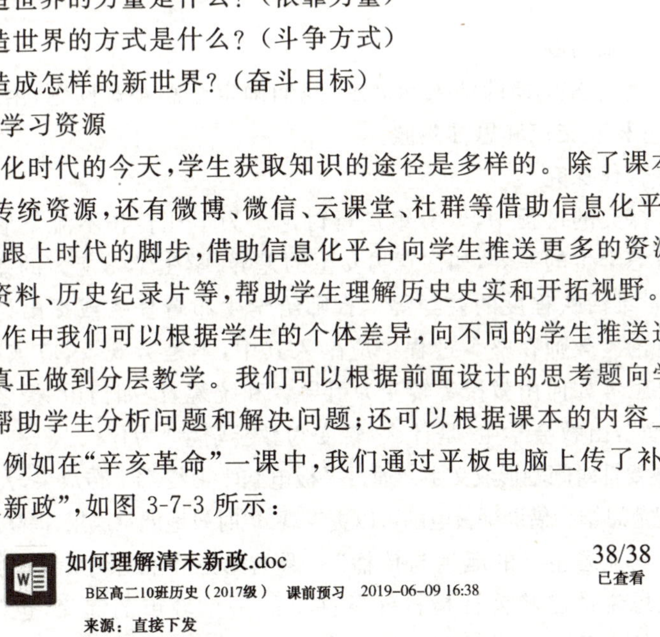

图 3-7-3　上传的补充资料

4. 学生自查反馈

通过设置的问题和推送的资源，让学生的思维处于一种高度的“激发状态”，不要随意地打断学生的思维，不要过早地下定结论，敢于给学生时间整理好思路后充分地表达出来，让他们的思维过程得到展示。对于学生自己可以解决的问题，我们简单处理；对于存在的疑问困惑，我们将推到合作探究环节进一步重点解决。

(二)扒：释疑解惑，合作探究

“扒”的具体内容是扒疑解惑，即根据自查反馈的结果，扒解学生问题，进行释疑解惑，合作探究，过程如图 3-7-4 所示：

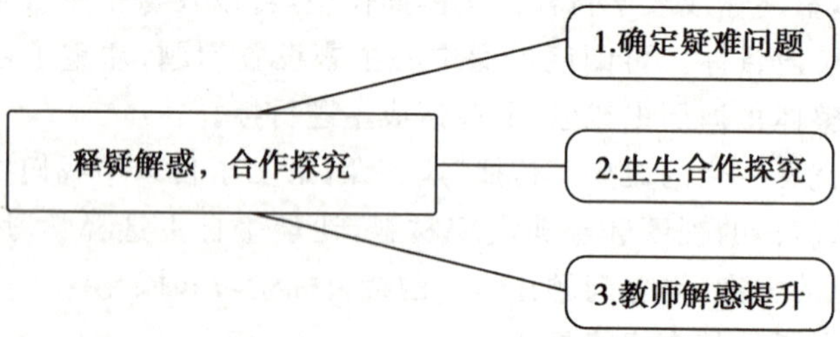

图 3-7-4 扒疑解惑的过程

1. 确定疑难问题

根据学生自查反馈的结果和展示，我们确定汇总疑难问题，由生生合作进行探究，进行相互交流和思维碰撞。

2. 生生合作探究

在合作探究的过程中，要分组进行讨论。为了让合作不流于形式，教师在分组时要考虑学生的差异，如注意男女生的差异、学生学习能力的差异、语言表达的差异、思维活跃程度的差异等。教师给学生布置任务或提出讨论的问题，进行小组讨论。教师在整个过程中应融入其中，不是旁观者，应该积极参与讨论。教师要思考如何由教授者转变为引导者和统筹者，如何由“授之以鱼”转变到“授之以渔”，由教会学生“是什么”转变为教会学生“为什么”。

最后，还要针对问题形成文字。通过平板电脑学习终端上传成果，大家在交流中完善成果，规范思维。借助平板电脑可以更直观、更时效地展示成果，提高课堂效率。

例如，“马克思主义的诞生与传播”一课的第三子目录中，我们提出了探究问题。马克思说：“巴黎公社是特殊条件下的一个城市的起义，也就具有自发性、偶然性，并不是生产关系阻碍了生产力发展的结果。”它是在什么“特殊条件”下爆发的？在交流中让学生完成内容。

3. 教师解惑提升

教师应及时肯定学生作答的正确之处，合理地进行引导和点拨。教师要重在厘清知识内在的逻辑关系，然后回归较科学和完整的结论。通过现代化的教学手段和学科教学有机融合，在一定程度上达到训练开发学生历史思维的目的。

（三）滚：总结提升，拓展探究

“滚”的具体内容是滚动拓展，即根据本节内容，构建知识体系，进行滚动式知识拓展探究，过程如图 3-7-5 所示：

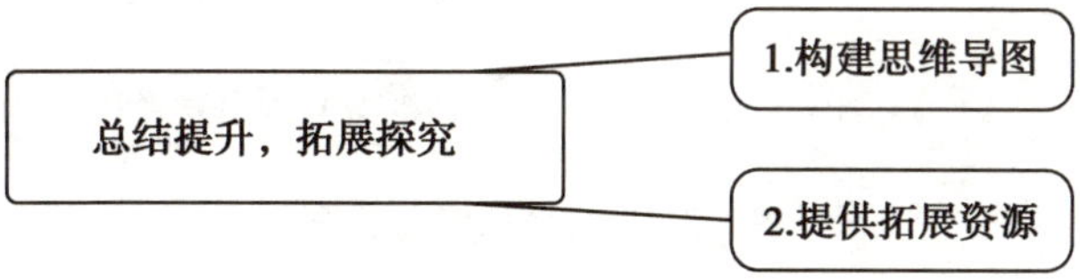

图 3-7-5　滚动拓展的过程

1. 构建思维导图

对于本节课的内容，学生要有自我加工整理的过程，进行总结。而要把这个过程表达出来，我们认为绘制思维导图是一个可取的方式。

所谓“思维导图”，是发散性思维的一种外部表现形式。教师可以根据不同的授课内容确定不一样的思维导图。思维导图有利于学生从单一的思维到多维发散思维的培养，最大限度地训练学生的历史思维。同时，绘制思维导图也是培养学生历史学科核心素养的有效途径。

教师在讲授完本课之后，给学生一定的时间让其从中心主题出发绘制思维导图，并通过平板电脑上传优秀的导图，展示自己的思维过程，大家共同借鉴、交流和学习，教师及时地引导和总结评价。在信息化教学的今天，生生互动、师生互动，创造良好的学习氛围，能更好地发挥信息化教学的作用，解决教学中存在的问题，提高课堂的有效性。

2. 提供拓展资源

通过平板电脑上传与本课重点难点知识有着密切联系的史实，开拓学生视野，适应新高考新课改。历史学科属于人文学科，既需要学科知识深度，又需要有一定的广度，尤其在新课改新形势下，更需要对主干知识的内涵和外延进行把握。现代化教学手段可以辅助我们的教学，教师围绕主干知识及时上传补充资料，学生看得多见得多，阅读量上去了，点滴的积累日久成多，在拓宽视野的同时也增强了阅读理解能力，增强了历史学科素养。

(四)打:强化训练,实践探究

“打”的具体内容是打磨训练,即根据重难点,即时强化训练,进行打磨式实践探究,过程如图 3-7-6 所示:

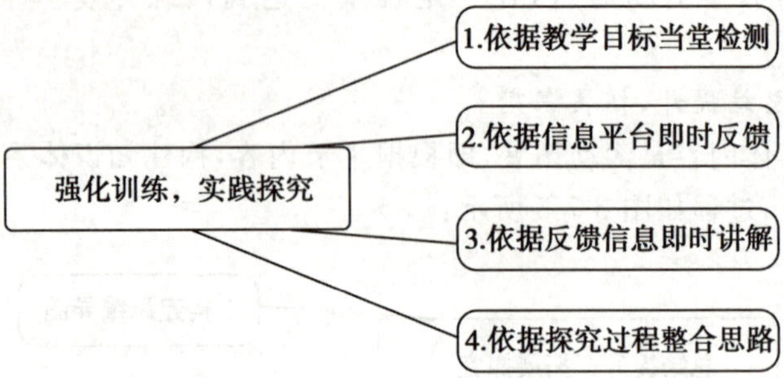

图 3-7-6　打磨训练的过程

1.依据教学目标当堂检测

习题需要精选精练,要有针对性和目的性,围绕教学目标和重难点。习题要有区分度,适合不同层次的学生。习题还要有思维含量,在习题中锻炼学生的逻辑思维能力。通过平板电脑上传习题,强化训练,实践探究。

2.依据信息平台即时反馈

学生做完习题后,教师第一时间获取习题的数据统计和反馈,了解学情,确定需要讲解的习题,查看班级整体情况诊断、个体学生诊断以及每个小题的失分情况。现代化的教学手段在习题的训练中体现了它强大的优势,既减轻了教师的批改负担,又能让教师第一时间掌握学情,体现了即时性和有效性,提高了课堂效率和教学效果。错题统计情况如图 3-7-7 所示:

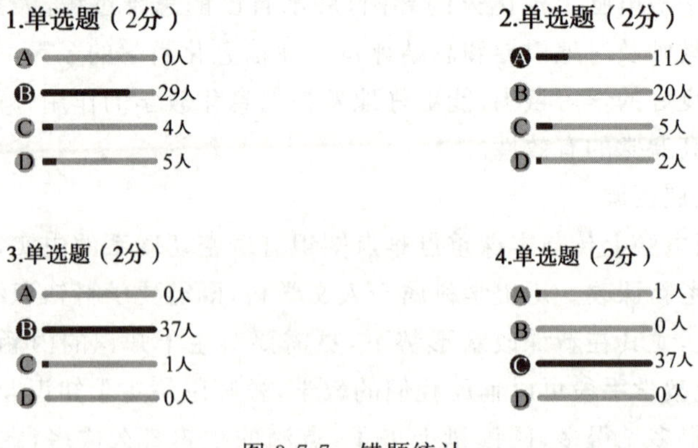

图 3-7-7　错题统计

3.依据反馈信息即时讲解

教师可以根据平板电脑反馈的数据有针对性地讲解。对于错题，学生可以先展示自己的做题思考过程，教师帮助学生分析诊断错因，矫正错误的思维，引导学生的思维向正确的方向发展。在习题中，学生历史思维的矫正需要一定的时间，更需要学生主动地、有意识地改正。同时，对于个别的问题，学生在课后还可以利用平板电脑的聊天功能与教师交流沟通，既促进了教学，又拉近了师生的距离。交流内容如图 3-7-8 所示：

图 3-7-8　师生交流内容

4.依据探究过程整合思路

教师在教学中需要不断地反思，学生在学习的过程中也不能忽视这一环节。反思性学习不仅仅是对知识的回顾，更重要的是对学习方法、思维和策略的总结和研究，使其上升到理性和抽象的高度，再用反思的结果去指导下一次的学习和实践。在这样的反复中，学生的学习和思维会得到不断的锻炼和提升，在反思中使学生真正成为学习的主人。在实践探究之后，我们需要一个时间空隙给学生整合思路，让学生自由表达一下解题时应该注意的问题和启示。

历史教学不仅只有记忆，更重要的是能够让学生对所学的历史史实进行联想、深化理解，发展历史逻辑思维，提高历史核心素养。传统的高中历史教学模式已不适应新高考、新时代的需要。我们需要依托信息化教学手段，提高学生学习历史的兴趣，培养学生自主学习和逻辑思维的能力，适应新高考、新时代的需要。

探究性教学模式是多种教学方式中的一种，不能涵盖教学的全部内容。我们也处在探索和尝试中，大家需要根据实际情况灵活运用。因为时代在突飞猛进地发展，信息化的教学工具会越来越丰富，需要不断地更新和改进，所以基于教育信息化的课堂模式也需要不断地探究和完善。

课例1

北洋军阀统治时期的政治、经济与文化

山东省龙口第一中学　张　阳　徐广艳

一、课程标准

(1)了解北洋军阀的统治及特点。

(2)概述新文化运动的主要内容,探讨其对近代中国思想解放的影响。

二、教材和学情分析

本课是第六单元“辛亥革命与中华民国的建立”中的第二课,起着承上启下的作用,上承辛亥革命,下启五四运动与中国共产党的诞生,主要内容是北洋军阀统治时期的政治、经济与文化。政治上,袁世凯复辟帝制,失败去世后北洋军阀内部的派系纷争很快演变为军阀混战、军阀割据的局面;经济上,民族资本主义进一步发展,民族资产阶级力量壮大,民众日常生活中出现种种新气象;文化上,以陈独秀为代表的中国先进分子发动了抨击旧道德和旧文化、倡导民主与科学的新文化运动,有着解放思想的重大意义。总之,北洋军阀统治时期,中国近代化也在缓慢前行,中国处于社会转型的重要时期,中国民主革命的新生力量也在悄然孕育新曙光。

对于高一的新生,他们对本课内容丰富的历史知识比较感兴趣,但大多数学生历史知识的储备并不充分,历史思维水平也有待提高,需要教师帮助和引导。教师应坚持唯物史观,引导学生掌握北洋军阀统治时期政治、经济、文化的内在联系与互动关系,全面认识新文化运动的来龙去脉及影响,提高历史解释和史料实证素养。教师应借助多媒体现代化手段提供的大量图片、文字和视频等资源,拓展学生的视野,提升学生的能力。

三、核心素养

(1)在时空观念的指导下,通过视频和坐标轴梳理北洋军阀统治时期的基本史实,理解北洋军阀统治时期的黑暗。

(2)立足唯物史观,辩证地认识北洋军阀统治时期的黑暗,同时孕育着曙光。

(3)运用史料实证探究北洋军阀统治时期的政治、经济与文化。

(4)通过了解近代知识分子为实现救亡图存所做的探索,增强民族复兴的使命感和责任感,增强对中华文化的认同感,培养家国情怀。

四、重点和难点

重点:概括北洋军阀统治时期的社会特点,理解新文化运动的内容,认识新文化运动对近代中国思想解放的影响。

难点:正确理解北洋军阀统治时期的政治黑暗,同时中国社会孕育着光明和希望。

五、教学手段

利用信息化教学手段,采用创设历史情境、问题展示、学生主体、教师主导作用等教学方法。

六、设计思路

新课改提倡学生自主学习,强调学生的主体地位,因此本节课的教学充分利用信息化平台和平板电脑这一有利资源条件,围绕主线“政治黑暗,社会变化中孕育着光明和希望”设计问题探究,逐步引导学生理解和突破本课的重点和难点。

七、教学过程

本课例的教学活动和设计意图如表 3-7-1 所示。

表 3-7-1　“北洋军阀统治时期的政治、经济与文化”的教师活动和设计意图

教学环节		教学活动	设计意图
第一步:明确目标,自主探究	环节1:创设教学情境	播放一段有关北洋军阀时期的视频,教师导入设问:我们学习了辛亥革命,辛亥革命虽然结束了封建帝制,建立了中华民国,但未能在短时间内重建社会秩序,中国很快陷入了北洋军阀的混乱中。对于这段历史,鲁迅曾深有感触地说:“见过辛亥革命,见过二次革命,见过袁世凯称帝、张勋复辟,看来看去,就看的怀疑起来,于是失望、颓唐的很。”那么,这一时期的中国真如鲁迅先生所说的那样“失望、颓唐的很”吗?带着问题,我们一起来学习本课内容 学生被视频带入相应的时空背景之下,感受当时的那个时代。依据已有的知识思考问题,进入教学情境	借助信息化教学手段创设情境,促使学生积极主动地进入本课学习,同时落实时空观念素养

续表

<table>
<tr><th colspan="2">教学环节</th><th>教 学 活 动</th><th>设 计 意 图</th></tr>
<tr>
<td>第一步：明确目标，自主探究</td>
<td>环节 2：设置有效问题</td>
<td>(1)请同学们根据第 113～115 页第一段，自主梳理主干知识，完善坐标。根据时间轴事件总结这一时期的政治特征，要求史论结合。具体坐标如下图所示：
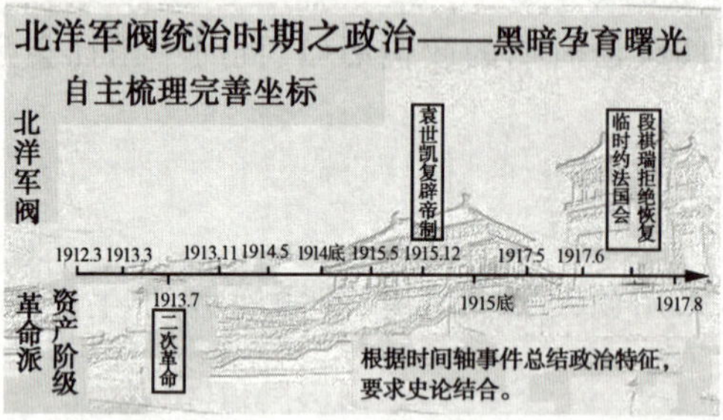

(2)有人说北洋政府完全是卖国政府，请同学们结合档案史料和课本第 115 页第二段，谈谈你对这一时期北洋政府外交的看法
(3)北洋军阀统治时期政治领域虽然黑暗，但黑暗中孕育着曙光，那么这一时期的经济和社会生活发生了怎样的变化？发生变化的原因是什么？这些变化又会给中国带来怎样的希望呢？
(4)北洋军阀统治时期之思想——新文化运动(变化孕育着光明)，请同学们根据课本完成下面的表格：
<table>
<tr><td rowspan="5">概况</td><td>兴起标志</td><td></td></tr>
<tr><td>主要阵地</td><td></td></tr>
<tr><td>代表人物</td><td></td></tr>
<tr><td>前期指导思想</td><td></td></tr>
<tr><td>时间</td><td></td></tr>
</table>
(5)新文化运动为何在思想领域革命？(依据第 117 页史料阅读和以往救国方案考虑)
(6)要改造一个国家国民集体的灵魂，难度可想而知，那么新文化运动的干将们给出了怎样的治国良方呢？</td>
<td>(1)树立时空意识，归纳表述认识北洋军阀统治特征，培养论从史出、史料实证能力
(2)以材料问题的形式导入，既能调动学生探究知识的欲望，又能使知识环环相扣
(3)回顾所学，了解近代知识分子为实现救亡图存所作的探索与努力，涵养家国情怀，同时为后续教学作铺垫</td>
</tr>
</table>

续表

教学环节		教学活动	设计意图
第一步：明确目标，自主探究	环节3：提供学习资源	为解决以上问题，教师借助平板电脑向学生推送相关的学习资源，包括视频、图片、文字材料等，例如下面的文字材料： (1)针对日本提出在内蒙古课税、开埠、合办工农业等要求，袁批：“办不到。”他还写道：“各条内容多有干涉内政侵犯主权之处，实难同意。”但最终部分接受，签订《中日民四条约》。——天津历史档案馆 (2)史料：顾吾国之大患，莫大于与武人之争雄，南与北如一丘之貉。——孙中山护法运动失败后的通电	借助多媒体推送学习资源，并设置问题，激发学生的思维
	环节4：学生自查反馈	学生依据教师提供的学习资源和教材，自主探究，解决问题，自查反馈。不要随意地打断学生的思维，不要过早地下定结论，敢于给学生时间整理好思路后充分地表达出来，让他们的思维过程得到展示。在反馈的过程中，对于简单的错误由学生互相纠正和补充，教师及时地点拨和鼓励 根据反馈结果确定疑难问题，需要进一步释疑解惑，合作探究	通过设置的问题和推送的资源，让学生的思维处于一种高度的“激发状态”
第二步：释疑解惑，合作探究	环节1：确定疑难问题	根据学生的自查结果，明确疑难问题： (1)总结北洋军阀统治时期的政治特征，要求史论结合 (2)民族工业发展的有利因素是什么？给中国带来了怎样的希望？ (3)新文化运动为何在思想领域革命？	
	环节2：生生合作探究	教师根据学生的差异性进行小组划分，随时关注学生的交流情况，融入学生之中把握学情。具体要求： (1)通过完善北洋军阀统治时期的时空坐标来总结政治特征 (2)通过整理回顾民族工业发展历程，结其发展的有利因素以及给中国带来的希望 (3)以文字说明的方式简要总结新文化运动为何在思想领域革命	通过平板电脑上传学生的交流成果，大家共享，在探究中实现教学目标

续表

教学环节		教学活动	设计意图
	环节2：生生合作探究	学生各抒己见，讨论交流。组长负责整理思路和要点，展示交流的成果。例如，过完善北洋军阀统治时期的时空坐标来总结政治特征，具体如下图所示： 北洋军阀统治时期之政治——黑暗孕育曙光 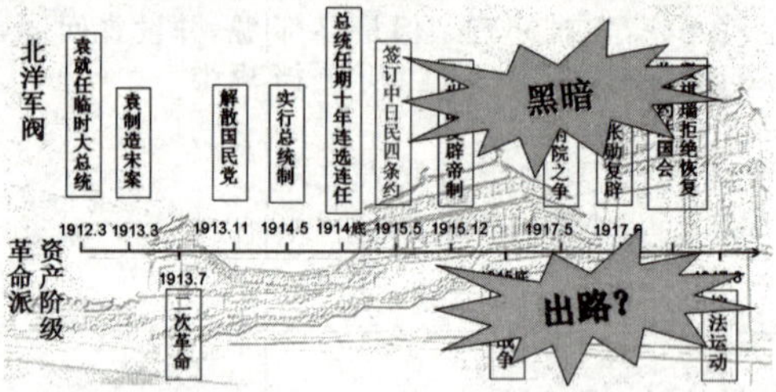	通过平板电脑上传学生的交流成果，大家共享，在探究中实现教学目标
第二步：释疑解惑，合作探究	环节3：教师解惑提升	【释疑解惑】 在合作交流中学生还会产生新的疑惑，教师要对课本的内容和学生新的疑问进行深入讲解和拓展，使学生加深对知识的理解： (1)北洋军阀对内专制独裁，政局混乱，内部争权夺利，对外投靠帝国主义。资产阶级革命派为维护共和反对专制进行斗争，这种斗争有没有从根本上改变中国军阀专制独裁的局面？护法运动的失败说明资产阶级领导的旧民主主义革命即将走到尽头，共和之路漫漫，任重道远，中国出路在哪儿？对此孙中山进行了反思：革命要成功，依靠一派军阀打另一派军阀行不通，必须寻找新的革命力量和革命出路。后来孙中山北上，实现了一生中的伟大转变。他改组国民党，建立黄埔军校，实现国共合作，这就是曙光，这就是希望 (2)北洋政府虽然卖国，但在维护国家主权方面却作出了一定的努力。如果没有巴黎和会上的舌枪唇战，就没有拒绝在《凡尔赛和约》上签字；如果没有华盛顿会议上的据理力争，就没有山东主权的收回。所以说北洋政府的外交努力在一定程度上改变了外交软弱妥协的形象，为中国赢得了一定的国际声望。但袁世凯由最初"办不到"到最终部分接受"二十一条"的无奈之举反映了什么？实力不允许。中国虽然是一战战胜国，但巴黎和会外交仍失败，共同反映了什么？外交的后盾是国力，弱国无外交。这就进一步激发了民众爱国救亡意识的觉醒，五四运动风雷涌动，这就是光明，这就是希望	(1)借助信息化教学手段进行知识拓展，开阔学生的视野，培养学生归纳总结的能力

续表

<table>
<tr><th colspan="2">教学环节</th><th>教　学　活　动</th><th>设　计　意　图</th></tr>
<tr><td>第二步：释疑解惑，合作探究</td><td>环节3：教师解惑提升</td><td>(3)民族资本主义进一步发展：工人阶级壮大，为新民主主义革命和中国共产党的成立奠定了基础；新的革命浪潮即将到来，沉沦到谷底的近代中国孕育着复兴向上的勃勃生气。而民族资产阶级力量的壮大，继续在思想领域反封建，掀起了新文化运动(1915～1919)，从而使这一时期的思想发生了重大变化
(4)新文化运动以民主和科学为旗帜，矛头直指封建礼教，有力推动了中国文化由维持礼教变为批判礼教，由压抑人性变为重视人性，由维护专制统治变为适应民主政治，极大地解放了思想，给当时的中国注入了一股新鲜的血液，给中国带来了光明
【总结】一百年之前，北洋军阀纵横捭阖，翻云覆雨，政治黑暗。但黑暗中孕育了曙光。国难危急之际，一批理性担当、心系苍生的国人奋勇抗争：孙中山愈挫愈勇，心向共和，反对专制；实业家们实业救国，夹缝生存，创造春天；新文化运动干将们以笔当枪，重铸国魂。时至今日，他们的精神仍在我们的血脉中搏动，化成了“少年强则国强”的期望。</td><td>(2)借助平板电脑推送资源，从“史料实证”和“历史解释”角度解读相关知识
(3)增强承担民族复兴的使命感和责任感，增强对中华文化的认同感，培养家国情怀。</td></tr>
<tr><td rowspan="2">第三步：总结提升，拓展探究</td><td>环节1：构建思维导图</td><td>教师引导学生构建思维导图，注意事件之间的内在联系，然后上传平板电脑，展示优秀的内容。如下图所示：
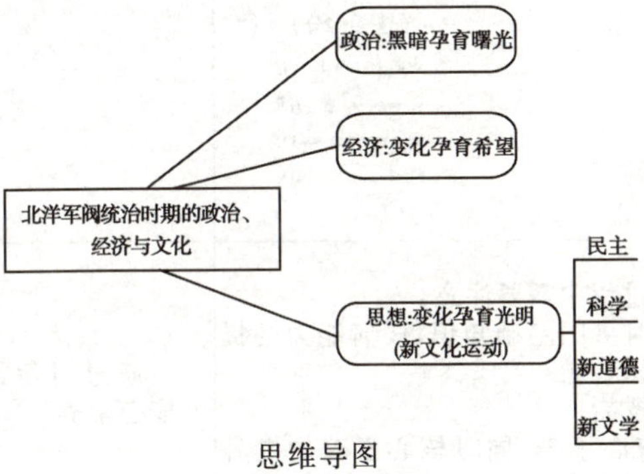

思维导图</td><td>借助平板电脑展示学生的思维过程，培养学生的逻辑思维能力</td></tr>
<tr><td>环节2：提供拓展资源</td><td>提供课后拓展资源：
(1)陈旭麓：《近代中国社会的新陈代谢》部分相关内容
(2)日本灭亡中国的“二十一条”和府院之争等相关内容</td><td>通过平板电脑上传相关的拓展资料，让学生开阔视野，储备知识，适应新高考的需要</td></tr>
</table>

续表

<table>
<tr><th colspan="2">教学环节</th><th>教 学 活 动</th><th>设 计 意 图</th></tr>
<tr><td rowspan="4">第四步：强化训练，实践探究</td><td>环节1：当堂检测</td><td>通过平板电脑发送选择题，做完提交，即时反馈讲解。部分习题如下：
1.北洋时期，各种错综复杂的矛盾，北洋军阀内部的派系纷争，发展为军阀混战、军阀割据局面。其中直系军阀以(　　)为首。
A.段祺瑞　　B.冯国璋
C.张作霖　　D.黎元洪
2.胡适在1923年写给友人的信中这样描述："25年来，只有三个杂志可代表三个时代，可以说创造了三个时代：一是《时务报》，一是《民报》，一是《新青年》。"其中《新青年》所创造的"时代"指的是(　　)。
A.民主科学时代　B.君主立宪时代
C.民主共和时代　D.尊孔复古时代</td><td>借助平板电脑强化训练，即时反馈学习情况</td></tr>
<tr><td>环节2：即时反馈</td><td>学生自主答题，根据平台反馈的信息，有针对性地探究。习题统计情况如下图所示：
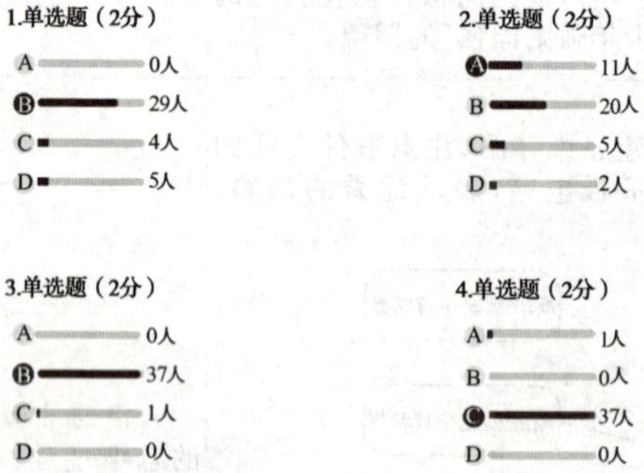
</td><td>借助平板电脑即时反馈，有针对性地纠正和规范历史思维</td></tr>
<tr><td>环节3：即时讲解</td><td>教师在讲解的过程中需要注意：
(1)讲知识，及时巩固基础知识，任何能力的提升都离不开基础知识
(2)讲方法，讲技能
(3)培养历史核心素养，同时核心素养的提升也有利于做题能力的提高</td><td>通过讲解，总结提升历史核心素养</td></tr>
<tr><td>环节4：整合思路</td><td>教师在教学中需要不断反思，学生在学习的过程中也不能忽视这一环节。给学生时间，让学生消化吸收本节课的内容，整理知识，整理方法，使其上升到理性和抽象的高度</td><td>在反思中提升</td></tr>
</table>

课例 2

马克思主义的诞生与传播

山东省龙口第一中学　冯翠丽　解云红

一、学科指导意见

简述《共产党宣言》的主要内容，通过了解马克思主义诞生的时代背景以及马克思、恩格斯的理论探索与革命实践，理解马克思主义产生的世界意义。

二、教材和学情分析

本课是高中历史教科书必修一《中外历史纲要》(下)第五单元“工业革命与马克思主义的诞生”的第11课，是工业革命后思想领域的一大变化。教材中的“马克思主义的诞生与传播”主要讲了三个问题，即马克思主义诞生的时代背景、标志内容和发展实践。由于本课内容的理论性较强，学生不易理解，容易产生倦怠感。同时，学生之前对这方面的知识接触不多，因此在本课的设计中，应力争使语言具有感染力和渲染性，简化复杂的理论，通过开展课堂自主探究活动来调动学生的积极性，激发学生的创新意识。

三、核心素养

(1)从“历史解释”的角度解读科学社会主义和空想社会主义概念。

(2)从“史料实证”的角度解读《共产党宣言》的内容，即马克思主义的基本原理。

(3)从“唯物史观”的角度解读马克思主义的科学性及不断丰富和发展的理论。

四、重点和难点

重点：《共产党宣言》的主要内容，马克思主义产生的世界意义。

难点：马克思主义的科学性；马克思、恩格斯的理论探索与革命实践。

五、教学手段

利用信息化教学手段，通过“互联网＋”提供学习资源，以学生自主探究为主。

六、设计思路

新课程倡导学生自主学习、探究学习、合作学习，强调学生在教学活动中的主体地位。因此，本节课的教学设计充分利用“互联网＋”的有利资源条件，围绕“马克思为什么改造世界、如何改造以及改造世界的尝试和意义”这条主线，通过三大问题探究，引导学生步步深入理解“马克思主义的诞生”的条件、其社会主义理论的“科学性”和现实指导意义及巴黎公社相关问题，为学生提供一种唯有通过历史这个学科的学习才能获得的体验和启迪，培养学生分析历史资料和归纳分析问题的能力。

七、教学过程

本课例的教学活动和设计意图如表 3-7-2 所示。

表 3-7-2　“马克思主义的诞生与传播”的教师活动和设计意图

<table>
<tr><th colspan="2">教学环节</th><th>教　学　活　动</th><th>设　计　意　图</th></tr>
<tr><td rowspan="2">第一步：明确目标，自主探究</td><td>环节 1：创设教学情境</td><td>展示《国际歌》的歌词，根据预习材料提供的背景，一起回顾相关内容，高昂激情地朗诵歌词，提问：最早领导无产阶级打碎旧世界的理论是什么？学生回答后，展示课题和本课课标。在解读课标的基础上，带领学生探究问题：为什么要改造旧世界（时代背景）？如何改造的（基本原理）？改造世界的尝试（实践意义）？引领本课线索</td><td>激发学生的学习兴趣，拉近学生与教师之间的距离，使学生积极主动地进入本课学习</td></tr>
<tr><td>环节 2：设置有效问题</td><td>1. 为什么要改造世界？（时代背景）
（1）平板电脑出示视频《当时的世界》：让学生感知当时的欧洲政治经济状况。面对资本主义的弊端，19 世纪初，一些思想家和社会改革家纷纷提出了改造社会的方案，形成了一股空想社会主义的思潮，主要代表人物是圣西门、傅立叶和欧文
（2）19 世纪初思想家的探寻。根据平板电脑提供的五小段材料（课前预习材料内容），对空想思想家对社会根源的认识、改造世界的方案和手段以及失败的原因进行探讨，让学生根据材料回答，填写下表：
<table><tr><th>思想家</th><th>社会认识</th><th>方案</th><th>依靠力量</th><th>手段</th><th>规律、矛盾</th></tr><tr><td>圣西门</td><td></td><td></td><td></td><td></td><td></td></tr><tr><td>傅立叶</td><td></td><td></td><td></td><td></td><td></td></tr><tr><td>欧　文</td><td></td><td></td><td></td><td></td><td></td></tr></table></td><td>（1）视频激发学生的兴趣，教师一边用问题引领，一边出示结构图。理解资本主义社会弊端暴露、需要改造旧世界的必然性
（2）培养学生自主学习和解读材料的能力，理解空想社会主义思想虽然失败，但为马克思的改造方案提供了思想的借鉴，也为探讨马克思主义的“科学性”埋下了伏笔</td></tr>
</table>

续表

<table>
<tr><th colspan="2">教学环节</th><th>教 学 活 动</th><th>设 计 意 图</th></tr>
<tr><td rowspan="3">第一步：明确目标，自主探究</td><td>环节 2：设置有效问题</td><td>(3)19 世纪 30～40 年代工人阶级的抗争。
展示地图：点出 19 世纪 30～40 年代法、英、德三大工人运动图
出示三大工人运动的口号，引导学生理解这时的工人阶级开始有组织地进行经济、政治的斗争要求，意味着思想的觉醒，开始以独立的力量登上了历史的舞台，成为接下来改造世界的主要力量
2. 如何改造世界？（基本原理）
教师：根据大屏幕提出的问题解读《共产党宣言》的内容。结合平板电脑上提供的两种学习资源——视频资料和文献材料，大家自主选择学习资源，哪一种都可以解决以下问题。
(1)方案：社会发展的基本规律是什么？
改造世界的力量是什么？（依靠力量）
改造世界的方式是什么？（斗争方式）
改造成怎样的新世界？（奋斗目标）
(2)马克思、恩格斯又对理论进行了怎样的丰富和发展？
3. 改造世界的尝试（实践和世界意义）
(1)1864 年“第一国际”成立
(2)巴黎公社的运动
马克思说：“巴黎公社是特殊条件下的一个城市的起义，也就具有自发性、偶然性，并不是生产关系阻碍了生产力发展的结果。”它是在什么“特殊条件”下爆发的？（见预习材料）
引导学生结合预习材料的介绍，理顺过程，得出巴黎公社革命是普法战争影响下，法国国内民族矛盾和阶级矛盾激化的产物，带有自发性和偶然性的因素，并不是在科学理论指导下有组织有准备的革命
根据平板电脑提供的素材，让学生阅读关于巴黎公社革命过程的详细介绍。
思考：为什么说巴黎公社是无产阶级政权？巴黎公社失败的原因有哪些？根本原因是什么？
学生阅读材料后分析得出答案</td><td>(3)通过对工人表达不满方式的前后对比，得出其以独立力量登上历史舞台，呼唤科学理论诞生的结论
(4)提供两种资源，培养学生自主学习的兴趣，培养从不同史料提炼有效信息的能力，懂得两种史料资源可以相互印证
(5)培养学生解读材料的能力，让学生充分理解巴黎公社革命爆发的偶然性和时代赋予的必然性</td></tr>
<tr><td>环节 3：提供学习资源</td><td>为解决以上问题，借助平板电脑向学生推送相关的视频文字材料和相应的补充内容</td><td>带着问题，借助学习资源，充分调动学生的思维，培养自主探究能力</td></tr>
<tr><td>环节 4：学生自查反馈</td><td>依据教师提供的学习资源和教材进行自主探究，解决问题，自查反馈
根据反馈结果确定疑难问题，需要进一步释疑解惑，合作探究</td><td>将学生自学与教师解疑相结合</td></tr>
</table>

续表

<table>
<tr><th colspan="2">教学环节</th><th>教学活动</th><th>设计意图</th></tr>
<tr><td rowspan="3">第二步：释疑解惑，合作探究</td><td>环节1：确定疑难问题</td><td>根据学生的自查结果，明确疑难问题：
(1)《共产党宣言》的主要内容，理解马克思主义的“科学性”
(2)理解“第一国际”、巴黎公社，说明马克思主义的丰富和发展</td><td></td></tr>
<tr><td>环节2：生生合作探究</td><td>教师根据学生的差异性进行小组划分，随时关注学生的交流情况，融入学生之中；学生各抒己见，讨论交流，组长负责整理思路和要点，并展示交流的结果</td><td></td></tr>
<tr><td>环节3：教师解惑提升</td><td>【释疑解惑】
1. 如何改造世界？（解读《共产党宣言》的内容）
教师：我给同学们在平板电脑上提供了两种学习资源，即视频资料和文献资料，供大家自主选择。哪一种都可以解决以上问题。
(1)方案：社会发展的基本规律是什么？
改造世界的力量是什么？（依靠力量）
改造世界的方式是什么？（斗争方式）
改造成怎样的新世界？（奋斗目标）
(2)马克思、恩格斯又对理论进行了怎样的丰富和发展？
学生展示上述问题的答案，落实基础知识
教师：在探究过程中比较马克思的这个方案与空想社会主义思想的不同，而这一不同正是马克思主义理论的科学性的表现，也是《共产党宣言》的发表标志着马克思主义诞生的理由。请填写下表：
<table><tr><th></th><th>空想社会主义</th><th>马克思主义</th></tr><tr><td>规律矛盾</td><td>未认清社会矛盾
未认识无产阶级</td><td></td></tr><tr><td>依靠力量</td><td>富人、资产阶级</td><td></td></tr><tr><td>手段</td><td>改良</td><td></td></tr><tr><td>最终目标</td><td>空想的理想化社会</td><td></td></tr></table>
教师：马克思主义的诞生意味着无产阶级从此有了科学理论的指导，工人运动蓬勃发展，必定会对人类社会进程产生深远的影响</td><td>(1)借助信息化教学手段进行知识拓展，开阔学生的视野，培养学生归纳总结的能力
(2)借助平板电脑推送资源，从“史料实证”的角度和“历史解释”的角度解读相关知识</td></tr>
</table>

续表

教学环节		教学活动	设计意图
第二步：释疑解惑，合作探究	环节3：教师解惑提升	教师：理论来源于实践，马克思改造世界的方案正是在总结工人运动和人类思想文明成果的基础上提出了科学的理论，而科学的理论更需要得到实践的检验。1871年爆发的巴黎公社运动就是对马克思主义理论的检验 2.改造世界的尝试——巴黎公社 (1)马克思说："巴黎公社是特殊条件下的一个城市的起义，也就具有自发性、偶然性，并不是生产关系阻碍了生产力发展的结果。"它是在什么"特殊条件"下爆发的？ 教师：引导学生结合预习材料的介绍，理顺过程，得出巴黎公社革命是在普法战争影响下，法国国内民族矛盾和阶级矛盾激化的产物，带有自发性和偶然性的因素，并不是在科学理论指导下有组织、有准备的革命 (2)根据平板电脑提供的素材，让学生朗读人教版课本中关于巴黎公社革命的过程 教师：通过过程，分析出这是一次用暴力方式推翻资产阶级政权、建立无产阶级专政的尝试。 思考：为什么说巴黎公社是无产阶级政权？ 教师：提供摘自《共产党宣言》的概念解读： 无产阶级政权：无产阶级用暴力方式夺取资产阶级政权，然后打碎旧的国家机器，通过人民群众民主选举的方式组建新的国家政权，无产阶级掌握这个政权 学生：根据提供的概念特征，结合巴黎公社的措施来说明巴黎公社的性质 教师：既然巴黎公社未受马克思主义指导，为什么还能建立无产阶级政权呢？(让学生根据时代背景理解) 教师：在解读巴黎公社失败的基础上，探究巴黎公社失败的原因有哪些？根本原因是什么？ 学生讨论后得出材料中提供的答案，教师再进一步问：如果以上失败的因素都避免，是不是就意味着巴黎公社会成功呢？ 教师进一步引导：巴黎公社革命最终以它最为悲壮的形式失败了，它的失败留给了我们怎样的经验教训？ 在前面学习过程中的渗透让学生自由回答，引导学生思考得出正确答案	(3)在对《共产党宣言》内容解读的基础上，和空想社会主义进行比较，升华出马克思主义是一种科学的社会主义理论，是正确改造世界的方案，顺理成章地点出其意义 (4)充分利用"互联网+"的优势，通过课前预习材料的学习，起到事半功倍的效果 (5)通过思考题的设计，让学生充分理解巴黎公社革命爆发的偶然性和时代赋予的必然性

续表

教学环节		教 学 活 动	设 计 意 图
第二步：释疑解惑，合作探究	环节3：教师解惑提升	教师：从巴黎公社的经验中我们可以看出，用暴力手段打碎旧的国家机器，建立无产阶级新政权“恰是”马克思主义理论中所论述的方式，所以说巴黎公社是马克思主义理论的一种实践。不仅如此，同学们看这本书《法兰西内战》，这是马克思在巴黎公社失败后的第三天写成的，可以说是对巴黎公社的一个总结。这说明，巴黎公社革命不仅是对马克思主义理论的实践，更是对马克思主义理论的丰富和发展 【总结】巴黎公社的硝烟早已散去，回首这段历史，如昙花一现般短暂，却时刻震撼人心。“要为真理而斗争！把旧世界打个落花流水，不要说我们一无所有，我们要做天下的主人。”这是那个时代的深情呐喊，这是对丑陋社会的无情批判。从此，共产主义者们用生命践行着心中的理想，开始了改造世界的新征程	(6)合作探究材料提供的有效信息，培养合作探究的能力。问题引领式探究，锻炼学生全面解决问题的能力，让学生大胆发言，锻炼发散思维能力
第三步，总结提升，拓展探究	环节1：构建思维导图	1. 教师引导学生构建思维导图，注意事件之间的内在联系，然后上传平板电脑，展示优秀的内容。 学生成果如下图所示： 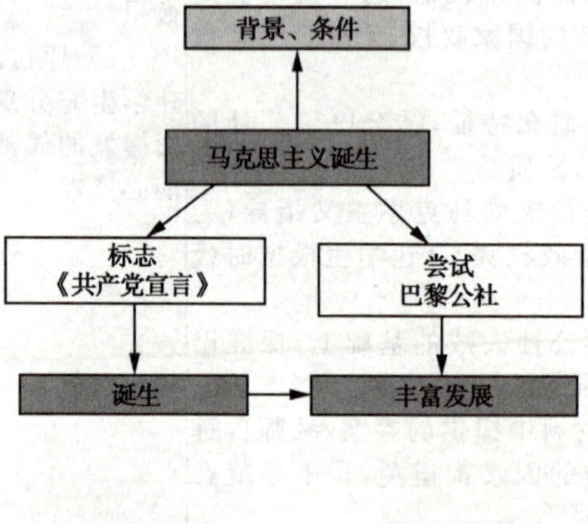 	借助平板电脑展示学生思维过程
	环节2：提供拓展资源	提供课后拓展资源：《法兰西内战》《马克思主义的时代性》，理解马克思主义不断丰富发展的过程和在当今世界的意义	通过拓展资料，让学生开阔视野，储备知识，适应新高考的需要

续表

<table>
<tr><th colspan="2">教学环节</th><th>教学活动</th><th>设计意图</th></tr>
<tr><td rowspan="4">第四步：强化训练，实践探究</td><td>环节1：当堂检测</td><td>利用平板电脑，当堂提供有针对性的检测题</td><td>强化训练，及时查漏补缺</td></tr>
<tr><td>环节2：即时反馈</td><td>学生自主答题，根据平台反馈的信息，有针对性地探究，展示成果如下图所示：
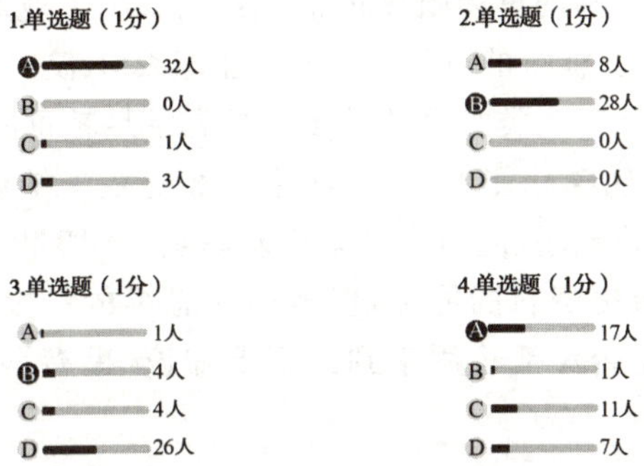
</td><td>借助平板电脑强化巩固知识，纠正和规范历史思维，反思总结</td></tr>
<tr><td>环节3：即时讲解</td><td>根据错点有针对性地讲解，讲思路、讲方法，对重点和难点知识进行及时的复习巩固</td><td>及时查漏补缺，及时打磨重点和难点</td></tr>
<tr><td>环节4：整合思路</td><td>学生根据讲解加深对知识的理解，及时巩固，整理答题思路和错题原因，进行思路的整合</td><td>有利于训练整合学生的做题思路</td></tr>
</table>

课例 3

资本主义世界市场的形成

山东省龙口第一中学　徐广艳

一、学科指导意见

了解新航路开辟引发的全球性流动、人类认识世界的视野和能力的改变，以及对世界各区域文明的不同影响，理解大航海时代是人类历史从分散走向整体的重要节点。

了解工业革命带来的生产力发展以及引起的生产关系变化，理解工业革命对资本主义世界体系形成及对人类社会生活的深远影响。

二、教材学情分析

本专题涉及人民教育出版社新编高中教科书《历史·必修下》第三单元第6～7课和第五单元第10课的教学内容，展现的是从新航路的开辟到第一次世界大战前资本主义世界市场形成的历史，涉及的主要知识点包括迪亚士等人开辟的新航路，西班牙、葡萄牙等西欧各国的早期殖民扩张，第一、二次工业革命，资本主义世界市场的产生和发展。新航路的开辟、两次工业革命不仅对欧洲意义非凡，而且对于我们认识世界、认识人类社会的进步也具有举足轻重的意义。

本专题是针对学生的一轮深化复习，基于学生已经对主干知识系统掌握，所以在知识梳理方面不用大费笔墨，但新高考采用新材料、新情景，命题形式灵活多样，学生虽有初步分析历史资料的能力，但他们在思维的广度和深度上还需要教师进行进一步引导，能否灵活运用学到的主干知识、提高学科素养是一大难点。

三、核心素养

(1)从“历史解释”的角度解读世界市场概念。

(2)从“唯物史观”等多个角度评价新航路开辟所带来的影响。

(3)从“时空观念”的角度分析资本主义世界市场形成发展的重要标志性事件(如新航路的开辟、第一次工业革命、第二次工业革命)对中国社会产生的重大影响。通过中西历史走向的差异比较，引导学生树立包容开放的文明观与世界观，体现家国情怀。

(4)通过对重点历史概念和高考真题的讲解与训练，提升学生的解题技巧，培养学生阐释历史问题、归纳概括及调动运用所学知识的能力，使知识得到理性升华。

四、教学重难点

重点：

(1)资本主义世界市场形成的三个阶段和每个时期的阶段特征。

(2)英国工业革命的背景和成就。

(3)两次工业革命的影响。

难点：

(1)加强中西联系，分析资本主义世界市场形成对中国的影响，培养学生的时空观念。

(2)如何把握本专题在高考中的命题规律和全国Ⅰ卷中针对高考第42题(开放性试题)的做题方法。

(3)如何多角度用不同史观评价历史事件。

五、教学手段

运用现代信息技术推送高频考点、自主探究题、高考题、学生拓展资源及自查反馈信息,以学生为主,提升学生的历史思维能力。

六、教学思路

新课程强调重视培养学生的历史学科素养,提升学生在教学活动中的主体地位,因此本节课的教学设计充分利用现代信息技术这一有利资源条件,围绕"资本主义世界市场形成和发展"这一主题设置有效问题,学生利用平板电脑推送的导学案和一轮复习资料自主学习,并进行小组探究获新知,提升合作探究能力,充分体现学生的主体地位。对于疑难问题,教师可借助平板电脑推送高考真题并根据学生自查反馈的结果及时讲解。

七、教学过程

本课例的教学活动和设计意图如表3-7-3所示。

表3-7-3 "资本主义世界市场的形成"的教师活动和设计意图

教学环节		教学活动	设计意图
第一步:明确目标,自主探究	环节1:创设教学情境	同学们,本专题在世界史上的地位尤其重要,是世界近代工业文明的奠基、勃兴阶段,同时也是全国卷高考的高频考点。本专题在近几年的高考中有所涉及,从命题的题型来看,新课标卷都以选择题和非选择题的形式呈现,其中2018年新课标全国Ⅰ卷第42题以小论文题即开放性试题的形式呈现,2014年新课标全国Ⅱ卷以第41题加以考查。从材料呈现的形式来看,主要以文字型材料和图表型材料为主,通过中西横向联系和纵向对比来考查第一、第二次工业革命和新航路的开辟等高频考点。从命题重点看,主要倾向于两次工业革命的影响。新航路的开辟对于人类不同文明的交流与碰撞所产生的影响也是需要重点关注的内容。本专题在近几年涉及的高考题如下表所示:	通过介绍本专题的重要地位并以表格形式列举高频考点,使学生明确本专题在高考中怎么考、考什么

续表

<table>
<tr><th colspan="2">教学环节</th><th>教 学 活 动</th><th>设 计 意 图</th></tr>
<tr><td rowspan="2">第一步：明确目标，自主探究</td><td>环节1：创设教学情境</td><td>本专题近几年涉及的高考题
<table>
<tr><th>世界近代早期的资本主义世界市场</th><th>两次工业革命及资本主义世界市场形成</th></tr>
<tr><td>2014 年全国Ⅱ卷，第 41 题
2015 年全国Ⅱ卷，第 32 题
2016 年全国Ⅱ卷，第 40 题
2017 年全国Ⅰ卷，第 42 题
2017 年全国Ⅱ卷，第 40 题
2018 年全国Ⅰ卷，第 42 题
2018 年全国Ⅱ卷，第 33 题
2019 年全国Ⅰ卷，第 33 题</td><td>2014 年全国Ⅱ卷，第 33 题
2015 年全国Ⅱ卷，第 33 题
2016 年全国Ⅱ卷，第 33 题
2016 年全国Ⅲ卷，第 33 题
2017 年全国Ⅰ卷，第 33 题
2018 年全国Ⅰ卷，第 34 题
2018 年全国Ⅱ卷，第 41 题
2019 年全国Ⅰ卷，第 34 题</td></tr>
</table></td><td></td></tr>
<tr><td>环节2：设置有效问题</td><td>教师通过平板电脑推送自主学习探究问题
1.基础落实
(1)对于哥伦布发现美洲这一重大历史事件，人们存在“偶然的”和“必然的”两种看法。你的观点如何？
(2)新航路开辟对欧、亚、非、美有何影响？
(3)英国开展第一次工业革命的政治前提和条件是什么？
(4)工业革命对世界产生的影响有哪些？(可从生产力、生产关系、国际关系、社会问题、思想文化、社会生活等角度考虑)
(5)两次工业革命有哪些突出成就？有哪些不同特点？如何辩证地评价资本主义世界市场的形成？
2.能力提升
(1)结合世界市场形成的因素，分析新航路开辟是如何推动世界市场开始形成的
(2)资本主义世界市场产生、发展的三个重要时期(新航路开辟、第一次工业革命、第二次工业革命)对中国有何重大影响？(从政治、经济、文化等多个角度来考虑)
(3)用多元史观评价新航路开辟
学生根据教师列出的基础型和能力型问题进行自主学习探究，并将疑难问题自行整理出来</td><td>(1)利用平板电脑这一现代信息技术手段，发挥学生的主体地位，夯实主干知识
(2)推送能力提升题来培养学生的唯物史观、时空观念等基本学科素养</td></tr>
</table>

续表

<table>
<tr><th colspan="2">教学环节</th><th>教　学　活　动</th><th>设　计　意　图</th></tr>
<tr><td rowspan="2">第一步：明确目标，自主探究</td><td>环节 3：提供学习资源</td><td>教师为解决以上问题，借助平板电脑向学生推送学习资源自主学习，如本专题的导学案、《步步高》一轮复习资料等。推送的导学案如下图所示：
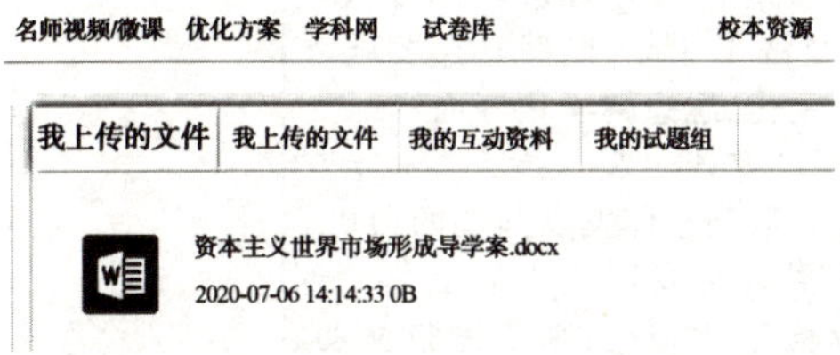

学生利用导学案和现有资料构建主干知识框架，解决疑难问题</td><td>带着问题，借助学习资源，调动了学生的积极性，提升了学生自主探究学习的能力</td></tr>
<tr><td>环节 4：学生自查反馈</td><td>学生根据教师提供的学习资源和教辅资料自主学习，自查反馈。根据自查反馈结果确定疑难问题，为下一步要进行的释惑解疑、合作探究环节作准备。</td><td>学生自查反馈，确立疑难问题，便于合作探究</td></tr>
<tr><td rowspan="2">第二步：释疑解惑，合作探究</td><td>环节 1：确定疑难问题</td><td>教师：从自查反馈的情况来看，同学们主干知识掌握得不错，但由于同学们时间有限，资料有限，疑难问题解决情况不容乐观，历史思维能力有待提高。
学生：明确疑难问题为：
(1)高中生到底需要掌握几种史观？如何运用到对重大历史事件的评价中？
(2)世界市场形成的主要因素有哪些？新航路开辟是如何推动世界市场开始形成的？
(3)资本主义世界市场形成三个阶段的重要标志(新航路开辟、第一次工业革命、第二次工业革命)对中国有何影响？(可从政治、经济、文化等角度考虑)
(4)高考小论文题解题思路</td><td>确定疑难问题，既能为小组合作探究提供素材，又能提升学生思考问题、发现问题的能力</td></tr>
<tr><td>环节 2：生生合作探究</td><td>教师把同学们分成 8 个小组，将课下搜集整理的资料及疑难问题集中讨论和交流。教师随时关注学生的交流情况，以便及时融入学生的讨论中</td><td>注重提高学生小组合作探究和解决问题的能力</td></tr>
</table>

续表

<table>
<tr><th colspan="2">教学环节</th><th>教 学 活 动</th><th>设 计 意 图</th></tr>
<tr><td>第二步：释疑解惑，合作探究</td><td>环节3：教师解惑提升</td><td>

【释疑解惑】

教师：中学生需要掌握的史观主要有：

(1)现代化史观：即近代化史观，指世界各国的历史是由传统的农业社会向工业社会不断变迁的历史，其核心内容是经济工业化，同时还包括与工业化相适应的政治民主化、思想科学化等内容

(2)全球史观：或称“整体史观”，指人类社会的发展史是一部由孤立分散到整体发展演变的历史

(3)文明史观：人类社会发展史本质上是一部文明演进历史。从纵向来看，包括采集渔猎文明、农业文明、工业文明；从横向来看，包括物质文明、政治文明、精神文明

(4)革命史观：强调革命斗争推进社会发展演进，从革命者的角度来评价革命斗争史的人物及事件

(5)社会史观：强调人类历史不仅仅要关注大事件，更要关注与平民百姓息息相关的小事件，包括社会生活风俗变迁等

教师：下面同学们学以致用，小试牛刀，用直线将史观和对应新航路开辟的评价连接起来。

连接图如下图所示：

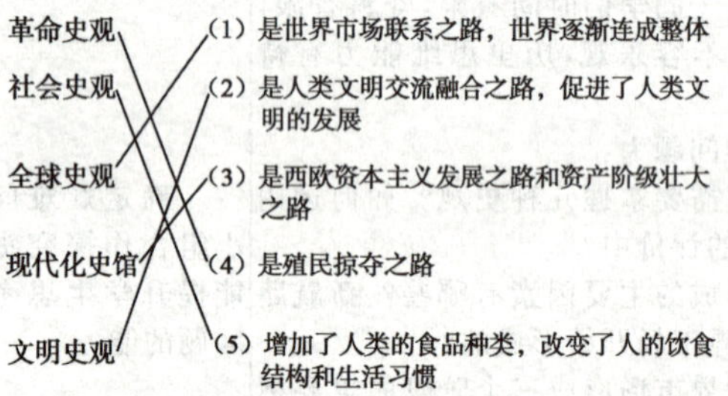

教师：世界市场是指人力、资金、商品等因素在全球范围内的流动，是通过贸易而建立起来的各国市场的总和。影响世界市场形成的主要因素有人力、资金、商品等

学生结合教师提示，从人力、资金、商品等方面重新整理答案

教师：资本主义世界市场形成的三个重要标志性事件(新航路开辟、第一次工业革命、第二次工业革命)对中国有何影响呢？

</td><td>(1)通过多元史观多角度评价新航路开辟，使学生知道从不同的角度看待历史问题会产生不同的观点。在历史学习和研究中，要围绕历史观点培养学生论证和探讨问题的能力</td></tr>
</table>

续表

教学环节		教学活动	设计意图
第二步：释疑解惑，合作探究	环节3：教师解惑提升	【解题思路】对事件的影响，回答的角度可从国际、国内角度，积极、消极角度，政治、经济、思想文化、军事外交等角度考虑。此问题需要结合相关时期中国史的相关知识回答，像新航路开辟时期对中国明清有影响，从而有效地提升了学生的时空观念这一学科素养 学生根据教师的解题思路，可从政治、经济、思想等角度生成自己的答案 教师：对于第四个疑难问题，我们将先点拨方法，之后借助高考真题集中训练讲解 关于小论文题的解题方法，一般用“亮观点＋论证＋小结升华”三步走结构作答： （1）第一步：明确观点。不管提炼观点选择观点，还是判断观点，一定要开门见山，亮出观点。可以根据材料从宏观角度写观点，也可以从微观角度写观点，如果是评析类考题，必须“亮观点＋表态度（同意/反对/不完全同意）” （2）第二步：论证。 ①论据来源可分依据材料、结合所学等 ②论证要求：史论结合，详略得当；语言专业精练，切忌空话白话；孤证不立，论据充分，至少两个史实；要有逻辑性、层次性 （3）第三步：小结总论，理论升华，首尾呼应。目前同学们普遍存在的问题：没有亮观点，仅仅罗列史实材料，泛泛而谈，没有做到史论结合	（2）通过释惑世界市场概念和形成的主要因素，提升历史阐释能力 （3）让学生注意中西历史知识的横向联系，培养时空观念素养
第三步：总结提升，拓展探究	环节1：构建思维导图	教师引导学生构建思维导图，然后上传平板电脑，并展示优秀的内容，如下图所示： 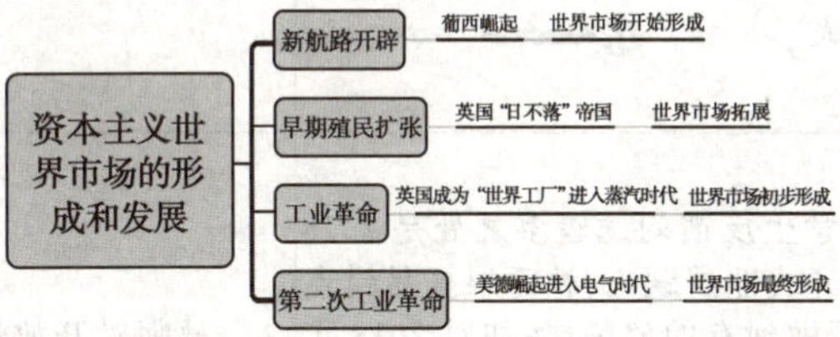 	思维导图利于学生从宏观角度把握历史主干体系
	环节2：提供拓展资源	教师通过平板电脑提供本专题拓展资源： （1）美国斯塔夫里阿诺斯的《全球通史》 （2）朱汉国的《历史学习精要》的世界近代部分 （3）美国历史学家帕尔默的《工业革命：变革世界的引擎》第1章部分	拓展资源可拓宽学生视野，提升高考阅读材料的能力

续表

<table>
<tr><th colspan="2">教学环节</th><th>教 学 活 动</th><th>设 计 意 图</th></tr>
<tr><td rowspan="3">第四步：强化训练，实践探究</td><td>环节1：当堂检测</td><td>教师利用平板电脑推送高考真题或模拟题进行研习，感悟高考；学生做完提交，即时反馈
1.（模拟演练题）1882年，德国女性在农业领域就业比重仅为30.8%，1907年比重增加到46.5%，女性在农业领域就业状况与男性相仿，这一变化说明（　　）
A.工业化推动社会结构变化
B.劳动力短缺严重
C.女性社会地位有所降低
D.农业生产收益增加
2.（模拟演练题）国博的展览“大英博物馆100件文物中的世界史”引起了广泛关注，它借助文物，分8个单元展现了世界历史。下列单元题目中，最适合1500～1800年的是（　　）
A.权力与哲学　　B.仪式与信仰
C.变革与调整　　D.相遇与连结
3.推送2018年全国Ⅰ卷第42题（开放性试题）：
学生限定作答时间，及时提交答案</td><td>高考真题，感悟高考。选择题提升学生解读材料及调动运用所学知识解决问题的能力。开放性试题，学生运用唯物史观正确评价历史事件，提升核心素养</td></tr>
<tr><td>环节2：即时反馈</td><td>学生自主答题，平台反馈信息，为即时讲解准备。选择题正答率如下图所示：
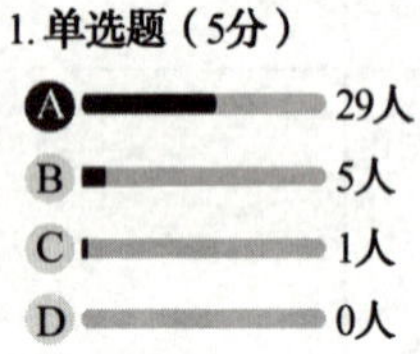

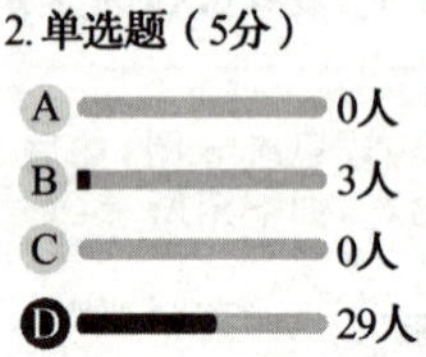
</td><td>借助平板电脑即时反馈知识与方法方面出现的问题，便于学生反思总结</td></tr>
<tr><td>环节3：即时讲解</td><td>平板电脑显示学生反馈问题较多之处是2018年全国Ⅰ卷42题（开放性试题）。教师根据易错点及时点拨讲解，以便做到有的放矢，例如对2018年全国Ⅰ卷42题的讲解点拨：
1.试题分析：
一定的文化是一定政治经济的反映，本题以笛福的小说为题材创设新情境，从而折射出该时代的重大历史现象</td><td>教师对开放性试题提供方法指导，授之以渔，以期提升学生灵活运用知识和独立思考解决问题的能力</td></tr>
</table>

续表

教学环节		教学活动	设计意图
第四步：强化训练，实践探究	环节3：即时讲解	2.解题思路 第一步：审设问，明要求，以便于读材料时做到有的放矢。设问共四问：提取情节，指出现象，概述、评价现象 第二步：读材料，获信息，及时整合调动材料信息和所学知识。 例如： 情节1：航海冒险——现象：新航路开辟 情节2：非洲贩卖黑奴——现象：三角贸易 情节3：生活居然"过得很富裕"——现象：文艺复兴、人文主义 情节4：阅读《圣经》无师自通——现象：宗教改革 第三步：找关联，概述（是什么：时间、经过等要素要具备），评价（怎么样：辩证、全面、合理评价）	教师对开放性试题提供方法指导，授之以渔，以期提升学生灵活运用知识和独立思考解决问题的能力
	环节4：整合思路	学生根据讲解，升华知识能力，及时整理高考选择题及大题的答题思路和错题原因	

第八节　高中地理课堂教学模式及课例

高中地理知识比较抽象，与自然和社会联系密切，强调人地协调观，逻辑性比较强，仅依靠课本知识和传统教学模式，很难实现对重点、难点知识的有效突破。随着大数据、人工智能等新技术手段的应用，借助信息化教学手段，切实提高学生的地理综合思维能力，努力实现传统教学模式和信息化教学手段的有效融合，打造更加和谐、高效的地理课堂已经是大势所趋。结合地理学科的特点，我们研究了信息化教育平台支撑下的课堂教学模式，通过信息技术手段的有效应用，努力突破传统课堂教学的瓶颈，及时呈现课堂目标，引领学生探索发现问题，鼓励学生构建学科思维，提高学生的区域认知和地理实践能力，真正为学生减负增效，强化高中学生的地理核心素养，提高学生解决实际问题的能力，努力打造了科学高效的地理课堂。

一、模式框架

基于高中地理学科的特点，我们在课堂教学中探索形成了循环教学模式，本模式强调学生学习过程的循环，具体分为“导、学、展、评、练”五个环节。基于教育信息化的地理课堂循环模式，教学组织过程如图 3-8-1 所示。

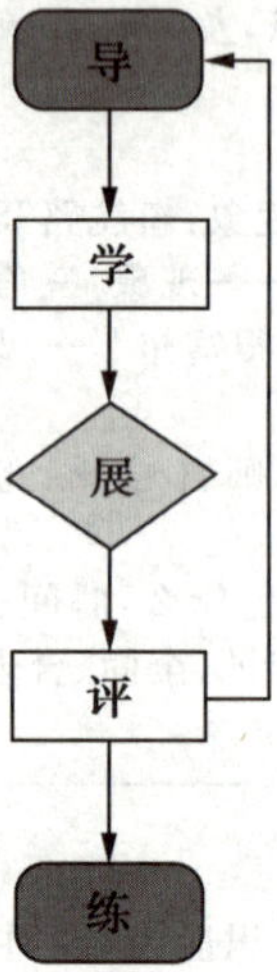

图 3-8-1　教学组织过程

二、循环教学模式实施过程

课前教师根据生情编制导学案，导学案分为“学前预习”“我的疑点”“课堂展示”“知识总结、典题反馈”“课后练习”等，通过导学案的预习作业，学生将学习前置、问题前置，带着问题进课堂，课堂则成为展示交流、相互释疑、纠错落实、点拨提升、开放拓展、示范引导的舞台。

(一)环节一：导——学前预习

1. 预习目标，准确把握重点和难点

传统教学手段中的课前预习往往是通过填写导学案的形式开展的，学生被动地对照课本学习知识，缺乏对知识的探究过程，很难达到预期的认知效果。教师利用大数据整理学生的预习资料，结合学情，科学设置切实可行的目标，通过学习终端提前推送给学生，让学生带着问题去预习教材和课件，在这个过程中把课件上的重点内容落实到课本上，在上课之前就把课本内容准确剖析，这样学生在听课的时候就可以做到有的放矢，带着目标去发现问题和解决问题，切实提高自身的地理认知能力和学科探究能力，通过有效预习构建清晰的知识脉络。

2.预习课件、微课和素材，探究知识形成过程

学生通过预习学习终端推送的教学素材、微课和课件，准确理解课本知识，系统梳理基础知识脉络，找准课堂学习的切入点，在信息化技术手段的支持下帮助学生牢固掌握课本知识，有效拓展重要知识点。学生在预习的过程中可以结合重要知识点进行加工重组，自我完善与之相关的拓展资料，生成新的学习素材。学生在预习课件和素材的过程中显著提升了全面、系统、动态地认识地理事物和地理现象的品质与能力。

比如，对于“河流的补给形式”这个知识点，课本上无法实现动态变化过程演示，学生对知识的掌握也被局限在死记硬背的层面上，现有的知识储备无法还原出地下水补给的过程，尤其是潜水和承压水的关系又是高考的热点，那么如何解决这个问题呢？学生对照学习终端推送的动图素材，对每一个时间节点进行操控，使学生对于知识的认知过程具体化、形象化，从而真正掌握知识的内涵，提高了认真能力和地理实践力。

信息化手段的应用帮助学生实现了高效的课前预习，帮助学生在学习知识的过程中探究知识的形成过程，强化基础知识和基本能力的培养，多维度对地理事物和地理现象进行分析，准确把握各要素之间的相互关系，并在一定程度上解释其发生、发展和演化的过程，提高区域认知能力，提高学生的地理学科素养，构建富有逻辑性的地理思维，有效探究知识的形成过程。

（二）环节二：学——我的疑点

1.完成课前检测

结合学情分析数据，借助信息化手段，结合重难点生成教学前测，准确检验学生预习的效果，让学生在听课之前就可以洞悉知识点的考查方向和考察深度，这样学生在听课的具体过程中就可以带着发现的问题去解决问题。采取“按题目查看”“按学生查看”“总体情况”等方式实时呈现检测数据，学生就可以知道自己哪个知识点理解了，哪个知识点是模棱两可的，哪个知识点是生疏不通的，从而帮助学生全面、系统、动态地认识地理知识。

2.实施目标驱动

通过课堂前测创设的情境，学生特别想印证自己的理解是否准确，从而产生了强烈的探究欲和挑战欲，由此潜移默化地锤炼学生的情商，锻炼学生分析问题、探究问题和解决问题的意志品质，切实减少上课走神、没有兴趣、扰乱课堂秩序的状况发生。通过有效的课前检测，学生可以带着自己发现的问题去听课，多维度分析地理知识和地理现象，知道自己这节课要掌握哪些知识，完成哪些目标,达成什么效果。过程性学习的针对性比较强,切入点比较准确,从而实现了任务驱动式、目标引领式的课堂教学。

(三)环节三:展——课堂展示

在课堂授课的环节,结合班级学情设置情境材料,让学生自己去发现问题,提出问题,逐步构建学科思维导图。学生已经通过学习终端提前预知了教学的内容,并在课前进行了自主学习。学生对学习成果进行小组讨论,并选出小组代表将学习成果展示给教师和其他同学,进而提升学生归纳总结知识和规范语言表达的能力,让他们在思维碰撞的过程中提升思维能力,最终提高地理学科思维。

比如,在讲解必修一课本第二单元第二节"冷锋、暖锋、准静止锋、气旋、反气旋"的时候,学生仅仅依靠课本很难理解相关的知识点。因此,我们在备课的时候设计了Flash动画,推送到学生的终端系统之后,学生通过自主学习加深了对新知识的了解,并且采用画图的方式加深了对知识的理解,这样的话就把静态的知识掌握转变为动态的知识推演,亦步亦趋、环环相扣,能够真正把知识理解透彻,帮助学生实现了对人类与地理环境之间关系的感性认识。

(四)环节四:评——知识总结和典题反馈

学生在上一环节展示了他们的成果,教师在本环节中对学生展示过程中精彩的地方进行点评,给他们以鼓励,对展示过程中的一些不足进行补充说明。这个环节对教师的能力要求比较高,需要通过学生展示的思维过程,有效提取关键问题,并对问题进行归纳。学生通过教师的总结,加深了对知识的理解。教师设置典型试题,通过学生反馈情况进行总结点评。课堂上教师的讲解要起到画龙点睛的作用,通过对知识的总结和典题的反馈实现精讲。我们设计了统一的答题纸,通过备课系统的"上传/创建资源"模块新建互动资料,然后上传"资料文件"和"解析文件",同步添加答题卡,学生把选择题答案点击上传,大题答案拍照上传,通过系统的自动批改和我们的手动批改相结合,找出学生最需要讲解的题目,按题目查看、按学生查看,每一道题、每一个学生、班级总体状况都一目了然,实现了数据的实时呈现和讲解的精准到位。

对于选择题,我们提前把精心整理的答案解析推送给学生,给学生时间对照答案解析讨论试题,然后在黑板上呈现出"按试题查看"显示的正确率,在85%以下的为需要讲解的试题。根据学习终端"按学生查看"显示的数据,让这个题做错的同学进行讲解,教师根据学生讲解的情况有针对性地强调这道题目所涉及的知识点和需要向外扩充的内容,在讲解的过程中加深学生对这道题、这个知识点的理解,理清做题思路,进而提高分析能力。

对于综合题的讲解,要以提高学生的地理学科综合素养为根本出发点,在讲解之前首先引导学生把自己综合题的材料、题干、图表等用红笔划重点，然后拍照上传到教师系统，在讲解综合题的时候选择错误较多的学生试卷呈现到大屏幕上，然后对照学生画的重点让学生进行讲解，在这个过程中引导学生用专业的地理术语整理答案，强化学生的答题规范性和做题思路，提高学生审读材料、归纳汇总、发现问题和解决问题的能力。根据学生讲解过程中所出现的问题，教师逐条梳理疑难点，指出学生的思维误区，帮助学生从错误的分析过程当中走出来，理清自己的做题思路，明确自己的问题所在，强化综合题的做题技巧。

借助信息化教学手段所呈现的数据，教师在讲解的过程中结合重要知识点，抽取典型例题进行巩固提升，通过典题反馈整合知识脉络。同时在讲解的过程中，我们结合典型例题所涉及的考察方向，总结知识的形成过程和脉络体系，引导学生构建思维导图，通过知识总结和典题反馈的过程强化对知识的理解和运用，实现了对知识的有效探究。

（五）环节五：练——课后练习

1.在线检测

根据每一个知识点的题型和考察方向，利用“试卷库”“组卷网”功能，采取“按知识点组题”或者“按章节组题”相结合的方式，优中选优，组成一份难易层次分明、重点要点突出的高质量小测试。通过在线检测的方法，呈现出学生对于当堂课知识的掌握程度、疏漏点，及时准确地定位到需要查漏补缺的重要知识点，进而进行有针对性的查漏补缺，减少学生课后自主学习的盲目性。通过在线检测，教师可以了解每名学生的思维方式、思考策略，帮助学生思考自己获取知识的过程方法上的缺陷和不足，这种教学方式不仅让学生收获了“鱼”，更加收获了“渔”。

2.落实巩固

课堂教学的最终目的在于让学生真正掌握知识、提升知识、创新知识。教师的讲解和学生的练习最终要落实到学生的掌握上，我们讲得再多，学生没有理解透彻，教学的效果就会大打折扣。要切实发挥好学生学习终端的“电子书包”功能，引导学生在课件和答案解析上作出清楚的标注，最大限度地开发自己的分析归纳和逻辑思维能力。信息化教学手段的运用不仅可以让学生掌握知识，更可以帮助学生掌握区域认知方法，形成从区域的视角认识地理现象的意识与习惯，以信息化手段为载体，把学生对于知识的掌握落到实处，求得实效。

基于教育信息化的高中地理课堂循环教学模式以学生自主学习为核心，以导学案为依托，以师生交流、生生交流、合作学习、探究学习、创新学习为主要学习方式，切实打造高效课堂，提高学生发现问题、探讨研究、感悟体验、解决问题的能力和自主学习的能力，也培养了教师的“以学定教”理念、团队协作精神及驾驭课堂的能力。课堂第一阶段基本交给学生自主学习，学生将自己的学习情况展示给大家，然后由其他同学进行质疑、讨论、纠错。课堂第二阶段，教师针对学生的讨论热点，对本节课的学习疑点、难点、重点进行点拨，对学生无法解决的知识辅以典题反馈，同时对下一节课进行必要的学习引导。课后学生进行反思练习，同伴互助释疑，这样就形成了“课前—课中—课后”一个完整的循环学习链。

目前信息技术的发展速度非常快，对于我们而言，对课堂教学模式的探究永远在路上。不可否认，在信息化教学的实践摸索中，我们走了不少弯路，也面临着很多的困难，比如交互性滞后的问题、师生便携终端对接的问题、大数据背景下的学生学习诊断问题等，各种困难都亟待我们去解决。要充分利用信息技术所提供的自主探索、多重交互、合作学习、资源共享等学习环境，把学生的学习主动性充分调动起来，帮助学生树立正确的人地协调观，不断提高其的综合思维；以终端系统为载体，聚焦热点问题，呈现地理过程，点面结合实现区域认知，切实提高学生的地理实践力，实现地理课堂上地理核心素养的有效渗透。

课例 1

锋面系统的判读

山东省龙口第一中学　赵显鹏

一、设计理念

以学生为主体，切实发挥学生的课堂主体地位，让学生动手操作课件，动手平面作图，把静态的知识动态化，把动态的知识平面化，让学生录制绘图小视频，培养学生的地理实践能力和学科基本素养。充分利用信息化教学平台，推送微课、视频、课件、小测等资料，即时反馈学习效果，让学生体验地理学科的魅力。

以学生为主导，通过构建情境，创设问题，引导学生完成课堂前测和课后小测，由此掌握学科知识，培养学生的可持续发展理念。注重将传统教学中的精华部分有机整合进信息化教学手段中，提高学习效率。

二、课标要求

绘制冷锋、暖锋、准静止锋锋面示意图，说出锋面的移动规律及影响。运用简易天气图，简要分析锋面系统的特点，明确锋面系统移动前后的天气变化。增强对常见的锋面天气系统的感性认识，引导学生客观理解锋面系统与天气的关系，明确不同的锋面系统控制下的不同天气状况。科学论证生活中的实际问题，对影响我国的主要天气系统予以重视，并能联系相关的天气实例作出适当的拓展分析，以某种天气现象为例，简述其发生的主要原因及危害。

三、教材及学情分析

本节内容组成：冷锋、暖锋、准静止锋与天气。先介绍一些基本概念，如气团(冷气团、暖气团)、锋(锋面、锋线)等，然后再说明受这些锋面系统的影响，会带来怎样的天气或天气会有怎样的变化过程。最后安排活动，让学生学以致用，解决实际问题。

学生对天气现象并不陌生，可是对于天气现象的变化原因却充满疑惑和好奇。把学生已有的、无序的知识储备调动起来，从身边的天气现象入手，作为学习新知识的基础，可以达到将课本知识和日常生活现象有机结合的效果。

四、教学目标

(一)知识目标

了解锋面系统中的冷锋、暖锋和准静止锋，锋面移动过程中的天气变化，以及它们与天气的关系。掌握简易天气图的判读。

(二)能力目标

学会判读冷锋、暖锋和准静止锋的示意图以及天气图，训练学生读图的能力。掌握各锋面系统的活动规律和处于不同部位的天气特点。

(三)情感态度与价值观

通过学习本课，让学生懂得学科学、爱科学，献身气象事业，为四化建设服务。将所学知识运用于实际，服务于社会，引领学生探索发现问题，鼓励学生构建学科思维。

五、教材重难点

(1)冷锋、暖锋、准静止锋及其对天气的影响。

(2)冷锋、暖锋、准静止锋过境时天气的变化情况。

六、教学方法

理论联系实际，让学生观看天气预报，启发诱导，精讲多练。

七、教学手段

课件展示、师生绘图、学习终端互动。

八、教学过程

本课例的教师活动、学生和设计意图如表 3-8-1 所示。

表 3-8-1　“锋面系统的判读”的教师活动、学生活动和设计意图

教学环节		教师活动	学生活动	设计意图
学前预习	新课导入	同学们，咱们先看一下“龙口市今天和未来几天天气趋势预报”，上课之前我想先问大家一个问题：你们平常会去关注天气预报吗？可能因为住校的原因，平时没有机会看电视。那么端午节期间呢？你们有没有出去游玩啊？	学生观看气象云图，在学习终端上画出锋面简图	借助教育信息化手段，回顾旧知识，引出新知识
	预习目标	让学生预习学习目标： (1)知识目标：了解各种锋面系统、锋面移动过程中的天气变化以及它们与天气的关系，掌握简易天气图的判读 (2)能力目标：学会判读冷锋、暖锋和准静止锋的示意图以及天气图，训练学生读图的能力，掌握各锋面系统活动规律和处于不同部位的天气特点 (3)情感态度与价值观：通过学习本课，让学生懂得学科学、爱科学，献身气象事业，为四化建设服务，将所学知识运用于实际，服务于社会。引领学生探索发现问题，鼓励学生构建学科思维	在学习终端上阅读学习目标	借助教育信息化手段，明确学习目标、学习思路，切实提高自身的地理认知能力和学科探究能力，通过有效预习构建清晰的知识脉络

续表

教学环节		教　师　活　动	学生活动	设计意图
学前预习	预习课件素材、微课，探究知识形成过程	教师通过学习终端推送课件、微课、视频等预习资料，并结合知识点补充与之相关的拓展素材	学生结合预习素材，对照课本预习本节课的重点内容	学生借助教育信息化手段预习了解本节课所涉及的知识点、可能考的题型、可能考的方向
我的疑点	完成课前检测	判断以下天气现象所属的天气系统： (1)我国北方秋高气爽(　) (2)冬春季节的大风、沙暴和寒潮天气(　) (3)一场春雨一场暖(　) (4)一场秋雨一场凉(　) (5)夏秋季影响我国东南沿海的台风(　) (6)6～7 月份长江中下游的梅雨天气(　) (7)7～8 月份长江中下游的伏旱天气(　) (8)北方夏季的暴雨(　)	通过学习终端完成课堂小测，实时呈现检测数据	借助信息化教学手段的课堂检测，学生带着自己发现的问题去听课，知道自己这节课要掌握哪些知识，完成哪些目标
	实施目标驱动	1.名词解释 气团是指水平方向上温度、湿度等物理性质分布比较均一的大范围空气 2.气团的分类 (1)海洋气团：产生于海洋上空，湿度较大，温度冬夏差异较小 (2)大陆气团：产生于内陆环境，空气干燥，温度冬夏差异很大 (3)暖气团：其温度比经过地气温高，从低纬度地区向较高纬度移动的气团常常是暖气团 (4)冷气团：其温度比经过地气温低，从高纬度地区向较低纬度移动的气团常常是冷气团 3.锋面的基本类型 在锋面移动过程中，根据冷暖气团所占的主次地位的不同，可将锋分为冷锋、暖锋、准静止锋等类型	据图讲解气团和锋面，认识三种基本锋面，学生对照学习终端进行绘制，合作探究，图文并茂	借助信息化教学手段，学习锋面概念、气团的分类、锋面的基本类型

续表

教学环节		教 师 活 动	学生活动	设计意图
课堂展示	小组讨论合作探究	二、锋面系统的判读 1.判断冷锋锋面 请先思考： (1)主动移动的是什么气团？ (2)锋面上为何容易成云致雨？降水多发生在锋前还是锋后？ (3)冷锋过境前、过境时与过境后天气有何不同？ 视频分步展示——通过按钮的控制展示暖锋的形成原因，锋面上的气团运动方向，雨区的位置以及锋面过境前、过境时、过境后的天气状况 2.判断暖锋锋面 请先思考： (1)主动移动的是什么气团？ (2)锋面上为何容易成云致雨？降水多发生在锋前还是锋后？ (3)暖锋过境前、过境时与过境后天气有何不同？ 视频分步展示——通过按钮的控制展示冷锋的形成原因，锋面上的气团运动方向，雨区的位置以及锋面过境前、过镜时、过境后的天气状况 3.判断准静止锋锋面 准静止锋天气：当冷、暖气团的势力相当，锋面移动很慢或长时间在一地徘徊时，这种锋面称“准静止锋”。在它的控制下，常造成该地长时间的阴雨天气 江淮准静止锋：(黄梅时节家家雨) 昆明准静止锋：(天无三日晴) (1)主动移动的是什么气团？ (2)锋面上为何容易成云致雨？降水多发生在锋前还是锋后？ (3)准静止锋过境前、过境时与过境后天气有何不同？ 视频分步展示——通过按钮的控制展示准静止锋的形成原因，锋面上气团运动方向，雨区的位置以及锋面过境前、过境时、过境后的天气状况 (4)判断天气状况：过境前、过境时、过境后的天气状况以及符号表示和天气实例 拓展应用：北方夏季暴雨，冬春季节沙尘暴、大风、寒潮天气以及长江中下游地区的春雨是如何形成的？	通过学习终端系统的实时分步操作，学生正确掌握冷锋、暖锋、准静止锋的形成过程，学生在自己的学习终端上边听边操作，并且采用画图的方式加深对知识的理解 先让学生认识在单一气团控制下的天气特点，再学习锋面对天气的影响，这符合学生从简单到复杂、由低级到高级的认知规律	借助教学终端，帮助学生掌握冷锋、暖锋和准静止锋的判读方法，把静态的知识掌握转变为动态的知识推演，真正能够把知识理解透彻 准确引导学生自己去发现问题，提出问题，顺着问题的主线去讲解，逐步构建学科思维导图 借助信息化教学手段，教师精准到位的点拨可以让学生切中要点，留出更多的时间给学生回顾反思

续表

教学环节		教　师　活　动	学生活动	设计意图
知识总结　典题反馈	知识总结典题反馈	锋面系统的判读课堂小结(画面展示:) 锋面系统对我国的生产生活影响较大,通过本节课的学习,帮助学生运用地理知识解决生活中的实际问题 结合重难点设计典型例题,借助信息化教学手段反馈学生的掌握状况 通过数据反馈,及时了解学情,借此整合知识脉络,引导学生构建思维导图,探究总结知识的形成过程,进一步强化学生对知识的掌握	借助典型试题,学生把作答情况提交上传。以小组为单位合作探究,在相互讲解的过程中加深理解,实现知识总结,理清做题思路,提高分析能力	在信息化教学手段的辅助下,教师抽取典型例题讲解,通过典题反馈整合知识脉络,总结知识形成过程,引导学生构建思维导图,强化对知识的理解和运用,实现对知识的有效探究
课后练习	在线检测	读下图,完成后面的问题: 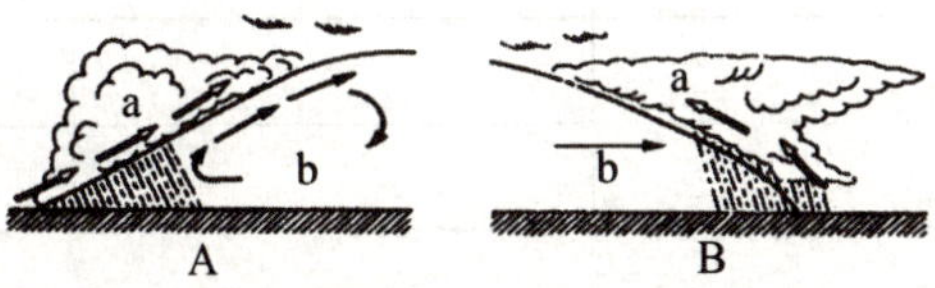 峰面判读图 (1)A、B 两图中,表示冷锋的是____ (2)A、B 两图中,表示冷气团的小写字母是____ (3)A、B 两图中,降水是锋前的是____	学以致用,理论联系实际,当堂检测学生的课堂掌握效果	科学评判、精准释疑,有针对性地查漏补缺
	落实巩固	给学生留出自主学习的时间,以信息化手段为载体,把学生对于知识的掌握落到实处	利用好自主学习时间,把知识系统化、条理化,深刻理解消化重难点	通过技术手段,实现知识的时空转换,抓好所学知识的有效落实

【板书设计】

一、锋面系统

1. 气团

锋面——冷暖气团的交界面 } 统称为"锋"
锋线——锋面与地面的交线 }

2. 冷锋、暖锋和准静止锋的比较

冷锋、暖锋和准静止锋的比较如表 3-8-2 所示。

表 3-8-2　冷锋、暖锋、准静止锋知识汇总表

类型	冷锋	暖锋	准静止锋
气团运动			
锋面示意图			
过境前			
过境时			
过境后			
降水状况			
与我国天气的关系			

课例 2

大气的运动

山东省龙口第一中学　姜波　张卉

一、教材分析

本节内容为大气环境的基础知识，大气中的热量和水汽输送以及各种天气变化都是通过大气运动来实现的，只有掌握了该节内容，才能理解全球性大气环流，才能了解各种天气系统的特点，其重要性不言而喻。另外，本节所涉及的内容较多，知识联系紧密，逻辑性强，而且比较抽象难懂，在一节课内完成教学任务还是很有难度的，因此在教学中一定要力求精炼。

二、学情分析

学生对大气运动的掌握比较抽象，很难与物理知识实现有效结合。如何把学生已有的、无序的知识储备调动起来，从身边的大气现象入手，作为学习新知的基础，以达到课本知识和日常生活现象的有机结合，是我们这节课的主要目的。学生经过前一阶段的学习，已具备初步的地理分析、推理能力，通过适当引导，他们能够条理清晰地概括地理事物之间的区别与联系。

三、教学目标

1. 知识目标

理解热力环流的形成原因以及水平气压梯度力、地转偏向力、摩擦力对风向的影响。

2. 能力目标

通过绘制热力环流图，培养学生的绘图能力；培养学生从学习中和生活中提出问题、发现问题的能力；培养学生理论联系实际，解决实际问题的能力。

3. 情感态度与价值观

培养理论联系实际的地理学科思维能力，提高学生的区域认知和地理实践力，强化地理核心素养。

四、教材重点

热力环流的形成过程，近地面和高空的风向。

五、教材难点

影响大气运动的三个作用力，风向的判断。

六、教学方法

讲授法、讨论法、探究法、画图法、多媒体展示法。

七、教学手段

教学终端系统、电子白板。

八、教学过程

本课例的教学活动、学生活动和设计意图如表 3-8-3 所示。

表 3-8-3　“大气的运动”的教师活动、学生活动和设计意图

教学环节		教师活动	学生活动	设计意图
学前预习	新课导入	播放课件首页背景歌曲李宇春的《梨花香》	学生欣赏歌曲	借助教育信息化手段，通过多媒体设备的影、音、画互动，稳定学生的情绪，便于本节课的学习
学前预习	预习目标	让学生预习学习目标。 (1)知识目标：理解热力环流的形成原因以及水平气压梯度力、地转偏向力、摩擦力对风向的影响 (2)能力目标：通过绘制热力环流图，培养绘图能力；培养从学习中和生活中提出问题、发现问题的能力；培养理论联系实际，解决实际问题的能力 (3)情感态度与价值观：培养理论联系实际的地理学科思维能力，提高学生的区域认知和地理实践力，强化地理核心素养	在学习终端上阅读学习目标	借助教育信息化手段，明确学习目标、学习思路，提高自身的地理认知能力和学科探究能力，通过有效预习，构建清晰的知识脉络
学前预习	预习课件素材、微课，探究知识形成过程	教师通过学习终端推送课件、微课、视频、拓展资料等预习资料，并结合知识点补充与之相关的拓展资料	学生结合预习素材，对照课本预习本节课的重点内容	学生借助教育信息化手段预习了解本节课所涉及的知识点、可能考的题型、可能考的方向
我的疑点	完成课前检测	推送拉萨山谷风的课前检测	通过平板电脑系统完成课堂小测，实时呈现检测结果数据	借助信息化教学手段的课堂检测，采取“按题目查看”“按学生查看”“总体情况”等方式实时呈现检测数据，让学生带着问题去听课，实现任务驱动式、目标引领式的课堂教学
我的疑点	实施目标驱动	教师通过平板电脑推送课件、微课、视频、拓展资料等预习资料，并结合知识点补充与之相关的拓展资料，具体如下：龙口和莱阳的地理位置图、热力环流实验视频、教师制作的热力环流知识微课、日常生活中冰箱和暖气的位置分布图、学习课件等	学生结合预习素材，对照课本预习本节课的重点内容	学生借助教育信息化手段了解本节课所涉及的知识点，学习针对性强。让学生能够简单梳理本节课的主要知识

续表

教学环节		教　师　活　动	学生活动	设计意图
课堂展示	小组讨论合作探究	若近地面 A 处受热，B、C 两地冷却，你能用示意图的形式画出地面和高空之间的大气运动状况吗？ 下图为地面和高空大气运动状况示意图： 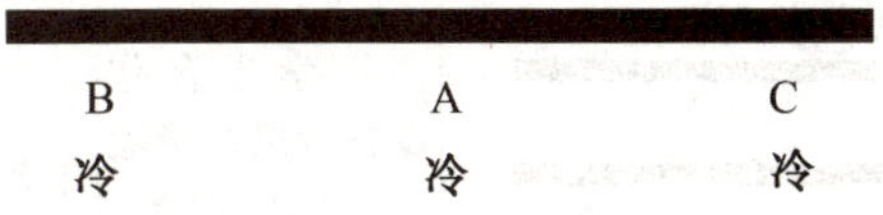 提示： (1)大气在垂直方向上如何运动？ (2)大气垂直运动导致近地面和高空的气压如何变化？ (3)同一水平面出现气压差异导致大气在水平方向上如何运动？	学生分组讨论问题，自己搞清楚难点和重点	借助信息化教学手段，按照由易到难的顺序设计探究问题，教师精准到位的点拨可以让学生切中要点，留出时间给学生回顾反思，让学生再次去发现问题
		探究展示 1：画出地面和高空之间的大气运动状况	学生按照提示做图，拍照上传，并将本组成果展示、解释原理	让学生理解冷热不均是导致大气运动的原因，理解近地面和高空气压的变化，培养学生的画图能力、小组合作能力和语言表达能力
		探究展示 2：近地面和高空的等压面应发生如何变化？ 下图为地面和高空之间等压面的状况示意图： 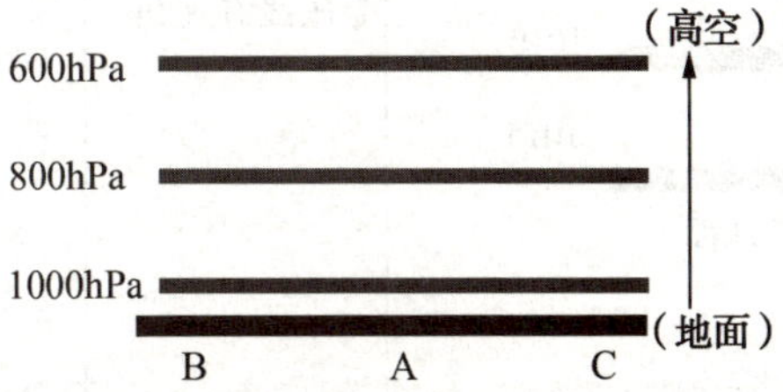 	学生分组合作探究，得出答案并画图：高压处等压面向高空弯曲，低压处等压面向近地面弯曲	借助信息化教学手段，留出时间给学生回顾反思，让学生再次去发现问题，在课后通过信息化教学系统的师生互动妥善解决问题，实现对知识的精雕细琢

续表

<table>
<tr><th colspan="2">教学环节</th><th>教师活动</th><th>学生活动</th><th>设计意图</th></tr>
<tr><td rowspan="2">课堂展示</td><td rowspan="2">小组讨论合作探究</td><td>探究展示3：如果受水平气压梯度力和地转偏向力两个力的影响，大气应该如何运动？
下图为北半球高空大气运动状况示意图：
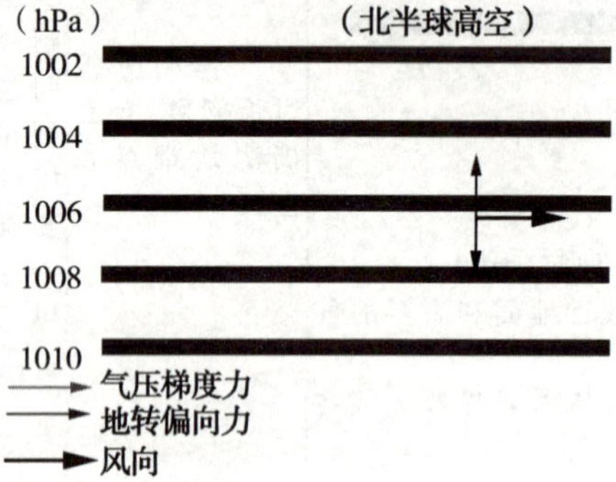
</td><td>学生合作探究对风的影响
学生回答：风向最终将与等压线平行，保持匀速运动</td><td>借助信息化教学手段，让学生理解两个力对风的影响，即高空风</td></tr>
<tr><td>探究展示4：如果受水平气压梯度力、地转偏向力、摩擦力三个力的影响，大气应该如何运动？
下图为北半球近地面大气运动状况示意图：
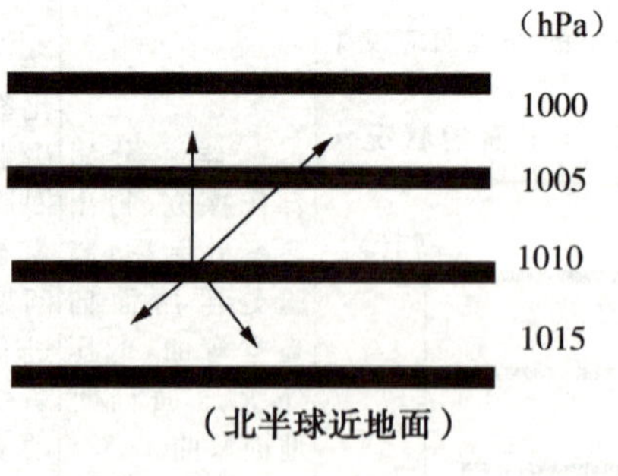
</td><td>学生结合三个力的作用，合作探究对风的影响
学生回答：风向最终将与等压线有夹角</td><td>借助信息化教学手段，让学生理解三个力对风的影响，即近地面的风</td></tr>
</table>

续表

教学环节		教　师　活　动	学生活动	设计意图
知识总结典题反馈	知识总结典题反馈	下图为本节课的思维导图： 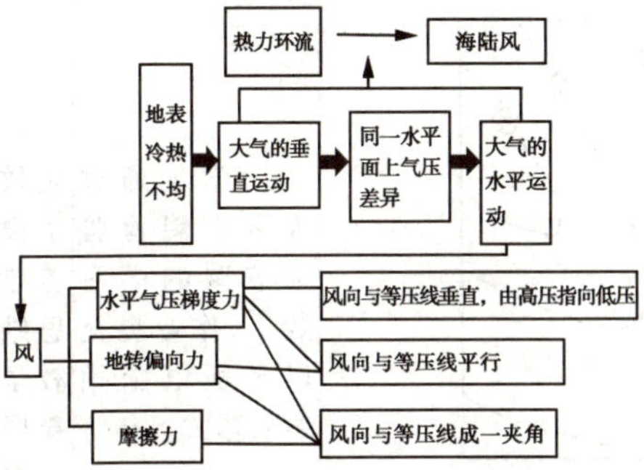 典题1： 来自龙口的旅游爱好者上午从屺姆岛附近出发，他们发现风从海洋上吹来，比较潮湿。傍晚要从莱阳返回时，他们又发现风是从陆地上吹来，比较干燥，请说明原因	学生总结本节课的主要知识网络，形成思维导图	借助信息化教学手段，让学生通过案例来具体分析热力环流的具体表现，最终达到提升学生地理实践力的目的 学生分组画图，得出海陆风的形成原理：屺姆岛和金山都位于海陆交界处，白天吹海风，晚上吹陆风
		典题2：读某时海平面等压线，请在图上画出此时莱阳的风向（图略）。讲解风向判断的一般方法： （1）画水平气压梯度力 （2）判断半球 （3）判断风向	学生分组，在学案上绘出风向，拍照上传，教师根据上传情况，选择学生展示	

续表

教学环节		教　师　活　动	学生活动	设计意图
课后练习	在线检测	读图，回答 A 点近地面风向 V 的形成过程，F1、F2、F3 是影响风的作用力。下图为近地面气压分布状况示意图： 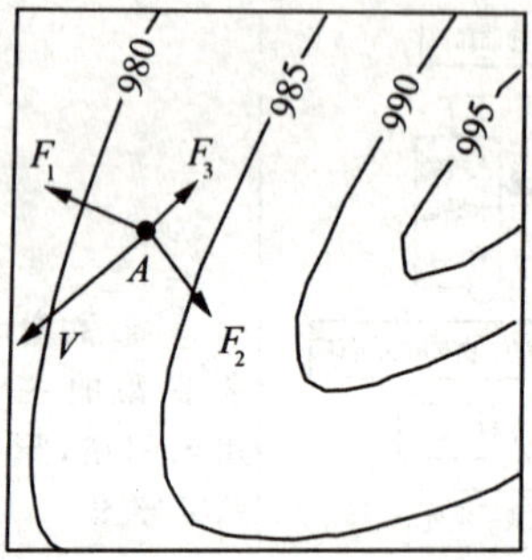 (1)F1 是水平气压梯度力。 (2)F2 是地转偏向力。 (3)F3 是摩擦力。 (4)本图位于北半球还是南半球？理由是什么？	学生通过练习巩固检验本节课的学习效果，作业提交以平板电脑拍照的形式上传	借助信息化教学手段，科学设计问题，培养学生的答题思维，实时掌握教学情况，精准释疑，有针对性地查漏补缺
	落实巩固	给学生留出自主学习的时间，以信息化手段为载体，把学生对于知识的掌握落到实处	利用好自主学习时间，把知识系统化、条理化，深刻理解消化重难点	开发学生潜能，激发学生的求知欲和探索欲

九、板书设计

本节课的板书设计如图 3-8-2 所示：

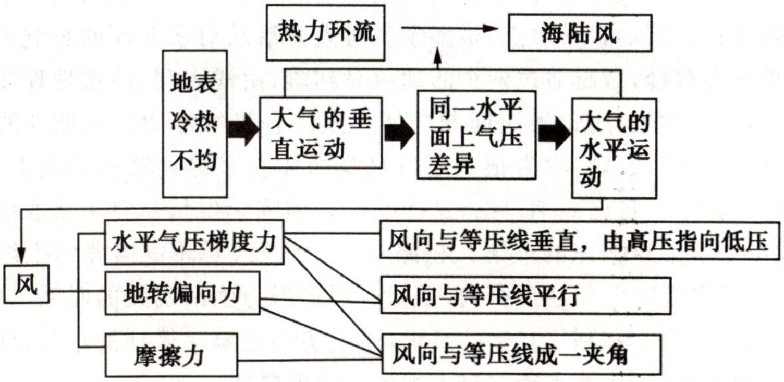

图 3-8-2　本节课的板书设计

课例 3

水循环过程及意义

山东省龙口第一中学　杨　蕊

一、设计理念

按照新课标要求，学习对实际生活有用的地理知识，树立以学生为主体的教学理念，引导学生思考，并将教材的知识情景化，把静态的知识动态化。在教学过程中，通过选用与学生生活相关的素材来完成教学目标，如选择学生熟悉的地理事物、生活中常见的地理问题，并充分利用未来信息化教学平台推送微课、视频、课件、小测等资料，及时反馈学习效果，让学生体验地理学科的魅力。

二、课标要求

课程标准对本节课的内容要求为："运用示意图，说出水循环的过程和环节，说明水循环的地理意义。"根据课标，要求学生认识自然界中水循环形成的过程及水循环对自然环境和人类活动产生的影响。要求学生通过观察"水循环示意图"，列举水循环的环节，描述其形成过程，画出示意图，最终要求学生能运用水循环原理解释生活中的现象。

三、教材及学情分析

本节课是新教材"水圈与水循环"的第三课时，也是这节课的重点。水循环的各环节在生活中很常见，但学生没有上升到理性认识。人类活动对水循环环节的影响是这节课的教学难点，很多学生对人类活动对水循环的影响不能进行系统地理解和解释，教材通过两个活动由易到难，由浅入深，注重地理要素间的内在联系，培养学生分析、解决问题的能力及综合思维能力。水循环的地理意义这部分内容比较宏观，学生很难通过自身的体验来得到感性的认识，可以通过列举材料让学生自己归纳总结，这样既可以训练学生从材料中获取信息的能力，又加深了学生对知识的理解。在课堂展示阶段，要注重培养学生综合分析的能力，注意要素间的联系及影响，强调地理知识与生活实践的联系，培养学生尊重自然、科学适应和利用自然的意识，通过实例理解水循环的意义，增强学生保护水资源的意识，明确水资源对人类生存的重要性。

从学习热情来看，学生对与这部分知识有关的地理现象比较感兴趣，大多数学生能积极参与到课堂活动中，为教学的有效开展奠定了坚实的基础。

四、教学目标与核心素养

1.知识目标

(1)使用示意图，指出水循环的过程、环节。

(2)理解水循环的原因及意义。

2.核心素养

(1)人地协调观:通过实例理解水循环的意义，增强学生的水资源保护意识，明确水资源对人类生存的重要性，培养学生尊重自然、科学利用自然的人地观念。

(2)综合思维:注重培养学生从要素综合的角度认识人类活动对水循环的影响，强调地理知识与生活实践的联系。

(3)区域认知:结合图文材料，认识不同地区的水循环差异。

(4)地理实践力:学生绘制水循环示意图，利用水循环原理解决实际生活中的问题。

五、教材重难点

(1)重点:运用示意图，完成水循环的过程、环节，并理解和掌握水循环的地理意义。

(2)难点:分析人类活动对水循环的影响。

六、教学方法

(1)探究式教学法:通过创设问题情境，让学生自主学习、讨论、探究，并因此获得发展。

(2)多媒体展示教学法:创设情景,激起学生的求知欲。

七、教学手段

多媒体课件、学习终端互动。

八、教学过程

本课例的教学活动、学生活动和设计示意图如表 3-8-4 所示。

表 3-8-4　“水循环过程及意义”的教师活动、学生活动和设计意图

教学环节		教　师　活　动	学生活动	设计意图
学前预习	导入新课	同学们,李白的《将进酒》中写道:“黄河之水天上来,奔流到海不复回。”请同学们思考,为什么说黄河的水来自天上?从地理的角度分析,“奔流到海不复回”这种说法对不对?	出示降水和黄河入海图片,让学生观察	借助图片,从学生熟悉的诗歌入手,引发学生对水循环的好奇心,激发学生的学习兴趣
	预习目标	让学生预习学习目标,根据示意图,掌握水循环的过程和主要环节,理解水循环的原因及意义	在学习终端上阅读学习目标	借助信息化教学手段,让学生明确学习目标
	预习课件素材、微课,探究过程	教师通过学习终端推送水循环的课件、Flash、视频等预习资料,并结合知识点补充与之相关的拓展素材	学生结合预习素材,对照课本预习本节课的重点内容	借助信息化教学手段,学生通过预习找出学习中的知识盲点,增强听课的针对性

续表

<table>
<tr><th colspan="2">教学环节</th><th>教　师　活　动</th><th>学生活动</th><th>设计意图</th></tr>
<tr><td rowspan="2">我的疑点</td><td>完成课前检测</td><td>读水循环示意图，回答下列小题，下图为水循环示意图
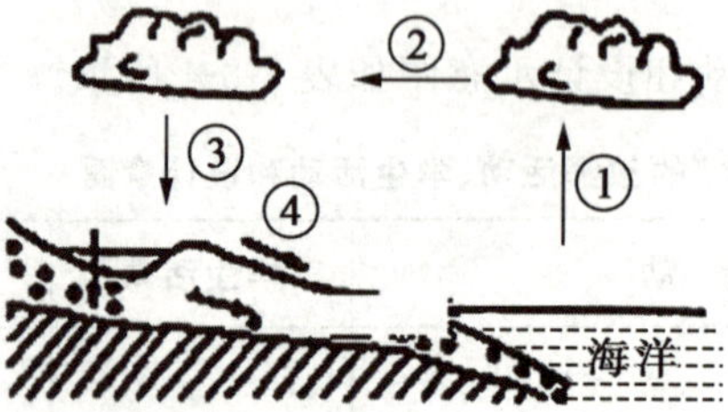

1. 历史上，南唐后主李煜曾在《虞美人》中写道：“问君能有几多愁，恰似一江春水向东流。”“一江春水向东流”指的是图中的(　　)
A. ①　　B. ②　　C. ③　　D. ④
2. 下列有关水循环意义的叙述，正确的是(　　)
①塑造地形地貌
②促进海陆间能量交换和物质转移
③使地球上各种水体不断更新
④促使全球水资源的空间分布趋于平衡
A. ①②③　　B. ①②④
C. ①③④　　D. ②③④
3. 在水循环的各个环节中，目前受人类活动影响最大的是(　　)
A. 海洋蒸发　　B. 地表径流
C. 水汽输送　　D. 凝结降水</td><td>通过学习终端系统完成课堂小测，实时呈现检测结果数据</td><td>借助信息化教学手段，准确检验学生预习的效果，让学生带着自己发现的问题去听课，实现任务驱动式、目标引领式的课堂教学</td></tr>
<tr><td>实施目标驱动</td><td>教师通过学习终端推送水循环的课件、Flash、视频等预习资料，并结合课本知识设计以下问题：
(1)什么是水循环？水循环的根本动力是什么？
(2)说出水循环的类型及各种水循环包括的环节
(3)描述水循环的形成过程
(4)画出水循环示意图</td><td>观看 Flash，结合水循环示意图，回答问题，并动手在导学案上画出水循环的形成过程，拍照上传</td><td>借助信息化教学手段，将教材的知识情景化、直观化，把静态的知识动态化，让学生直观感受水循环的过程</td></tr>
</table>

续表

<table>
<tr><th colspan="2">教学环节</th><th>教　师　活　动</th><th>学生活动</th><th>设计意图</th></tr>
<tr><td rowspan="4">课堂展示</td><td rowspan="4">小组讨论合作探究</td><td>合作探究一：分析人类活动对水循环的影响，填写下表：
人类活动对水循环的影响表
<table><tr><th>人类活动</th><th>对水循环环节的影响</th></tr><tr><td>修建水库</td><td></td></tr><tr><td>人工降雨</td><td></td></tr><tr><td>植树造林</td><td></td></tr><tr><td>跨流域调水</td><td></td></tr></table>
人类主要影响水循环的哪个环节？</td><td>小组讨论、思考回答</td><td>当堂测试，获取即时反馈，查漏补缺，并给予及时矫正、理解，巩固深化</td></tr>
<tr><td>学生展示、回答，教师进行点评、补充</td><td>现场讲解</td><td>锻炼学生的地理思维能力及语言表达能力</td></tr>
<tr><td>合作探究二：影响河流流量的因素有很多，植被是其中一个重要的因素，读下两幅图，完成后面的题：
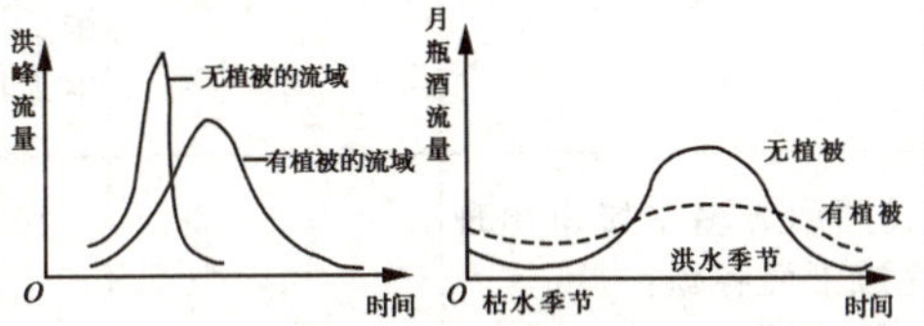

植被对河流流量的影响示意图
(1)植被对河流流量的影响主要表现在哪些方面？
(2)运用水循环原理，说明植被对水循环各个环节的影响</td><td>思考、讨论、现场展示答案</td><td>培养学生的读图能力，养成正确的读图方法，在分析问题的过程中利于学生综合思维的养成</td></tr>
<tr><td>学生展示、回答，教师进行点评、补充</td><td></td><td></td></tr>
</table>

续表

教学环节		教师活动	学生活动	设计意图
课堂展示	小组讨论合作探究	合作探究三:阅读材料,归纳水循环的意义 材料一:问渠哪得清如许?为有源头活水来 材料二:近年来,南方一些低山丘陵地区,由于植被破坏、水土流失严重导致泥沙大量汇入河流,使当地河流的含沙量迅速增加 材料三:空气中的水汽能阻挡大部分的地面辐射,对地面有保温作用。海洋、陆地上水体在夏季吸收和储存热量,使夏季气温不致于过高;在冬季慢慢释放热量,使冬季气温不会过低 材料四:黄土高原千沟万壑,长江三角洲的形成 材料五:尼罗河下游地区,荒漠中形成绿色走廊 学生回答问题后教师接着提问:地球上的水体在不断地更新,这是不是意味着水资源是“取之不尽,用之不竭”的?	思考、分析、回答	通过列举材料,让学生自己归纳总结水循环的意义,既可以训练学生从材料中获取信息的能力,又加深了学生对知识的理解
知识总结典题反馈	知识总结典题反馈	请大家用水循环的原理解释,修筑水平梯田为什么可以防止水土流失	小组讨论,答案拍照上传,现场讲解	选取典型例题,根据学生讲解过程中所出现的问题,逐条梳理疑难点,指出学生的思维误区,帮助学生形成知识体系
课后练习	在线检测	2020年入夏以来,我国南方多个城市出现了城市内涝问题,据此完成下面各题: (1)城市内涝发生的原因不包括(　　) A.降雨强度大　B.局部地区低洼 C.城市路面硬化　D.生活废水增多 (2)防治城市内涝的最有效措施是(　　) A.增加绿化面积　B.路面改为渗水砖 C.完善基础设施　D.雨季回灌地下水 降雨到达地表后,转化为地表径流 Q1、壤中流 Q2(在土壤空隙中流动的水)和浅层地下径流 Q3,三种径流成分汇集到河道中形成河流径流,最后流出流域出口。下图所示为一次暴雨后某流域出口处河流径流流量的变化过程:	当堂检测学生的课堂掌握效果	有针对性地查漏补缺

续表

<table>
<tr><th colspan="2">教学环节</th><th>教　师　活　动</th><th>学生活动</th><th>设计意图</th></tr>
<tr><td rowspan="2">课后练习</td><td>在线检测</td><td>据此完成下面的小题：
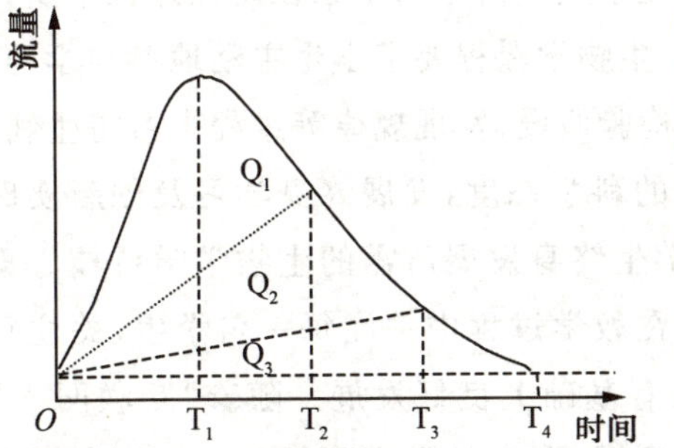

流域内植被覆盖率提高后，发生同样的降雨会导致(　　)
A. Q1 减少，Q2 增加 B. Q2 减少，Q3 增加
C. Q1 增加，Q2 减少 D. Q2 增加，Q3 减少</td><td>当堂检测学生的课堂掌握效果</td><td>有针对性地查漏补缺</td></tr>
<tr><td>落实巩固</td><td>让学生利用自习课时间整理本节课的知识，整合消化</td><td>归纳总结，消化吸收</td><td>将知识系统化、条理化，深刻理解，消化重难点</td></tr>
</table>

九、板书设计

水循环过程及意义概念、类型、过程与环节、水循环的意义。

第九节　高中生物课堂教学模式及课例

《普通高中生物学课程标准(2017年版)》指出,高中生物学课程既要让学生获得基础的生物学知识,又要让学生领悟生物学家在研究过程中所持有的观点以及解决问题的思路和方法。生物学课程要求学生主动地参与学习,在亲历提出问题、获取信息、寻找证据、检验假设、发现规律等过程中习得生物学知识,养成科学思维的习惯,形成积极的科学态度,发展终身学习及创新实践能力。生物学课程的根本任务是提高学生终身发展所需的生物学学科核心素养。要完成这样的教学任务,教师需要在教学过程中关注每一名学生,关注每一节课的学习过程,努力促进学生在原有基础上良好发展。随着"互联网+"时代的到来,信息技术已经渗透到各个领域,课堂教学也不例外。如何利用多种多样的信息化教学手段,高效地完成生物课堂教学,是当前生物教学亟待解决的问题。在课堂教学中,教师采用灵活多样的信息化教学手段,可以一改传统的"教师讲、学生听"的教学模式,充分体现学生的主体地位,实现课堂教学高效化。结合生物学科特点,我们尝试构建了高效信息化的生物课堂教学模式,如图3-9-1所示:

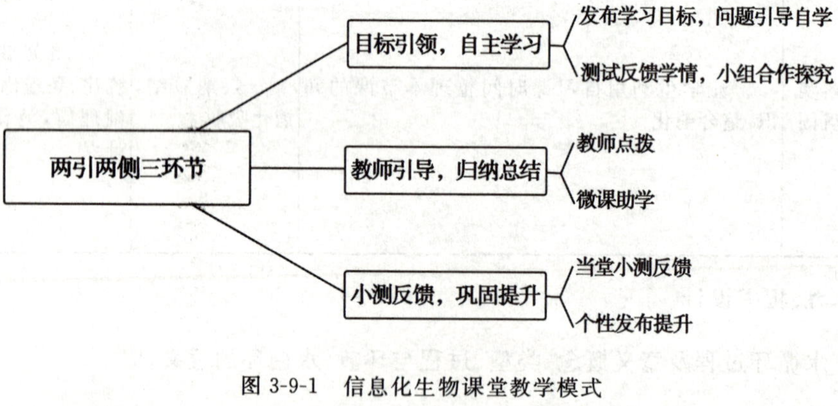

图3-9-1　信息化生物课堂教学模式

一、目标引领,自主学习

课前,教师首先要做的是明确教学目标。教师要根据所用教材和学生的实际情况制定出既符合新课改要求，又能充分体现生物学科核心素养的教学目标。依据制定的教学目标，教师可以选用多种信息化技术手段，精心设计课堂教学环节。

课堂中的自主学习分两步进行：发布学习目标，问题引导自学；测试反馈学情，小组合作探究。

（一）发布学习目标，问题引导自学

教师通过平板电脑发布学习目标，将教学内容以问题形式呈现给学生，学生根据教师发布的学习目标和问题进行自主学习。对于学生自学可以掌握的基础知识，教师不需要讲，这样可以做到“学生自己能学会的不用讲”。

课前，教师依据《普通高中生物学课程标准（2017 年版）》和课本以及网络获取的图片、音频、视频等各种资料，精心设计问题。上课时，教师可以选用合适的信息化手段呈现准备好的图片、音频、视频等多种形式来导入课堂教学，激发学生的学习积极性；并可引出本节课的学习目标，通过发布相关问题，引导学生主动学习思考。

如“DNA 的结构”一节，教师通过平板电脑发布以下问题，引导学生自学课本相关内容：

（1）核酸的基本单位？种类？元素组成？DNA 与 RNA 的区别？

（2）DNA 模型的名称和构建者？

（3）DNA 模型构建过程中做出突出贡献的科学家及成就？

（二）测试反馈学情，小组合作探究

对于学生自学情况的反馈，教师通过平板电脑发布测试题，学生当堂作答，平板电脑自动批改，教师即时获得反馈信息。对于测试中存在的问题，由小组合作探究尝试解决。

教师可以通过测试反馈，准确掌握学生自主学习的质量，又可以根据测试结果，有针对性地调整和准备下一步对于重难点的讲解。同时，学生根据测试中出现的问题，可以更好地了解自己的学习情况，有针对性地进行下一步的学习。测试结果可以在一定程度上督促学生进行更有效的学习，从而提高学生自学的效果。小组合作探究学习有助于培养学生的合作意识，在此过程中学生可以取长补短、相互促进，进一步更好地完成自主学习。

对于测试中出现的问题，小组讨论后可以形成小组答案。特别是实验设计类的题目，学生相互讨论、整理思路，用专业术语形成答案后上传给教师；教师通过平板电脑展示各组的成果，各组之间再进行进一步的分析、讨论。通过这样的思维碰撞，有助于让学生掌握科学探究的基本思路和方法，提高实践能力。

在进行讲评课的过程中，教师可以将做题时出现的典型错误通过平板电脑推送给全体学生，引导学生小组合作分析错误原因。通过分析，小组可以总结出问题所在；通过对典型错误的分析讨论，学生可以加深对存在问题的认识，避免同样的错误再次出现。另外，教师也可以将满分作答上传分享，如图 3-9-2 所示，鼓励学生全面思考、仔细分析，养成良好的答题习惯。

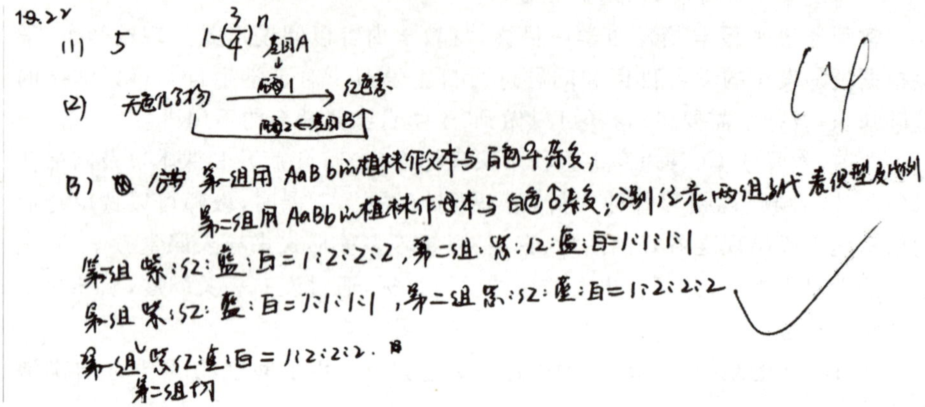

图 3-9-2　满分作答截屏

二、教师引导、归纳总结

学生的自学和小组合作探究通常也只能解决部分的问题，而对于一节课的重点和难点，往往需要教师的讲解。另外，不同的学生在理解和学习能力等各方面是存在差异的，只通过自主学习是无法达成课堂学习目标的。因此，教师可以通过个别点拨和微课讲解两种手段来保证课堂学习效率。

（一）教师点拨

通过测试反馈和小组合作讨论反映出来的问题，教师需要进行重点讲解点拨，进而引导学生总结归纳。这就要求教师课前进行精心的准备，充分了解学情，以便在课堂上根据实际情况及时进行调整，有针对性地、高效地帮助学生突破重难点。

（二）微课助学

教师课前通过“备课标、备教材、备学生”，有针对性地分层次制订微课教学计划。微课制作要突出重点、难点；要兼顾不同层次学生的需求，短少精炼；要能够对学生的学习进行精准指导，以达成教学目标。例如，“免疫调节”一节内容抽象难懂，在进行这一节内容的教学时，教师一方面可以引导学生构建本节知识框架：免疫系统的组成——免疫系统的功能——免疫系统的应用；另一方面可以有针对性地准备微课视频：导入视频、“人类感染流感病毒的过程”视频、体液免疫和细胞免疫的讲解微视频，以激发学生的学习积极性，有助于学生对相关知识的理解，从而突破重难点。

学生通过自学、小组讨论、教师点拨等环节，可掌握本节课的重点内容，但不同学生理解掌握的情况会有差异。这时，学生可以根据自己掌握的实际情况，有针对性地选择教师发布的微课内容(见图 3-9-3)，以帮助自己解决本节课学习中存在的问题。另外，平板电脑发布的微课可以反复观看，这样可以更好地帮助学生进行课后的整理、复习，从而提高学习效果。

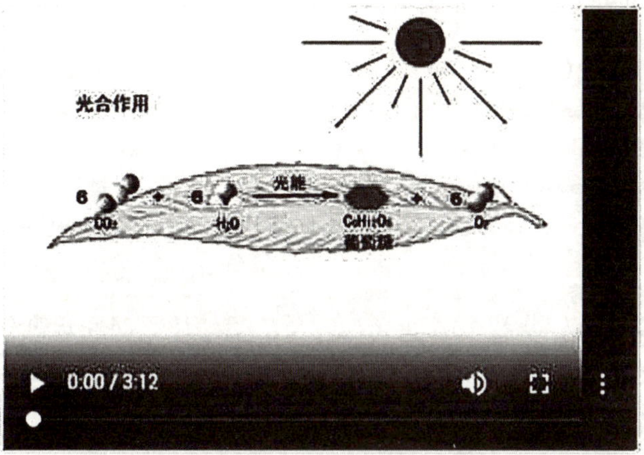

已查看（33）

图 3-9-3　教师发布的微课内容

目标引领、小组合作、微课指导这些多种多样的教学手段和策略能够实现差异化教学，分层次达成教学目标，从而实现高效课堂。

对于上述两个环节，不同的课型在具体实施时会有所不同。如讲评课，课前学生已经进行了测试反馈学情，在第一个环节中主要是进行问题引领的自查自纠和小组合作探究；在典型题目的讲解时，一、二环节可以相互融合，按照自查自纠、小组讨论、教师归纳总结、微课解惑的步骤进行。

三、小测反馈、巩固提升

一节课的学习目标达成情况如何，是要通过学生的掌握情况来反馈的，反馈的问题需要师生共同解决。而生物学科的学习不单单依赖课堂的活动，还需要进行课下的巩固提升。

(一)当堂小测反馈

对于一节课教学目标的达成情况,教师通过师生互动和平板电脑发布当堂小测进行检验。小测中题目的选择要能体现本节教学重点,并且要限时训练。教师根据当堂小测反馈得到的数据(见图 3-9-4)了解学生掌握情况并当堂解决。在课堂上,教师除了进行有效的教学外,还必须及时地进行评价。

如"生态系统的能量流动"一节,学生通过学习对于能量流动过程有了大致了解,基础知识已经能较好地掌握。通过当堂小测反馈,教师发现学生对于摄入量、同化量、某营养级粪便中的能量理解不到位,需要利用具体的题目进行分析讲解,从而引导学生将所学知识进行灵活应用。

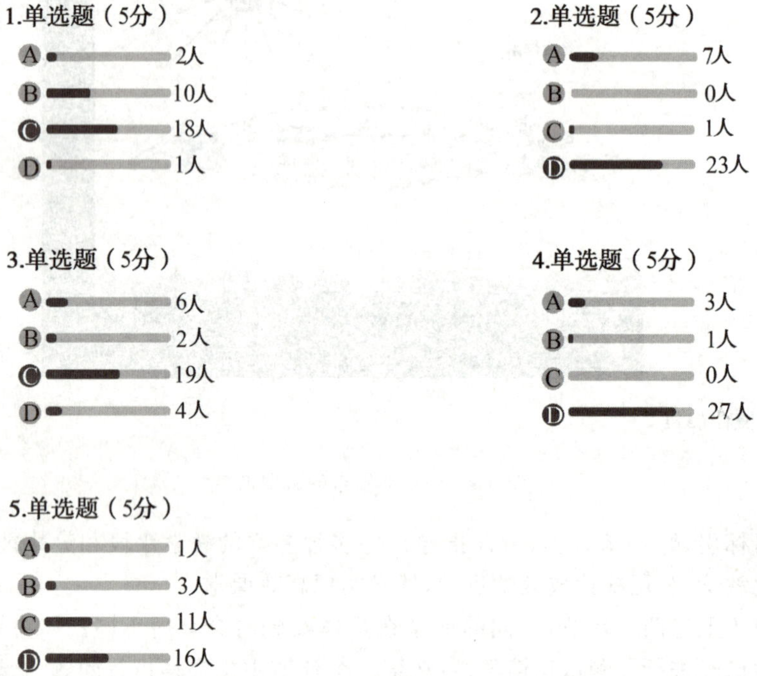

图 3-9-4　当堂小测反馈得到的数据

(二)个性发布提升

因个体智力、学习方法、学习习惯等存在差异,学生对于一堂课内容的掌握情况参差不齐。作为教师,不能"一刀切"地布置统一的作业,而是要根据学生当堂课的表现以及小测的反馈情况,分层次布置个性化作业:可以是对于基础知识的整理、巩固;在掌握基础知识的前提下拓展提升;可以是对本堂课知识的记忆;也可以是习题、搜集资料等多种形式。教师利用平板电脑发布个性化作业，从而巩固这节课的学习成果。根据学生的自身发展特点制定的个性化作业有利于增强学生的学习自信，激发学生的斗志和热情，更好地促进学生的学习。

对于侧重科学探究的内容，教师可以布置学生搜集相关资料，进行分析、整合、交流、展示；而对于侧重知识点学习的内容，教师可以布置课后练习——基础类和能力提升类，根据学生的情况，有针对性地发布。

课下，学生存在的疑问可以直接通过平板电脑聊天功能跟教师讨论，如图3-9-5所示；周末或假期布置作业时可通过建立QQ群发布消息、讨论问题，以督促学生课下的学习。

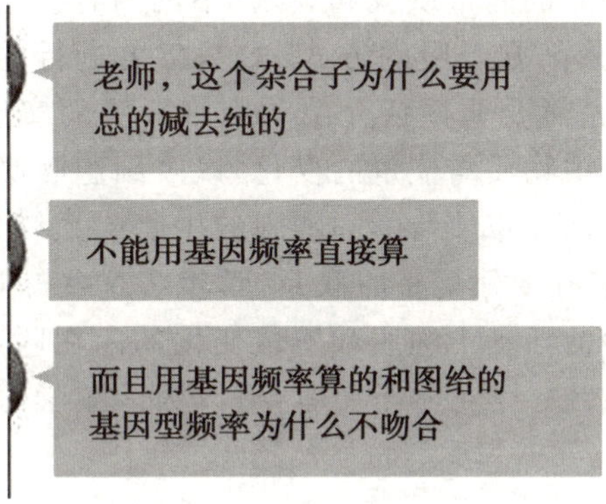

图3-9-5　平板电脑聊天功能

伴随着新课改的推行与深化，教师首先要做的是改变教学观念，意识到学生是学习的主体，尊重学生的个性发展；能够应用先进的教学理念和多元化的信息技术手段，构建有效的课堂教学策略，从而引导学生自主学习、合作学习、探究学习，以培养学生的生物学科核心素养，促进学生的全面发展，实现高中生物的有效教学。

课例 1

细胞呼吸的原理和应用(第 2 课时)

山东省龙口第一中学　闫娜　郝月

一、教材分析

细胞呼吸是生物界中所有生物每时每刻都在进行的生命活动。“细胞呼吸的原理和应用”是“细胞的能量供应和利用”中的内容。本节课是在学生完成探究实验“探究酵母菌细胞呼吸的方式”的基础上进行的理论学习。在课本内容安排上,教材首先简要地概括介绍了细胞呼吸的实质,再重点讲述有氧呼吸和无氧呼吸过程中物质与能量的变化,以及细胞呼吸原理在生产生活中的应用。本节内容与前面章节所学的细胞的生物膜系统、物质跨膜运输的方式、酶、ATP 等内容都有十分紧密的联系,学生将这些知识建立起联系,可以更深刻地理解细胞生命活动中物质和能量变化的内在联系,更深刻地理解细胞是最基本的生命系统。学习本节内容,可以为后续学习其他细胞代谢奠定基础。

二、学情分析

细胞是一个微观的生命系统,发生在细胞中的化学反应是一个微观的过程,学生在学习过程中会感受到一定的难度,这就需要教师借助于探究实验、微视频等手段把微观的过程直观形象地展现出来,以激发学生的学习兴趣。高中学生相比于初中生的一个显著特点是有较强的求知欲和自主学习的能力,因此教师可通过提供相关实验设计,引导学生分析实验过程和结果,对有氧呼吸过程中物质和能量的变化进行分析并归纳总结;通过观看教师发布的微视频,学生自主学习无氧呼吸过程,并通过小组合作、制作表格的形式对这两种细胞呼吸方式的异同进行比较,以提高学生分析实验、尝试总结并进行准确表达的能力。

三、教学目标

(1)通过分析有氧呼吸和无氧呼吸的过程,形成生命的物质与能量观。

(2)通过对实验的分析、总结,掌握实验探究的方法与技能。

(3)通过探讨细胞呼吸原理在生产生活中的应用,形成社会责任感。

四、教学重点和难点

(一)教学重点

(1)有氧呼吸过程中物质和能量的变化。

(2)用表格形式归纳比较有氧呼吸和无氧呼吸的异同。

(3)细胞呼吸原理在生产生活中的应用。

借助视频演示和生活实例阐述突破。

(二)教学难点

有氧呼吸和无氧呼吸过程中物质和能量的变化。

五、教学过程

本课例的教师活动、学生活动和设计意图如表 3-9-1 所示。

表 3-9-1　“细胞呼吸的原理和应用”的教师活动、学生活动和设计意图

教学环节	教师活动	学生活动	设计意图
实验导入	教师提供两组培养相同时间的水培植物,一组氧气充足根正常生长,一组缺氧出现烂根。 根据同学们课前查阅的资料推测:烂根的原因是什么? 请设计实验并进行操作,证明你的观点 细胞呼吸除了无氧呼吸以外还有有氧呼吸,那么这两种细胞呼吸方式的具体过程是什么样的呢?有氧呼吸和无氧呼吸的区别是什么?	回答: 根部细胞无氧呼吸产生酒精,对根部有毒害作用 分小组进行实验:分别取对照组和实验组的相同部位等质量的根部,制成等量的组织样液,分别添加等量的酸性重铬酸钾,对照组不变色,实验组出现灰绿色	通过互联网搜集资料以及实验设计和操作,培养学生科学的思维方式,掌握实验技能,并能解决实际问题
目标引领自学	PPT 展示学习目标,平板电脑发布学历案,问题引导自学	明确学习目标,阅读课本相关内容自学,掌握基础知识,思考并完成学历案上的问题	通过课件发布目标,引领学生进行本节课的学习

续表

教学环节	教 师 活 动	学生活动	设计意图
小测反馈学情	发布小测(附 1)检测自学情况,及时评价,引导学生进一步探究	平板电脑作答	通过平板电脑发布测试反馈学情,培养学生高效学习习惯
小组合作探究	PPT 展示有氧呼吸的探究实验一(附 2),引导学生思考: (1)1 号和 2 号试管葡萄糖量减少,3 号试管葡萄糖量不变,说明葡萄糖在什么场所中分解?葡萄糖在该场所的分解产物是什么? (2)与 2 号试管相比,1 号试管中还产生 CO_2 和 $^3H_2^{18}O$,推测 CO_2 和 H_2O 是在什么场所形成的?可能由什么物质转化(葡萄糖还是丙酮酸)?你是如何分析的? 你的推测是正确的吗? PPT 展示探究实验二(附 3),引导学生思考:(1)1 号、2 号试管丙酮酸量减少,3 号试管丙酮酸的量不变,说明丙酮酸是在什么场所分解的?产物是什么?(2)与 2 号试管相比,1 号试管还生成水,推测水在什么场所生成的?你是如何分析的? 追问:水是在线粒体内膜还是外膜上形成的呢? PPT 展示线粒体结构,回忆相关内容	小组讨论,回答: (1)葡萄糖是在细胞质基质中分解,产物是丙酮酸和[H]。1 号和 2 号试管葡萄糖量减少,3 号试管葡萄糖量没有减少,而 1 号、2 号与 3 号试管的区别是 1 号、2 号试管含有细胞质基质,且都生成了丙酮酸和[H],3 号试管没有 (2)CO_2 和 H_2O 可能在线粒体中由丙酮酸转化形成。1 号试管和 2 号试管实验自变量是有无线粒体,因变量是是否出现 CO_2 和 H_2O,从 3 组结果来看,线粒体不能氧化分解葡萄糖 小组讨论,回答: (1)丙酮酸在线粒体基质中分解成 CO_2 和[H]。1 号和 2 号试管丙酮酸含量减少,3 号试管丙酮酸含量不变,而 1 号和 2 号试管中均含有线粒体基质,且产物都有 CO_2 和[H] (2)1 号试管和 2 号试管的实验结果说明,水在线粒体膜上由氧气参与形成	通过探究实验的分析,培养学生实验探究的意识和严谨科学的思维方式;培养学生的合作意识;形成科学推理与合理判断的能力 通过层层设问和进一步探究,学生掌握了实验探究的科学方法与技能,提高了学生的生物学科素养

续表

教学环节	教　师　活　动	学生活动	设计意图
教师引导归纳总结	板书学生所推测的三个阶段的反应物、产物以及反应场所。引导学生思考：以上推导的是有氧呼吸的全过程吗？作为细胞内的能源物质，葡萄糖分解过程中能量是怎样释放的呢？物质的转化过程具体是什么样的呢？ PPT 展示问题： (1)有氧呼吸的三个阶段能量释放的情况？ (2)为什么三个阶段的反应在不同部位进行？（提示：酶的作用具有专一性） (3)有氧呼吸过程中能量如何转化？	分小组讨论，并将黑板上初步推测的三个阶段的反应补充完整。回答： (1)有氧呼吸一二阶段均释放少量能量，第三个阶段释放大量能量 (2)三个阶段的反应不同是因为不同部位含有酶的种类不同，催化的反应不一样 (3)在有氧呼吸过程中，有机物中稳定的化学能转变成 ATP 中活跃的化学能和热能	
微课助学	平板电脑发布有氧呼吸过程的微课视频	有选择性地观看微课，整理相关知识点	通过学习微课，培养学生提取信息的能力
当堂小测反馈	平板电脑发布有氧呼吸的小测 (1)写出有氧呼吸的总反应式，并用箭头表示氧原子和碳原子的转移途径 (2)下图为线粒体的结构示意图，其中不可能发生的反应是(　　) 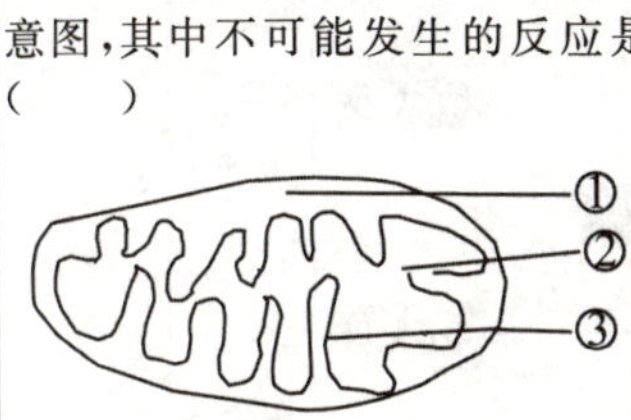 A. ②处发生有氧呼吸的第二阶段 B. ①处产生 ATP C. ②处产生 CO_2 D. ③处发生[H]与 O_2 的结合反应 及时进行评价总结	平板电脑作答，非选择题答完后拍照上传	通过平板电脑发布小测，及时反馈学生对有氧呼吸知识的掌握情况

续表

教学环节	教　师　活　动	学生活动	设计意图
小组合作探究	那么无氧呼吸是如何进行的呢？与有氧呼吸有什么不同呢？PPT 展示问题： (1)无氧呼吸分为几个阶段？场所？ (2)无氧呼吸过程中能量的释放情况 (3)不同生物无氧呼吸产物不同的原因 (4)有氧呼吸和无氧呼吸的异同 PPT 展示答案	参考课本无氧呼吸的内容，分小组讨论、回答： (1)无氧呼吸可以概括地分为两个阶段，这两个阶段都发生在细胞质基质中。其中，第一个阶段与有氧呼吸第一个阶段物质和能量变化完全相同 (2)无氧呼吸只在第一个阶段释放少量能量，生成少量的 ATP，大部分能量则存留在酒精或乳酸中 (3)不同生物含有的酶种类不同，催化的反应不一样，因此产物不同 (4)列表总结并进行完善交流	通过讨论分析课本内容，培养学生提取信息、分析、总结信息的能力
微课助学	平板电脑发布有氧呼吸和无氧呼吸比较的微课视频	根据自己的情况观看微课视频，整理相关知识	借助微课释疑解惑，学生形成生命的物质和能量观
教师引导归纳总结	这节课我们学习了有氧呼吸和无氧呼吸的具体过程，并对二者进行了比较，请大家用概念图的形式总结这节课所学内容	尝试用概念图归纳总结本节重点，如下图所示： 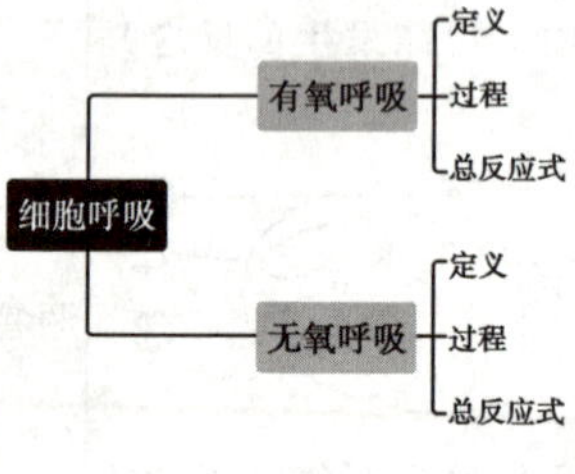 	
个性发布提升	平板电脑发布课下作业：搜集有关细胞呼吸在实践中的应用，以小组为单位上传给教师，下节课集中讨论相关原理	利用互联网搜集资料上传	借助互联网拓展学生视野，培养学生的生物学思维方式，巩固所学内容

六、板书设计

1. 细胞呼吸

2. 有氧呼吸

第一阶段

第二阶段

第三阶段

3. 无氧呼吸与有氧呼吸的比较

附1　课堂小测：

1. 在有机物彻底氧化分解的过程中，进入细胞内的氧气（　　）

A. 参与丙酮酸转化成二氧化碳的过程　　B. 参与 ATP 的形成

C. 参与葡萄糖的分解过程　　D. 接收反应中脱下的氢生成水

2. 下图表示人体组织细胞利用葡萄糖的代谢过程，其中①～④表示生理过程，字母 A 代表物质。请据图回答后面的问题。

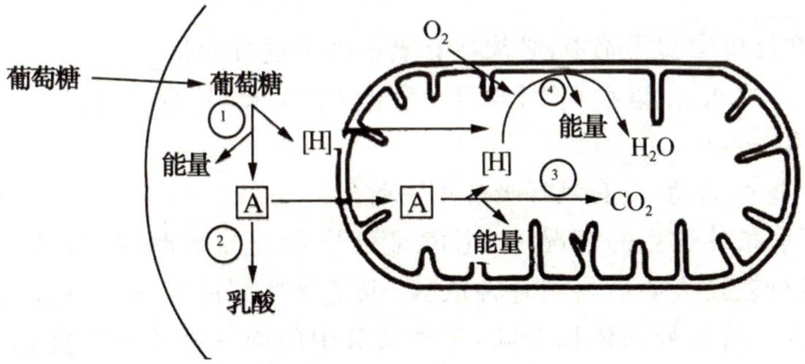

（1）图中 A 是________，生成的的场所是________。

（2）人体细胞中，催化有氧呼吸过程的酶分布的场所有________。

（3）过程①～④中，产生 ATP 最多的是________；②过程有无能量释放________（填“有”或“无”）。

（4）在图中所示的过程中，生成的水中氢元素最终的来源是________。

（5）剧烈运动时供氧不足，会使肌肉细胞进行无氧呼吸产生________，请写出反应方程式____________________。

3.下图为生物体内葡萄糖分解代谢过程的图解,请据图回答后面的问题。

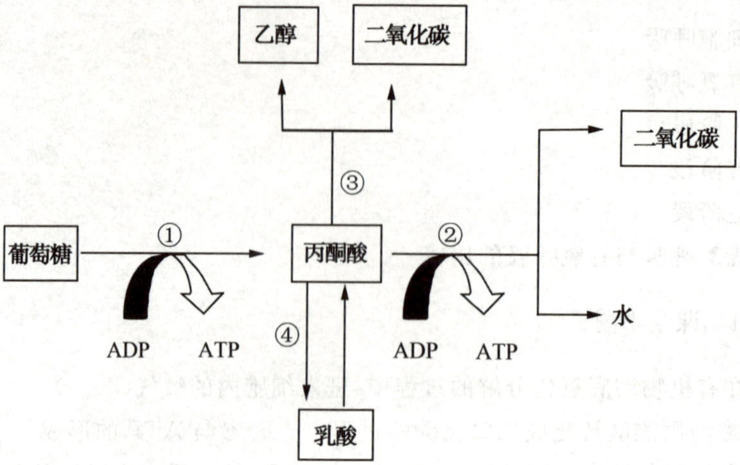

(1)反应①②③④中,可发生在人体细胞中的有______。

(2)在保存大量的小麦种子时,可能会出现种子堆里湿度增大的情况,这是因为____________。

(3)在反应①②③④中,必须在有氧条件下进行的是______。

(4)有的水果储存时间长了,会闻到酒味,其原因是发生了图中____过程(填序号)。

附2:探究活动一:有氧呼吸的第一阶段

在环境条件适宜的情况下,把酵母菌快速充分研磨,将研磨后得到的细胞匀浆进行差速离心后得到各种成分,现把分离到的三种成分注入三支试管中,并使各试管悬液的体积相同,三个试管中的同一种成分浓度相同,如下图所示。

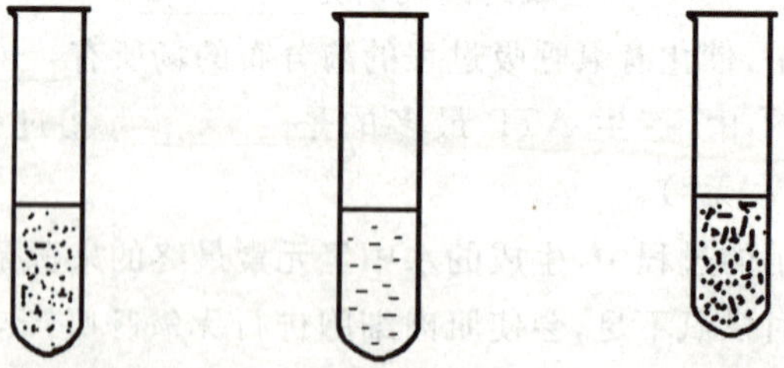

1号试管含细胞质基质、线粒体　　2号试管含细胞质基质　　3号试管含线粒体

分别向三支试管中通入用^{18}O标记的等量的氧气和用^{3}H(氚)标记的等量的葡萄糖，一段时间后，检测各试管内变化情况，如下表所示(常温)：

	各试管内变化情况
1号	葡萄糖的量减少，有^{3}H标记的丙酮酸、[^{3}H]、CO_2、$^{3}H_2{}^{18}O$生成
2号	葡萄糖的量减少，有^{3}H标记的丙酮酸和[^{3}H]生成
3号	葡萄糖的量不变

注：[H]表示还原氢，是一种十分简化的表示方式，该过程实际上是氧化型辅酶Ⅰ(NAD^{+})转化成还原型辅酶Ⅰ(NADH)；丙酮酸分子式为$C_3H_4O_3$。

附3：探究活动二：有氧呼吸的第二、三阶段

将吸水涨破的线粒体离心处理得到上清液和沉淀，将线粒体、分离后的上清液、沉淀物分别装入三支试管，如下图所示。

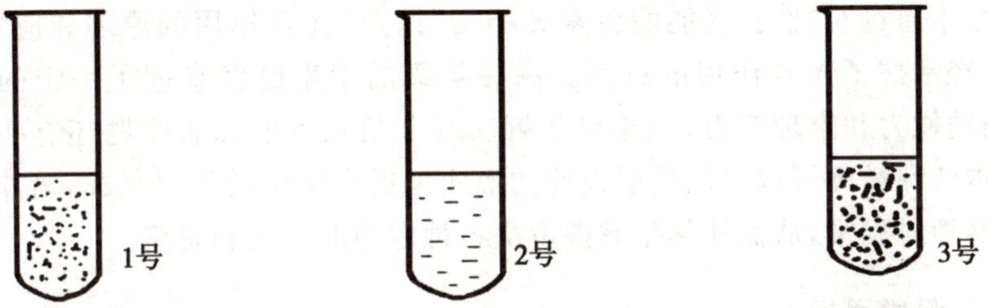

吸水涨破的线粒体　线粒体基质和线粒体膜　　上清液　线粒体基质　　沉淀物　线粒体膜

分别向三支试管提供等量的丙酮酸和$^{18}O_2$，一段时间后，检测各试管内变化情况，如下表所示(常温)：

试管号	各试管内变化情况
1号	丙酮酸的量减少，有CO_2，[H]和$H_2{}^{18}O$生成
2号	丙酮酸的量减少，有CO_2，[H]生成
3号	丙酮酸的量不变

课例 2

光合作用的原理和应用提升练习

山东省龙口第一中学　成　波

一、考情分析

光合作用和细胞呼吸是高中生物知识体系中的核心内容，它命题范围广，对学生的图文转换能力要求高，尤其是以两部分知识有机结合的综合题，要求学生有较高的获取和处理信息的能力。该部分内容的教学应以培养学生科学探究的基本思路、方法，提高学生的信息处理能力为主。

二、学情分析

学生通过对“捕获光能的色素和结构”以及“光合作用的原理和应用”的学习，已经掌握了光合作用的过程。高一年级的学生已经掌握了一定的抽象能力、归纳能力和推理能力，但是对于解决复杂情景下的图表问题还有一定的困难。本节课教师可以采用层层设问的形式来提高学生的学习兴趣，培养和提高学生的学科思维，从而让学生掌握解决各种题型的方法和思路。

三、教学目标

(1)通过光合作用发生的场所和过程，理解结构与功能相适应的观点，形成科学的自然观。

(2)通过讨论、设计实验等多种方式，掌握科学探究的基本思路和方法。

(3)通过组内分工合作，培养责任感。

四、重点和难点

(1)重点：构建总光合作用强度、净光合作用强度和呼吸作用强度关系的模型(绘制坐标曲线图)。

(2)难点：培养学生的学科思维，提高学生的实验探究能力。

五、教学方法

讲授法、讨论法、归类法。

六、教学过程

本课例的教师活动、学生活动和设计意图如表 3-9-2 所示。

表 3-9-2　“光合作用的原理和应用提升练习”的教师活动、学生活动和设计意图

教学环节	教　师　活　动	学生活动	设计意图
目标引领	多媒体展示、课前测完成优异的试卷和存在的问题。PPT展示学习目标： (1)总光合作用速率、净光合作用速率的判断 (2)总光合作用速率、净光合作用速率的计算 (3)光合作用速率和细胞呼吸速率中典型图像的分析 下面我们通过典型例题来解决以上问题	观看多媒体，明确本节课的学习目标	
小组合作探究	多媒体展示 典型例题 1： 下图表示某绿色植物光合作用随光照强度变化的曲线： 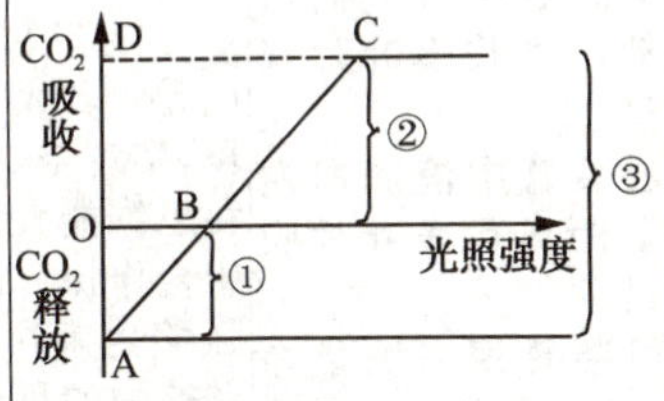 学生思考讨论： (1)在 A 点、B 点、C 点时叶肉细胞的线粒体和叶绿体气体进出情况 (2)叶肉细胞吸收 CO_2 的量和叶绿体吸收 CO_2 的量表示的生物学含义一样吗？ (3)总光合作用速率、净光合作用速率可以分别用哪些指标测定？ (4)绿色植物叶肉细胞能直接测出总光合作用速率吗？ 多媒体展示各组的结果，进行点评	小组讨论，形成答案，各组利用平板电脑上传 (1)A 点由于只进行细胞呼吸，线粒体 O_2 进 CO_2 出，叶绿体无。B 点线粒体 O_2 进 CO_2 出，叶绿体 CO_2 进 O_2 出。C 点线粒体 O_2 进 CO_2 出，叶绿体 CO_2 进 O_2 出 (2)叶绿体吸收的 CO_2 的量是真光合作用强度，而叶肉细胞吸收 CO_2 的量是净光合作用强度，所以不一样 (3)总光合作用速率可以用固定 CO_2 的速率、生成 O_2 的速率、产生有机物的速率等表示；净光合作用速率可以用吸收 CO_2 速率、释放 O_2 的速率、积累有机物的速率等表示 (4)不能，能够直接测出的是净光合作用速率和细胞呼吸速率，可以用细胞呼吸速率＋净光合作用速率＝总光合作用速率，来求出真光合作用速率	通过借助平板电脑、多媒体等手段，培养学生的学科思维，培养小组合作能力，增强学生解决问题的能力

续表

<table>
<tr><th>教学环节</th><th>教师活动</th><th>学生活动</th><th>设计意图</th></tr>
<tr><td>教师引导归纳总结</td><td>解题的关键是分析出图表中的曲线或数据表示的是净光合作用速率、真光合作用速率还是细胞呼吸速率</td><td>学生归纳总结：
①有光照条件测量叶片或者叶肉细胞得到的数值都是净光合作用速率
②无光照条件，不进行光合作用测得的数值是细胞呼吸速率</td><td></td></tr>
<tr><td rowspan="2">小组合作探究</td><td>多媒体展示
典型例题 2：
取同一植物形态、大小、长势均相同的两个叶片，用下图所示的装置进行实验（不考虑其他外界因素的影响）。在相同的温度下处理 6 h 后，测得甲、乙装置中液滴移动的距离分别为 L1 和 L2（单位：mL），则实验条件下该植物实际光合作用速率为 ______ mL/h
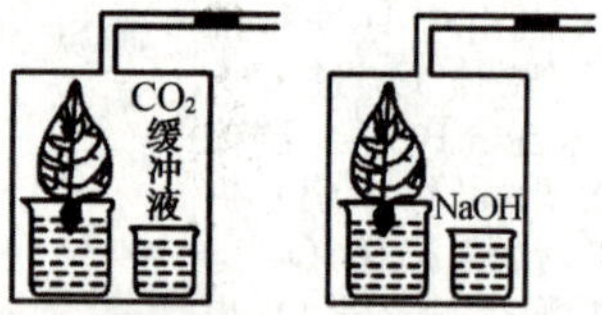

甲　适宜光照　　　乙　遮光
学生思考讨论：
（1）装置中 CO_2 缓冲液和 NaOH 的作用
（2）甲装置中液滴移动方向、移动的距离可以表示哪一个量的变化？
（3）乙装置中液滴移动方向、移动的距离可以表示哪一个量的变化？
（4）甲乙装置分别测量的生理活动是什么？</td><td>小组讨论，形成答案，利用平板电脑上传：
（1）装置中 CO_2 缓冲液用来维持 CO_2 浓度在实验过程中保持不变，装置中 NaOH 吸收 CO_2
（2）甲装置中液滴向右移动，移动距离代表叶片释放的 O_2 量
（3）乙装置中液滴向左移动，移动距离代表叶片吸收的 O_2 量
（4）甲装置用来测量净光合作用释放的 O_2 量，乙装置用来测量有氧呼吸消耗的 O_2 量</td><td rowspan="2">通过借助平板电脑、多媒体等手段，实现培养学生学科思维能力、培养小组合作探究能力、增强学生解决实际问题能力的目标</td></tr>
<tr><td>多媒体展示各组的结果，教师对各组完成情况进行点评</td><td>组内成员进行分析讲解</td></tr>
</table>

续表

教学环节	教师活动	学生活动	设计意图
教师引导归纳总结	总结：一般测量叶片光合作用强度的方法都不能排除叶片的细胞呼吸作用，所以测定的是真光合作用强度和细胞呼吸作用强度的差值，为净光合作用强度；再测出叶片的细胞呼吸强度即可算出真正光合作用的强度	学生总结：常用的测量方法有： ①“半叶法”遮光的部分测有氧呼吸强度，曝光的部分测净光合作用强度 ②“气体体积变化法”瓶中加入 CO_2 缓冲液的是测净光合作用强度，瓶中加入 NaOH 的是测有氧呼吸强度 ③“黑白瓶法”白瓶测净光合作用强度，黑瓶测有氧呼吸强度	
小测反馈 微课助学	平板电脑推送： 某小组同学要测定植物叶片的光合作用，将某植物对称叶片一半遮光 a，一半不做处理 b，如下图所示，并阻断两个半叶之间的物质和能量转移。在适宜光照条件下照射 3 小时后，在 a、b 的对应部位截取面积相等的叶片（图中虚线所示），烘干称重，分别记为 M_a、M_b，获得相应数据，则可计算出该叶片的光合作用强度，其单位是 mg/(dm² · h)。若 $M=M_b-M_a$，则 M 表示（　　） 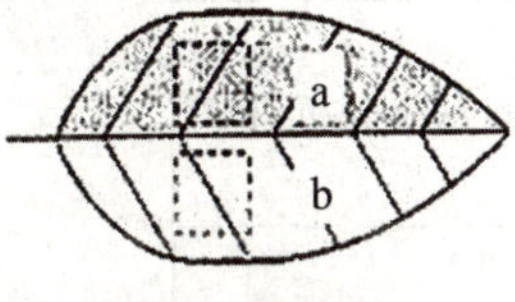 A. b 叶片被截取叶片在 3 小时内光合作用合成的有机物总量 B. b 叶片被截取叶片在 3 小时内呼吸作用消耗的有机物总量 C. b 叶片被截取叶片在 3 小时内有机物净积累总量 D. a 叶片被截取叶片在 3 小时内呼吸作用消耗的有机物总量 参考答案：A 查看错误率进行及时评价，推送解题微课	利用平板电脑答题，部分同学通过观看微课解惑	借助平板电脑的自动批改手段，实现强化学生解题思路和解题方法的目标

续表

教学环节	教 师 活 动	学生活动	设计意图
小组合作探究	多媒体展示： 将植物放入一个密闭的无色透明装置内，置于室外进行培养，测得该装置内 CO_2 浓度的变化情况绘成曲线，如下图所示： 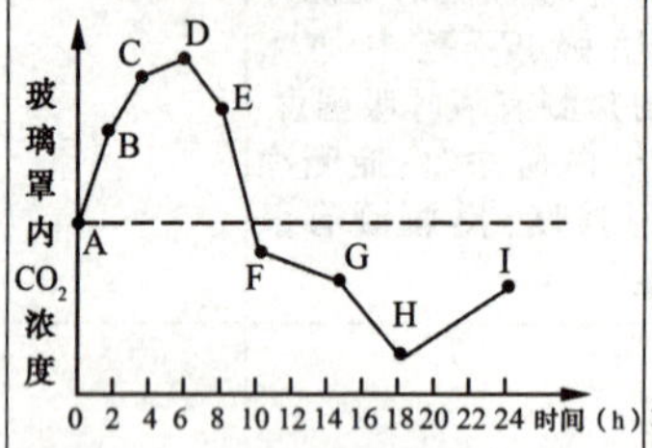 学生思考讨论： (1)D 点和 H 点表示的生物学含义 (2)AC 段曲线斜率改变的主要原因 (3)24 小时内植物是否生长？为什么？ (4)图中植物干重最大值和最小值是多少？	小组讨论，形成答案，通过平板电脑上传： (1)D 点和 H 点都表示光合作用速率等于细胞呼吸速率 (2)AC 段曲线斜率改变的主要原因是温度改变引起细胞呼吸速率的改变 (3)由于 24 小时后 CO_2 浓度比 0 小时低，说明 24 小时内光合作用合成有机物总量大于细胞呼吸消耗有机物总量，有机物积累，所以植物能生长 (4)植物干重最大值对应的是 H，最小值对应的是 D	通过借助平板电脑、多媒体等手段，实现培养学生形成科学的思维方式、培养学生小组合作意识、增强学生解决实际问题能力的目标
教师引导归纳总结	多媒体展示各组的结果，对各组完成情况进行点评	各组之间进行分析讲解	
	审题步骤：一看坐标，二看曲线走趋，三看关键点。在描述曲线时，要分段描述，还要注意对横轴所示的范围进行描述	学生总结：通过关键点进行突破，斜率为零或者曲线的拐点是光合作用速率＝细胞呼吸速率的点。植物是否能生长应该比较终点和起点的 CO_2 浓度，CO_2 浓度降低说明植物主要通过光合作用吸收 CO_2 合成有机物，CO_2 浓度升高说明植物主要进行细胞呼吸释放 CO_2	

续表

<table>
<tr><th>教学环节</th><th>教　师　活　动</th><th>学生活动</th><th>设计意图</th></tr>
<tr><td>小组反馈

微课助学</td><td>平板电脑推送：
某生物兴趣小组在密闭玻璃装置内培养某种绿色植物，他们分别对装置中的 O_2 含量、CO_2 含量和 CO_2 吸收速率进行了 24 小时测量，得到如下图所示曲线，则以下说法中正确的是（　　）
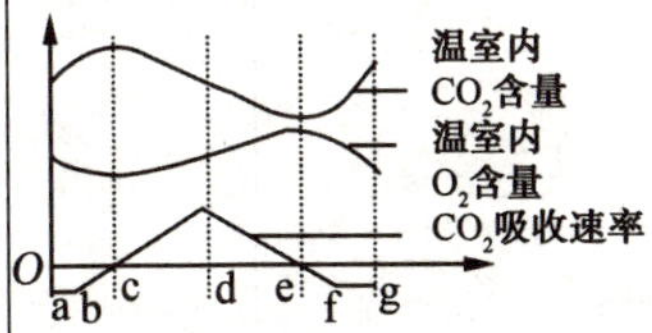

A. c、e 两点的光合作用速率为零
B. cd 段细胞呼吸速率小于光合作用速率
C. de 段细胞呼吸速率大于光合作用速率
D. 绿色植物进行细胞呼吸只发生在 ab 段和 fg 段
参考答案：B
查看错误率进行及时评价，推送解题微课</td><td>利用平板电脑答题，部分同学通过观看微课解惑</td><td>借助平板电脑的自动批改手段，可以及时掌握学情，调整课堂教学进度</td></tr>
<tr><td>课堂小结</td><td>本节课我们主要完成总光合作用、净光合作用的判断和关于光合作用有关的典型曲线的分析。做题时我们要注意分析实验的变量，确定其含义，明确各个变量的内在联系，明确“总光合作用速率＝净光合作用速率＋细胞呼吸速率”这一解题思路，同时能够在各种情境下熟练地加以利用</td><td></td><td></td></tr>
</table>

续表

教学环节	教　师　活　动	学生活动	设计意图
当堂小测反馈 微课助学	平板电脑推送 1.某小组同学为研究温度对某绿色植物光合作用与细胞呼吸的影响，分别测定 CO_2 吸收量和释放量，结果如下图所示，则下列分析正确的是(　　) 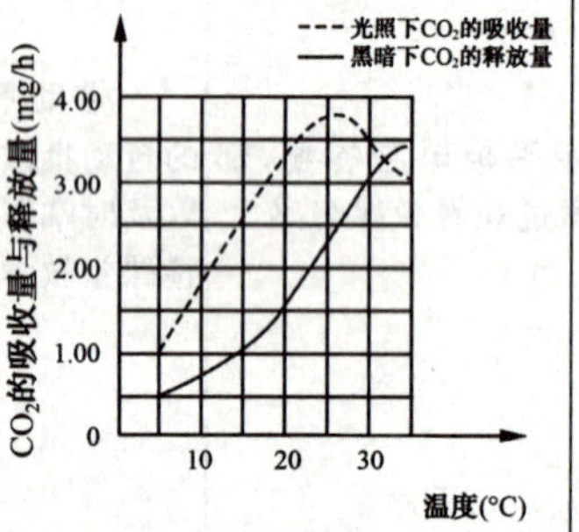 图 3-9-16　CO_2 的吸收量与释放量 A. 光照 2 小时，35 ℃时光合作用制造有机物的量与30 ℃时相等 B. 光照 2 小时，在30 ℃条件下植物积累的有机物量最多 C. 温度高于 25 ℃时，光合作用制造的有机物的量开始减少 D. 图中曲线的交点表示光合作用速率与细胞呼吸速率相等 参考答案：A 查看错误率进行及时评价，推送解题微课	利用平板电脑答题，通过观看微课视频解惑	借助平板电脑等手段，实现教学效果反馈、巩固知识、培养学生解题能力的目标

续表

<table>
<tr><th>教学环节</th><th>教　师　活　动</th><th>学生活动</th><th>设计意图</th></tr>
<tr>
<td>个性发布提升</td>
<td>
平板电脑推送
光合作用过程发生了 $NADP^+$ 与 NADPH 的相互转化。某科研小组为探究外界因素对 $NADP^+$ 含量的影响，取某双子叶植物小圆叶片等量分为 3 组，进行如下表所示的实验：
<table>
<tr><th>组别</th><th>处　理</th></tr>
<tr><td>甲组</td><td>25℃，光照 1h→黑暗 5min→重新光照</td></tr>
<tr><td>乙组</td><td>25℃，光照 1h→黑暗 5min→不再光照</td></tr>
<tr><td>乙组</td><td>42℃，光照 1h→黑暗 5min→重新光照</td></tr>
</table>
各组均在黑暗处理 5 min 后开始测定叶片中 $NADP^+$ 含量，结果如下图所示，请据此回答后面的问题。
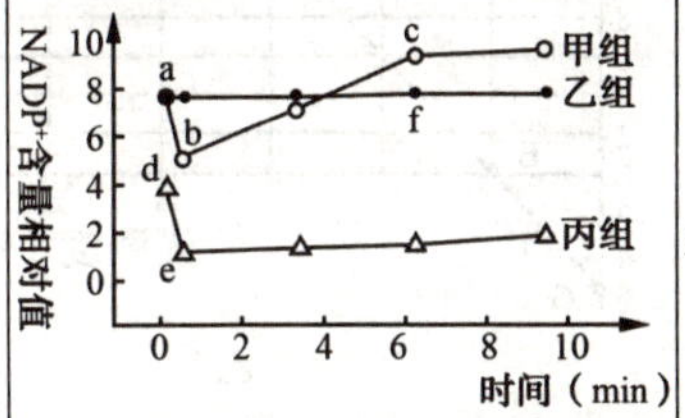

（1）ab 段叶片中 $NADP^+$ 含量下降的原因是__________
（2）资料显示：抗霉素 A 能够影响该植物的光合作用，导致叶片中 $NADP^+$ 含量减少。请在上述实验的基础上，补充实验加以验证（简要写出实验思路即可）
参考答案：
（1）重新光照时，短时间内光反应加快，迅速将水分解，生成较多的 O_2 和 NADPH，消耗 $NADP^+$，同时暗反应中 C3 还原消耗的 NADPH 较少，导致 $NADP^+$ 含量下降
（2）增设一组实验，加入抗霉素 A，其他条件与甲组相同，测定叶片中 $NADP^+$ 含量，与甲组进行比较（答案合理即可）
</td>
<td>部分学生利用平板电脑答题</td>
<td>借助平板电脑等手段，实现让学生掌握探究实验的基本思路、方法和步骤的目标</td>
</tr>
</table>

七、板书设计

1. 总光合作用速率、净光合作用速率的判断

总光合作用速率：×××

净光合作用速率：×××

2. 总光合作用速率、净光合作用速率的计算

总光合作用速率＝净光合作用速率＋细胞呼吸速率

3. 光合作用和细胞呼吸中典型曲线的分析

八、课后作业

在一定的条件下，测定光强度对植物光合作用速率的影响，如下图所示，甲表示实验装置，乙表示在一定条件下测得的该植物光强度与净光合速率的关系，请分析回答后面的问题。

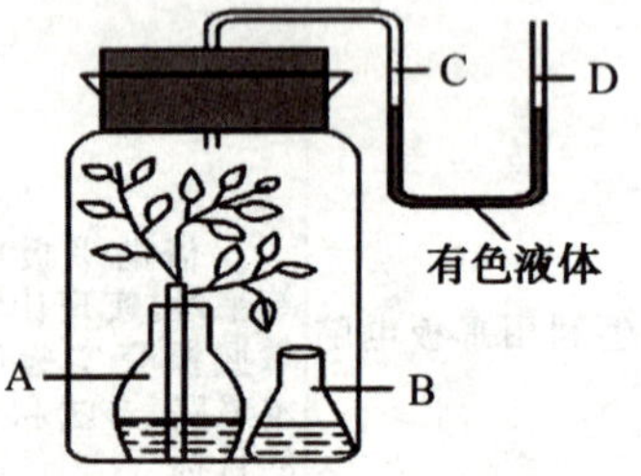

甲

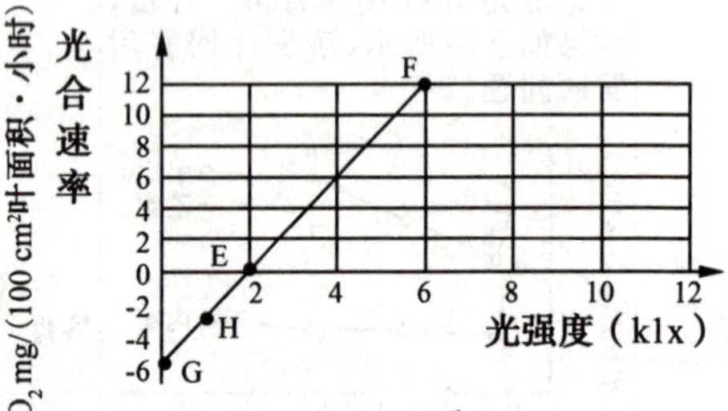

乙

(1)若用甲图装置测定该植物有氧呼吸强度值，则甲图中B三角烧瓶内应放置的液体为________(填“NaOH”或“$NaHCO_3$”)溶液。若甲图中实验材料为种子，为防止微生物细胞呼吸对实验结果的干扰，应该________。

(2)据乙图分析，当光照强度为2时，此植物的绿色器官光合作用强度________(填“大于”或“小于”或“等于”)细胞呼吸强度。适当提高CO_2浓度，图乙中的E点将向________移动。

(3)若对该植物追施适量氮肥，光合作用将增强，原因是氮元素是参与光合作用中的许多重要物质如____________(至少2例)的组成成分。当光照强度为4时，此植物制造的葡萄糖最多为________(mg/100 cm叶面积每小时)

参考答案：(1)NaOH　　对装置及所测种子进行消毒处理

(2)大于　　左

(3)叶绿素、酶、膜蛋白、磷脂、NADPH　　11.25

课例 3

DNA 是主要的遗传物质

山东省龙口第一中学　焦新红

一、教材分析

本节是必修 2“遗传与进化”第 3 章第 1 节的内容，首先是以“问题探讨”引导学生思考 DNA 和蛋白质，究竟哪一种是遗传物质？并推测遗传物质的特点以及怎样鉴定遗传物质，引导学生探究问题和解决问题。教材正文介绍了 20 世纪 20～30 年代对于遗传物质的认识和推测，在此基础之上引导学生学习“肺炎链球菌的转化实验”和“噬菌体侵染细菌的实验”两个经典实验，领悟生物科学的实验过程和方法，并能够得出科学的结论，证明 DNA 是遗传物质；最后列举有些病毒不含有 DNA，只含有 RNA 和蛋白质的事实，得出“DNA 是主要的遗传物质”这一结论。本节内容既是对前两章的基因有关知识作本质性的阐述，也能下启本章的后三节内容，具有承上启下的作用。

二、学情分析

通过前面的学习，学生已经具备了遗传的相关知识，了解到蛋白质与核酸的化学元素组成，这就为所学新知识作好了知识铺垫。在能力上，学生通过必修 1 的学习，对探究性学习有了一定的了解，相关能力也得到了一定的培养。但是在学科科学史的学习和探究方面，除了对酶的本质探索的资料分析外，完整且系统地探究科学史的发现过程，这还是第一次。所以在本节的教学中，教师可通过创设问题情境，引领学生对经典实验进行观察、思考、分析和讨论，体验科学探究的方法和思路，体会科学探索历程的曲折和艰辛，以提高学生的生物学科素养和培养学生热爱科学、崇尚科学的精神。

三、教学目标

(1)通过对遗传物质探索过程的讨论，形成正确的生命观，认同科学的发现和探索是个曲折的过程。

(2)通过对遗传物质探索过程的分析，能够进一步掌握实验设计的原则，以及实验结果的分析和结论的得出之间的联系。

(3)能够自己设计实验探究生物的遗传物质，并且进行相关的分析。

四、教学重点和难点

(一)重点

(1)肺炎链球菌转化实验的原理和过程。

(2)噬菌体侵染细菌实验的原理和过程。

(二)难点

(1)肺炎链球菌转化实验的原理和过程。

(2)噬菌体侵染细菌实验的原理和过程。

五、教学过程

本课例的教师活动、学生活动和设计意图如表 3-9-3 所示。

表 3-9-3 "DNA 是主要的遗传物质"的教师活动、学生活动和设计意图

教学环节	教师活动	学生活动	设计意图
目标引领	(1)多媒体播放视频"关于 20 世纪早期科学界对生物遗传物质的认识" (2)指导学生分析思考其原因 (3)PPT 展示学习目标	观看视频,思考并回答问题	通过视频激发学生对遗传物质认识的研究兴趣
学习过程(一)问题引导自主学习	平板电脑发布格里菲思和艾弗里的实验视频,平板电脑推送相关问题: 1.肺炎链球菌转化实验——体内转化实验(格里菲思) (1)四组实验的处理方法有什么不同? (2)每一组的实验结果说明的问题是什么? (3)实验结论是什么? (4)转化的条件是什么? 2.肺炎链球菌的转化实验——体外转化实验(艾弗里) (1)该实验的设计思路是什么? (2)"R 型细菌与 S 型细菌的 DNA+DNA 酶"培养的一组存在,有什么意义? (3)该实验的结论是什么? (4)构建实验过程模型	学习任务一: (1)学生完成相关问题并上传平板电脑 (2)学生观看实验视频,小组合作,利用纸片和贴板模拟科学家的两个实验过程,构建实验过程模型 (3)小组讨论解决存在的问题	通过平板电脑、视频演示,直观地认识实验过程,重温科学探究历程,亲身体验科学研究的思维和方法,学习科学家严谨的态度;利用模型建构知识体系
学情反馈(1)	利用平板电脑推送相关习题(见附 1)	(1)学生完成自测,对照答案自查自纠	通过小测加深学生对知识的理解和巩固,同时反馈自学效果给教师

续表

教学环节	教　师　活　动	学生活动	设计意图
教师引导归纳总结	(1)组织学生进行小组交流 (2)对学生自主学习和讨论过程中的相关问题进行解惑和答疑 (3)根据平板电脑的小测反馈，讲解典型题的解题思路和方法	(1)展示交流小组构建的实验过程模型 (2)通过谈话参与问题讨论 (3)聆听教师讲解并整理知识内容	学生通过参与学习活动，能够加深对知识的领悟，并构建知识体系，培养学生的语言组织和表述能力，培养解题思维
学习过程(二)问题引导自主学习	3.噬菌体侵染细菌的实验 PPT展示 T_2 噬菌体的模式图，提问其结构特点、物质(元素)组成、寄生和繁殖方式。视频演示其侵染细菌过程的动态变化 通过平板电脑发布微课，提供学习 T_2 噬菌体侵染大肠杆菌的实验过程的资料 平板电脑推送的问题： (1)如何获得用 ^{32}P 或 ^{35}S 标记的 T_2 噬菌体？ (2)实验步骤及结果是什么？ (3)短时间保温、搅拌、离心的目的分别是什么？ (4)两组实验结果分别说明了什么？ (5)实验结论是什么？	学习任务二： (1)观看PPT的视频，演示噬菌体侵染细菌的过程，并绘制过程图解 (2)观看平板电脑发布的微课，小组合作学习，讨论交流完成相关问题并完成图解	通过层层设问，引导学生思考，以训练学生的科学思维，培养学生的实验探究能力 通过平板电脑发布的视频给学生提供更加直观的教学情境，有利于提高自主学习效率 通过小组合作学习，培养学生的团结合作精神
学情反馈(2)	利用平板电脑推送相关习题(见附2)	学生完成自测，对照答案自查自纠	通过小测加深学生对知识的理解和巩固，同时反馈自学效果给教师
教师引导归纳总结	(1)组织学生进行小组交流 (2)对学生自主学习和讨论过程中的相关问题进行解惑和答疑 (3)根据平板电脑的小测反馈，讲解典型题的解题思路和方法	(1)展示交流小组的实验过程相关图解 (2)通过谈话参与问题讨论 (3)聆听教师讲解并总结	学生通过参与学习活动，能够加深对知识的领悟，并构建知识体系，培养学生的语言组织和表述能力，培养解题思维

续表

教学环节	教师活动	学生活动	设计意图
随堂测试	平板电脑发布，限时训练（见附3），教师进行点拨	学生完成练习	通过学生测试来加强和巩固所学的知识
课堂小结	PPT总结： 生物的遗传物质是核酸（DNA或RNA），具有细胞结构的生物和DNA病毒的遗传物质是DNA，RNA病毒的遗传物质是RNA。因为绝大多数生物的遗传物质是DNA，所以说DNA是主要的遗传物质	学生整理笔记，归纳不同生物的遗传物质的区别	通过整理笔记使学生加深理解、巩固、深化所学的知识
个性发布提升	利用平板电脑发布个性提升作业： （1）请以烟草花叶病毒为实验材料，设计实验证明RNA是遗传物质（请写出实验设计思路及结果和结论） （2）利用互联网查找有关朊病毒的资料，了解该病毒的特征	（1）完成实验设计，上传平板电脑 （2）利用互联网收集朊病毒的相关资料，整理后上传平板电脑	借助平板电脑和互联网等手段，让学生进一步体验探究生物的遗传物质的实验设计思路，掌握实验设计的原则和方法；拓展学科视野，提高学生学习生物学科的兴趣

六、板书设计

DNA是主要的遗传物质

一、肺炎链球菌的转化实验

1.格里菲思的体内转化实验：×××

2.艾弗里的体外转化实验：×××

二、噬菌体侵染细菌实验

三、生物的遗传物质

附 1:学情反馈(1)

1. 下图所示为科学家模拟肺炎链球菌的转化实验,则下列说法中正确的是(　　)

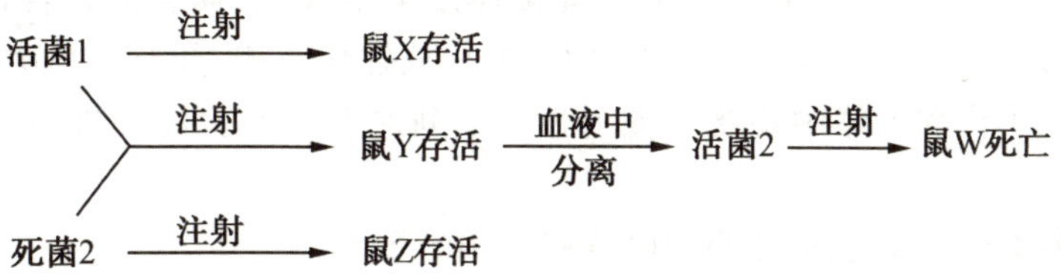

A. 活菌 1 是有荚膜的 R 型菌,活菌 2 是无荚膜的 S 型菌

B. 由实验结果可知,活菌 2 或死菌 2 都能使小鼠死亡

C. 从鼠 Y 血液中分离出的活菌 2 是由活菌 1 转化而来的

D. 在鼠 W 的血液中能分离出活菌 1 和活菌 2

2. 下列关于肺炎链球菌的转化实验(见下图)中,在培养 R 型细菌的 1、2、3、4 四支试管中,依次加入 S 型细菌 DNA、S 型细菌 DNA 和 DNA 酶、S 型细菌蛋白质、S 型细菌荚膜多糖,经过培养,检查结果发现试管内仍然有 R 型细菌的是(　　)

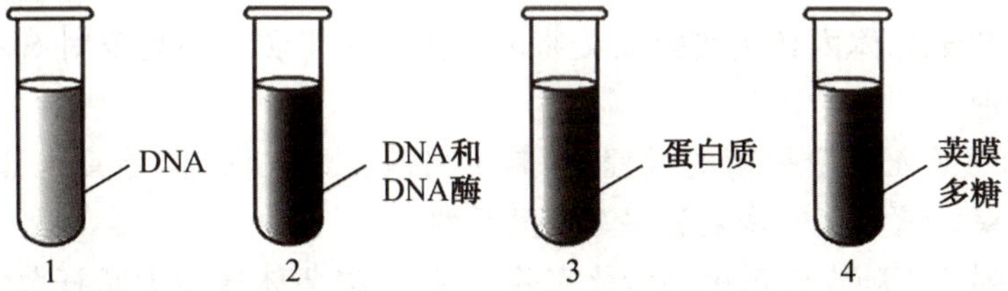

A. 3 和 4　B. 1、3 和 4　C. 2、3 和 4　D. 1、2、3 和 4

附 2:学情反馈(2)

1. 1952 年,美国遗传学家赫尔希和蔡斯用分别被 ^{35}S 和 ^{32}P 标记的 T_2 噬菌体侵染无标记的大肠杆菌,完成了具有说服力的实验。下列对该实验的有关叙述中,错误的是(　　)。

A. 该实验主要分为三个阶段:制备两种被标记的大肠杆菌→制备两种被标记的噬菌体→被标记的两种噬菌体分别侵染未标记的大肠杆菌

B. 同一组的噬菌体不能同时被标记,否则无法判断进入大肠杆菌体内的究竟是噬菌体的外壳还是 DNA

C. 用 ^{32}P 标记的噬菌体侵染大肠杆菌,上清液中有少量放射性,可能是保温

时间过短

D. 用^{35}S标记的噬菌体侵染大肠杆菌，上清液中放射性很高，可能是搅拌不充分

2. 用含放射性同位素^{32}P的T_2噬菌体侵染不含^{32}P而含放射性同位素^{35}S的大肠杆菌，经短时间保温后搅拌离心，进行放射性检测，并对子代噬菌体进行分析，发现子代噬菌体中均含有放射性。下列对上述实验的分析中，错误的是(　　)。

A. 某些子代T_2噬菌体会同时含有^{32}P和^{35}S

B. 离心后放射性同位素主要集中于离心管的沉淀物中

C. 该实验表明T_2噬菌体能利用大肠杆菌的物质进行增殖

D. 该实验表明噬菌体侵染细菌时，“侵入”细菌体内的是DNA，而蛋白质外壳未“侵入”

附3：随堂测试

1. 下列有关肺炎链球菌转化实验的叙述中，错误的是(　　)

A. 艾弗里的体外转化实验中，设置“S型细菌的DNA中加DNA酶”实验组起对照作用

B. 艾弗里的体外转化实验的实验目的是探究S型细菌中的“转化因子”是DNA还是蛋白或多糖

C. 格里菲思体内转化实验及艾弗里的体外转化实验中均要对S型细菌进行加热处理

D. 加热杀死S型细菌的过程中，其蛋白质变性失活，但是其内部的DNA在加热结束后随温度的恢复又逐渐恢复活性

2. 下列关于肺炎链球菌的转化实验以及T_2噬菌体侵染大肠杆菌实验的叙述中，正确的是(　　)

A. 三个实验的设计思路是一致的

B. 三个实验有一个用到了同位素标记法

C. 三个实验都不能得出“蛋白质不是遗传物质”的结论

D. 三个实验都不能得出“生物的遗传物质是DNA”的结论

3. 某校生物研究性学习小组模拟赫尔希和蔡斯做了噬菌体侵染细菌的实验，过程如下图所示，则下列有关分析中正确的是(　　)

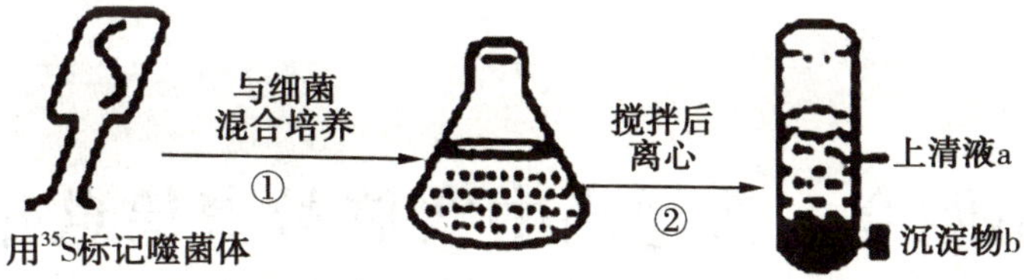

实验1

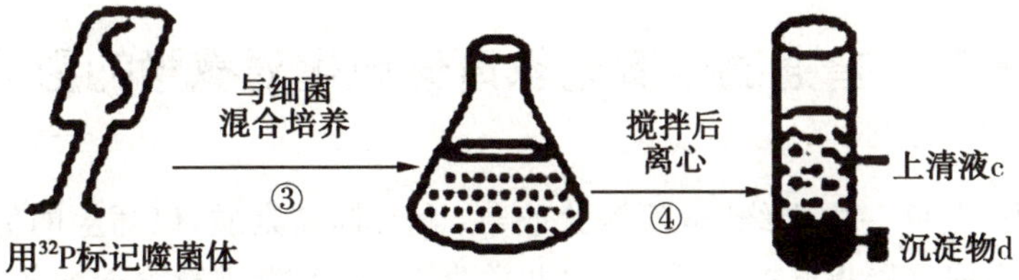

实验2

A. 理论上，b 和 c 中不应具有放射性

B. 实验 2 证明了 DNA 是遗传物质，蛋白质不是遗传物质

C. 实验中 c 含有放射性与④过程中搅拌不充分有关

D. 实验中 b 含少量放射性与①过程中培养时间过长或过短有关

4. 回答下列问题：

(1)如何获得用^{35}S、^{32}P 标记的 T_2 噬菌体？请写出实验设计方案。

(2)用^{32}P 标记的 T_2 噬菌体去侵染未标记的大肠杆菌，如果实验过程中噬菌体与大肠杆菌混合培养到离心的时间过短，其余操作都正常，请分析该操作对放射性检测结果的影响，并说明理由。

(3)现有一种新发现的动物病毒，要确定它的遗传物质是 DNA 还是 RNA，某兴趣小组设想：将病毒破碎获取提取液，置于试管中，同时加入核糖核苷酸、ATP，并保持适宜的温度和 pH 值，加入足量的各种氨基酸和相关的酶，一段时间后检测有无新病毒的产生。如果有，则说明该新型病毒的遗传物质是 RNA。他们的实验方案能否实现预期的目的？请说明你的理由。

第四章　普通高中实施教育信息化对教学的影响和实践反思

第一节　普通高中实施教育信息化对教学的影响

近年来，龙口一中围绕“全面深化改革，全员提高素质，以师生的健康发展为本，通过内涵发展提升办学质量”的办学理念，扎实推进教育教学改革，推动学校持续创新发展。经过几年的改革，教育信息化越来越成为学校发展的强大支持，给学校的教育教学改革带来了可喜的变化。

一、课程设置日臻完善

互联网发展带来的知识爆炸以及获取知识的便利性提高，让我们改变了“知识为本”“教师为本”的传统观念，更加注重站在学生的立场上思考如何改革课程，使学生的发展更具多元化和个性化。

（一）构建“互联网＋”背景下“两主三类六素养”的学校课程体系

学校目前的课程体系中，“两主”是课程的立足点，即突出学生主体地位，实现学生主动发展。“三类”指的是“三类课程”，即基础课程、拓展课程和特需课程。“三类”是实现“两主”和“六素养”的载体。其中，基础课程指国家规定的必修课程和选修一课程；拓展课程着眼于培养、激发和发展学生的兴趣爱好，开发学生的潜能，促进学生的个性发展，形成学校的办学特色，是体现开放性和创造性的课程；特需课程指的是依据特殊需要设置的一部分课程，比如学科竞赛、艺体高考、春季高考招生、高校自主招生、雅思英语、日语等课程。“六素养”是课程的育人目标，意在培养学生的六个核心素养，即人文底蕴、科学精神、学会学习、健康生活、责任担当、实践创新。

借助信息化技术手段，选择合适的教学策略，开齐开好各类课程，最大限度地满足学生的个性化需求，从而落实“以师生健康发展为本”的核心理念。在互联网背景下，教师的视野必须全面打开，教师的角色不应该仅仅是课程的执行者，而应转变为课程的开发者和设计者。学校发动教师全员参与课程的开发与设计，依托信息技术，利用网络、新媒体等手段，寻找灵感、拓展思路、搜集资源、创造条件，创建了丰富多彩的拓展类课程。课程的开设不再局限于传统课堂，更多的是依托互联网、学习终端、现代探究实验室、创客空间等现代化的教学设备和网络、社区等无限开放、共享的学习空间和生活空间。目前学校拓展类课程包括人文素养类、科学素养类、技术技能类、活动体验类、品德与健康类五大类课程，在此不一一列举。多样化课程的开发和实施满足了学生多元化和个性化发展的需求，也践行了实现师生共同发展的教育理念。

在培养学生的科学素养方面，我们按照教育部《教育信息化 2.0 行动计划》大力提升师生信息素养的目标要求，把信息素养的培养放在了首位，培养信息意识，碰到实际问题能够想到利用信息技术去解决；培养信息能力，锻炼熟练运用信息知识、技术和工具解决问题的能力；培养信息道德，注意在保护自己的同时不侵犯别人的信息隐私权、知识产权等。

（二）建设综合实践活动课程体系

综合实践活动课程的突出特点是“综合性”，即跨学科，涵盖了所有学科的拓展活动。

学校综合实践活动课程的核心是充分考虑学生的“个性发展”，突出“综合性”和“实践性”，其范围几乎涵盖所有学科的拓展活动。学校在综合实践活动课程方面做了大量的研究和探索，先后出版了《基于学生核心素养的综合实践活动理论研究》和《基于学生核心素养的综合实践活动实践探索》两本书。目前，学校的综合实践活动校本课程体系经过近 7 年的建设，专兼职教师人数达到 100 多人，共开发出美术、音乐、体育、科技等 9 个板块，木刻、陶艺、中国现当代文学研究、模联社等 64 门课程，《校史教育读本》《创意手工》《中华传统美德教育读本》等 20 余本校本教材，方便学生进行自主选择。每周三下午学校集中进行综合实践活动课程教学，各功能教室里活跃着各种活动小组、社团，百花齐放，整个校园呈现出一派生机盎然的景象。

学校的创客教育初具规模。我们与同济大学合作，创建了学校的创新实验室，让师生围绕物质科学及其相关领域开展学习和探索性研究；组建了“龙口一中校园创客空间”，该空间主要依托信息技术建设完成，目前主要有四个区域：加工制造区、开源智能区、3D 创意设计区和机器人比赛区。我们安排专职教师并组建相应的学生社团进行教学和活动，利用周三下午多元发展的时间，实施普惠制创客教育，学生通过“做中学”“行中知”的“造物过程”，培养了动手能力、认知能力、创新能力、合作能力、分享能力和自我管理能力。在学校的创新实验室中，有一个特殊的音箱，这个音箱是学生在清华大学博导姜开利教授的指导下，用姜教授为母校贡献的新型碳纳米管材料代替传统发声材料制成的。除此以外，我们的学生在数字探究实验室中使用数字显微镜、GQY数字化检测系统、质谱仪等进行了一系列科学研究并取得了初步成果，引起了众多媒体的关注并报道。2017年，学校代表山东省参加第十八届全国机器人竞赛，勇夺高中篮球机器人组第二名。2018年，第四届iCAN青少年创新创意大赛中，学校学生的作品"防盗器"进入了国赛并获三等奖。到2017年暑假，学校已经连续举办了四届创客教育培训成果展示会。2019年11月，第十三届iCAN国际创新创业大赛中国总决赛学校获得两个一等奖、一个三等奖。2017年11月，学校应邀到西昌卫星发射中心观摩了北斗导航卫星组网发射活动，学校的创新实验室中也吸纳了一位新成员——小纳米卫星，这对学校开展航天科普教育、拓展师生视野起到了促进作用。通过这些与科技前沿接轨的探究活动，学生真切感受到了现代高科技的魅力和物质世界的奇妙，培养了学生的科学探究精神。这些活动也引起了一些专家学者的关注，2018年10月，航天科技专家、中国工程院院士龙乐豪专程来学校为学生做科普报告。2018年5月，学校为烟台市高中综合实践活动教学研讨会提供现场，并作了典型发言。

(三)创设基于网络学习空间的假期课程

从2016年的寒假开始，我们进行了对假期远程学习的探索。自2018年暑假起，学校利用联通网络搭建起免费学习交流平台，发动骨干教师录制学科精品课，构建起完备的假期课程体系。教师利用平台定时发送教学资源，通过即时反馈的后台数据掌控学生的学习情况，与学生在线互动，答疑解惑，学生可随时随地通过网络平台学习、完成作业，家长和教师全程可控，真正实现了"人人皆学，处处能学，时时可学"。在学习任务的驱动下，学生的假期学习效果得到了基本保证，开学之后的检测证明了这一点。这种学生假期学习的方式我们将不断优化并持续坚持下去。

二、教育生态明显改善

(一)教学模式转变

技术的革新必然带来教育教学方式方法的转变，学习终端使面向个体的精准教育成为可能，改变传统课堂中的教师主导地位和主导作用成了必然。学校在全面推行教育信息化改革的同时，启动了以"先学后教、适度翻转、和谐高效、思维对话"为前提的新型课堂教学模式探索。在这一大的教学框架下，基于不同学科特点，由学科主任负责，组织骨干教师进行各学科不同课型的课堂教学模式探讨，最终确定各学科"互联网＋"课堂教学的基本模式。召开学科教师会，由骨干教师和学科主任对模式进行解读，统一认识，推广落实。制定优质课评选办法，通过优质课评选和青年教师赛课等形式使新模式落地。

（二）教师素质提升

“先学后教，以学定教”的观念在教师头脑中已经基本形成。在依托信息技术打造“先学后教、适度翻转、和谐高效、思维对话”课堂理念的引领下，教师们进行了大量探索。他们立足课堂，依托教研，一边进行实践探索，一边开展课题研究。教研活动不局限于面对面的教研，更多的是网络教研；不仅是校内教研，还拓展到校际教研以及与专家的远程互动。在课题研究方面，教师们做了大量卓有成效的工作，取得了大量有价值的研究成果。

教师利用录播教室和微课程制作室录制了大量微课、公开课，丰富了学校的教育教学资源。在资源共享的同时，课程资源的公开对教师也是一种展示和比较。不同水平的教师同台竞技，使教学素质透明化，促使教师们通过观评课、教研找差距、补短板，反复打磨，制作出精品课程的同时，业务素质不断提升。

（三）教与学方式转变

学校依托学习终端，实现了“以学为主，先学后教”。教师课前推送导学案和自测题，引导学生先学；自测结果反馈于教师空间，教师根据学情进行课堂讲解和点拨，当堂检测，分层布置作业。学习终端能够即时反馈学生自测和当堂检测结果，这些数据即时、准确、精细，是教师进一步面向个体实施精准教学的依据。学习终端具有错题整理功能，针对错题所对应的知识点推送练习题，可以帮助学生收集错题并归类，为学生的自主学习、查漏补缺提供帮助。课后，教师通过学习终端为学生提供丰富的课内、课外资源，可以满足不同层次学生的学习需求，大大提高了学生的学习效果。

假期期间，学校全面实施远程教学，联合中国联通，搭建了网上学习平台，学生账号在全国范围内不限流量。教师利用平台定时推送教学资源，监控学情；学生通过学习终端远程学习，教师答疑解惑，实现了师生在线互动和有效指导，满足了学生的学习需求，社会反响非常好。

（四）创客教育蓬勃开展

学校顺应教育发展的新形势，在建设了完备的理化生数字探究实验室、数字化地理教室之后，又建立了科技创新实验室，围绕物质科学及其相关领域开展学习和探索性研究；组建了“龙口一中校园创客空间”实施创客教育，安排专职教师并组建相应的学生社团。利用假期，学校进行创客教育培训成果展示会，学生设计制作的作品质量很高。学校代表山东省参加第十八届全国机器人竞赛，勇夺高中篮球机器人组第二名，荣获全国一等奖。学生在数字探究实验室中使用数字显微镜、GQY 数字化检测系统、质谱仪等进行了一系列科学研究并取得了初步成果。学生的活动引起了众多媒体关注，被龙口教育网、胶东在线、中国皂荚网等网站报道。

三、师生身心健康发展

(一)教师职业幸福感提升

基于教育信息化的教学改革使教师的教育教学效率和效果得到了大幅度提升,将教师从低效、重复、烦琐的教学活动中解脱出来,教师有了更多的时间去读书、去思考、去创新、去享受生活,提高了教师的生活质量,教师能够以更充沛的精力和更积极的心态投入教育教学;基于数据分析的教学使教师逐渐由经验型向研究型转变,教师有了更多的时间去研究教学、开展课题研究、外出培训学习,教师的素质得到大幅度提升。

近年来,学校有很多教师在参加各级优质课和优质课程资源评选中获奖。2018年烟台市"互联网+课堂教学"优秀成果评选中,我校获得了24个奖项,占高中获奖总数的四分之一。近三年"一师一优课、一课一名师"活动中,我校有20多人获得省级"优课",3人获得国家级"优课"。我校成为山东省教科院教师发展研修基地,成为烟台市英语、地理、政治、化学学科示范基地。

(二)学生发展多元化、个性化

苏格拉底说:"教育不是灌输,而是点燃火焰。"我校的教育信息化改革催生出了更多多元化、个性化课程,使我们的学生拥有了更多的个性化发展选择,学生有了更多的机会发展和展示自身的才华,释放自己的天性。学校成为学生健康、快乐、发展的摇篮,素质教育得以真正实施,学生的生活轨迹不再是单调的"三点一线",他们成了学习的主人,个性化需求得到满足,学习兴趣高涨,综合素质得以提高,学生的精神面貌焕然一新。

四、改革成果有目共睹

龙口一中的信息化改革得到了上级部门和省内外同行的广泛认可。2014年以来,学校多次在省市级乃至国家级会议上介绍教育信息化经验。

2015年,我校应中国联通山东分公司邀请参加了"2015山东联通互联网+教育推介会",并作了《基于4G网络的课堂教学信息化改革》的报告。

2015年12月,我校代表参加了全国"互联网+"背景下课堂改革与创新成果应用研讨会,并应邀发言。

2016年3月,我校主办了全国"互联网+"课堂教学改革与创新研讨会,并提供了全开放的课堂教学观摩。

2016年12月,我校为"烟台市教科研之旅——走进龙口"系列活动提供主会场,姜苗、金榕、宗金东作教育信息化改革典型经验交流,9位教师提供了教育信息化公开课展示。

2016 年 9 月，焦强林校长在烟台市高中教学工作会议上作了题为《以教育信息化改革为切入点，构建课堂教学新形态》的典型发言。

2016 年 12 月、2017 年 1 月，我校分别在山东省基础教育课程研究中心、山东省教育学会组织的相关会议上作了《走进“互联网＋” 创建高中课程新生态》的报告。

2017 年 4 月，我校参加了“互联网＋智慧教育创新与实践”全国峰会，并作了题为《不忘初心　砥砺前行》的有关学校教育信息化改革的实践与探索的汇报交流。

2017 年，我校被确认为第二批山东省教育信息化试点学校。2017 年 7 月，在第十八届全国中小学电脑制作活动电脑机器人竞赛中勇夺高中组机器人篮球比赛全国亚军。2017 年 12 月，原创的微电影作品《红绳儿》在第十四届中国中小学校园影视奖评选中一举斩获最高奖项——金犊奖，这是该比赛连续举行十四届以来山东省首次摘得最高奖项。

2018 年 10 月，我校入选山东省智慧课堂教学实践共同体。

2018 年 11 月，我校填报烟台市教育信息化工作先进单位，经省里推荐，上传教育信息化应用典型案例材料至国家基础教育信息化应用典型案例示范网站。

2018 年 11 月，烟台市推荐我校参加省 2018 年度网络学习空间应用普及优秀学校评选。

2018 年 12 月，我校《借力信息化改革促进教育质量提升》案例被山东省教育厅评为全省基础教育信息化应用学校典型案例。

2019 年 5 月，我校作为山东省智慧课堂教学实践共同体成员单位，组织承办了四川省双流中学、沈阳市第五十六中学、青岛市第九中学、山东省淄博市第五中学、济宁学院附属高级中学等省内外学校参加的英语和地理学科活动。

2019 年 6 月，我校参加由教育部教育管理信息中心举办的第十九届中国教育信息化应用成果展示交流活动，全省基础教育阶段 6 所高中参展。

2019 年 12 月，我校校长助理、分管教育信息化工作的于秀英同志作为唯一一位高中学段代表，在烟台市教育信息化工作会议作了《开拓教育新途径　构建校园新生态》的典型经验交流。

教育信息化已经成为不可逆转的潮流，需要我们的理念落地生根，行动抓铁留痕。在行动中持续推进深入研究，研究在新的教育教学生态环境下，学校管理、教师发展、学生学习面临的挑战和改变，构建“互联网＋”背景下的教育教学新形态。

我们学校的教育信息化改革刚刚起步，却显示出了强大的吸引力、凝聚力和生命力，得到了师生的广泛认同和大部分家长的鼎力支持。我们将和各地有志于教育信息化改革的学校一起积极探索，砥砺前行，建设课堂教学新形态，实现教育教学新跨越。

第二节　普通高中实施教育信息化的实践反思

教育信息化改变了学校教与学的原生态，构建了教育教学的新生态；引领了教师的专业发展，促进了学生的个性化发展；拓宽了教师的教研教改平台，使教师的教学更符合当前学生的学习特点和新形势下的教育规律。

教师的教学评价更及时、更准确，教学更有针对性，教学环节得到了更好的优化。教师的课程意识开始觉醒，教师职业幸福感得到提升。教师逐渐成为学生学习的引领者，学生逐渐成为积极的自主学习者。

在教育信息化实践中，没有现成的模式供我们借鉴，我们的教学探索是一个不断前进、不断反思的过程，反思的过程就是前进的过程，可以说反思是为了更好地前进。从这个意义上说，教师们从不同角度的反思也是一份珍贵的资料，在此与大家分享。

一、语文教学反思

按照新课程理念的要求，我校语文教师积极反思传统语文教学模式，勇于探索基于教育信息化的新的课堂教学模式，并产生了一些感悟和思考。

在教育信息化的时代背景下，教师利用信息技术手段能够更好地了解每一位学生的学习状态，准确、科学地掌握学生的学习情况，对学生出现的学习问题及时跟踪、补救。同时，教师通过教学平台交互反馈，能够更加有效地进行教学反思，提高自身教学水平，提升教学质量。学生拥有学习的主动权，能够利用网络搜集查阅学习资料，通过观看课件、视频等信息资源，化抽象为具体，便于学生感受语言文字的魅力，更好地提升学生的听、说、读、写能力，借助信息技术手段自主学习，能够提高学生的语言建构与运用能力，获得思维能力的发展和思维品质的提升。

借助信息技术手段，师生、生生之间便于进行多重对话，能够解决学习过程中出现的各种问题。“教师讲，学生听”的单向教学过程转变成教师、学生、文本、环境之间多维度沟通的过程，学生思维一直处于积极思考状态，能够产生思维火花的碰撞和情感认识的交流，课堂有了张力与活力，教师适时介入，穿针引线加强调控引导，从而解疑释惑，知识得以积累、理解，能力得以运用、提升，从而完成了语文教学任务。

在语文教学中，我们应坚持“适时、适量、适当”的原则，充分发挥教育信息化的优势，让学生学会自主学习；师生、生生在学习过程中会结成平等、和谐的互动互助伙伴关系；让课堂教学过程成为一个人人参与、人人均有任务分配、人人皆有所得的集体合作、共同创造的过程，让信息技术和语文教学完美融合，提高课堂教学质量。

二、数学教学反思

基于教育信息化的课堂教学能够优化数学课堂结构，使数学课堂效率提高。信息化为教学提供了大量的教学依据、教学素材，丰富了教学资源，调动了学生的积极性，提高了学生的课堂参与度，更易于学生接受。平板电脑的便捷性显示了其独特优势，如通过平板电脑发送视频、微课等动态学习资料让学生自主探究，取代“满堂灌”，可以使抽象问题具体化，一些难点可以借助动画等来解决，学生可以自己采用几何画板进行函数图象与性质的研究。通过音、画等多种形式刺激学生视听等感官，激发学生的学习兴趣；同时，对于一些难度较大的习题讲解、知识推导等，由于学生认知能力的不同，在课堂上不可能使人人都掌握，教师的课堂时间有限，不可能反复讲解，这时就可以借助微课，学生可反复播放观看，不受时间地点的限制，可以自由支配学习时间。若知识难点遗忘也可以通过播放微课进行复习，提高学生学习的能动性。

基于教育信息化的课堂教学确实带来了众多便利，减少了教师的批改时间，使教师有更多的时间去备课，去反思教学过程。同时课下的及时跟踪实现了分层教学、差异性教学，提高了学生的主观能动性。但也不能过度依赖平板电脑，这会使教师减少板书，不去规范学生的解题步骤。因此在运用信息技术教学时要适度，并以培养学生的学习能力、突出学生的主体地位、提高学生的数学素养为主，这样才能发挥智慧教学的最佳效益。

三、英语教学反思

在信息化课堂上，教师可以充分调动学生的视听，激发学生的多种感官，使之有效结合，从而使知识能够打破种种限制，使知识多层次、多角度、直观立体地展现在学生们的面前，这样就最大限度地激发了学生学习英语的积极性，培养了学生自主探究的合作精神和创新能力。现在的英语课堂缺乏真实的语境，学生很难真正地融入课堂，很难体会如何使用语言，教师借助现代化手段使学生能身临其境地学习语言。

传统的讲述法、谈话法等教学方法已经不能够满足现代英语课堂教学的要求了，只有变单纯的听觉为视、听、说相结合，动手与动脑相结合，才能使课堂效率提高。想要较好地掌握英语，也必须听、说、读、写同时兼顾，这一点通过巧用信息化技术可以做到。操作时，信息技术不但可以缩短教师传递信息的时间，给学生充足的学习时间，还可以给出正确的示范，如单词发音和造句，避免学生学习的盲目性，为学生创造一定的语境。比如高二选修六以后课程容量大，单词多，课文长，重难点多，教师在教授这些课时就可以让学生合上书本，边看投影画面边听课文录音，理解课文，二者同步，训练学生的听力、观察力、理解力。把语言点讲解和相关练习通过投影打出来，让学生学习和训练，使得这些教学内容能够顺利高效地完成。

运用信息技术与英语课堂教学相结合的教学模式，可以培养学生掌握信息化时代的学习方法，锻炼学生的创新思维能力和实践能力，抛开以灌输为主的英语课堂教学模式，充分利用信息资源，激发学生学习的积极性，使学生在一个轻松的环境中学习英语。

四、物理教学反思

（一）教育信息化解决了教学过程中平行班进度差异的问题

教育信息化授课模式下的课堂更加开放，大多数学习活动都是在课下完成，教师很难把握。预习结束时，有的同学提前或超前完成了既定目标，有的同学只能应付了事，有的甚至还没有下载相关资源，影响学习效果。我们准备通过流量监控的方式强化监督和管理，要既能保证预习效果，又不影响进度。对于后进生，在该教学模式下，可能会出现“脱节”现象，需要教师课下多加关注，经常督促，使他们获得自我成就感，逐渐进步。

（二）目前的学习终端在使用过程中遇到的问题

“目标驱动式教学法”的实施，依靠的主要媒介是“智能学习终端”。我们目前使用的系统还存在需要改进的地方，如：资料的上传格式受限制，仅限于几种格式的文件；填空题的批改只能通过上传，不能智能批改。另外，少数学生用学习终端下棋、听音乐、看电子书、下载电影录像等现实问题不断出现，给学生管理带来了一定的难度。

当然，这些困难都是暂时的，我们在教学实践中能够不断克服这些困难。我们希望在不久的将来，学校教育信息化改革能够结出累累硕果。

五、化学教学反思

随着信息技术进入校园，教育的形态发生了巨大变化，依托信息技术的优势，我们不断提高课堂的效率，培养学生的探究精神，发展学生的核心素养。对于信息化技术的使用，我们经历了由陌生到熟悉再到无法割舍的过程。现谈一谈对信息化教学的几点反思。

(一)注重课本，夯实基础，平板电脑助力

复习中不能舍本逐末、重教辅轻教材。要充分认识到“课标”是依据，课本是根本，资料是补充。对课本的处理，一般是让学生根据新课标的要求先用分析语文文章的方法去通读课本，在正文的旁边归纳本部分的知识点，并尽可能地联系考法，特别是观察思考和交流研讨等栏目，一定要先自己完成，然后班级学生之间再交流，互相取长补短，久而久之就提高了阅读分析能力。另外对于其他教材上比较好的一些实验内容，都拍下来给学生推送到平板电脑上，让学生对比复习。每一章节复习完后，都让学生对本部分的内容建立思维导图，整理知识体系，拍照上传给教师审阅，汇总重要考点和典型题，再将一些整理好的推送到平板电脑上让学生之间互相学习借鉴，共同提高。

(二)精选习题，有的放矢，电子黑板、作业助力

2020年复习时，根据以往的经验大胆筛选习题，将一些高考题反复做，将一些课后习题和高考题联系起来进行拓展，让学生能将做过的重点题吃透，达到举一反三的目的。实验是化学试题的重头戏，高考化学试题的难度往往出现在实验题中，为此要高度重视对化学实验的复习。分析近几年来的高考实验试题，发现均具备以下特点：素材的选取呈回归课本的态势，重视学生实验和演示实验反应原理和实验原理的考查，试题考查方式由浅入深，从课本到创新，试题考查重点是考查学生的实验能力、观察能力、操作能力、分析理解能力、实验设计能力等，出现了开放性试题，实验仪器、装置、现象、操作、设计均在考查范围之中。针对以上特点，介于一轮复习中学生的实验综合能力还不是很强的特点，可根据以往经验和近几年的考题，先将课本的实验视频推送到平板电脑上，播放视频重现，再利用手机的“作业帮”搜索出这一个实验相关的多个考题和考点进行拓展，层层递进地提出问题，引导学生思考以便更深入、更全面地掌握本实验的相关问题。所以对实验的复习要做到：信息化助力下的课堂复习实验化，思考交流常态化，探究实验开放化，陌生问题信息化。

(三)智慧课堂，提高效率，学科网助力

练习是高考复习中的一个十分重要的环节，题海战术不能提高学生能力，只能让学生消化不良。因此教师首先要跳进“题海”亲自逐题演练，“遍尝百草苦甘”，从而认真筛选习题，在“巧”字上下工夫，多中求少，少中求优。既要重视知识深度和知识体系，又要注重检查学生对知识掌握的“全”“细”程度；既要有典型性、针对性、层次性，又要有启发性、时代性，符合高考命题趋势和题型变化，帮助学生走出题海。选题时一般是利用学科网的组题系统，根据出题的目

的、难易程度等设置的要求进行有针对性的组题，然后推送到平板电脑上设置测评，定时定量地完成提交，第一时间掌握学生的学情。在讲评时，习题课一般是让学生先将错题重新做，然后再对答案纠正，不明白的先通过小组同学讨论交流，解决不了的再和其他组的同学交流，最后由教师组织每组呈现解决不了的问题。先将解决的机会留给其他组的同学，大家都解决不了的教师再点拨。这样通过层层的讨论，学生对于错题的印象就会很深刻，看似教师没讲多少，但学生的思维却被调动起来了，课堂效率明显提高，然后再在平板电脑上推送跟踪检测题，针对学生出错和存在问题较多的题目，再出几道相关的考题进行跟踪训练，查漏补缺。每复习一个单元，都让学生自己根据掌握的情况出题，班级学生汇总起来，教师就能发现本部分学生掌握的情况，这样有的放矢，力争让学生“答一题，会一类，练一题，习一法，举一反三”。

（四）错题重做，注重反思，思维导图助力

错题能够暴露出学生的薄弱点，平板电脑上定期会汇总学生的错题，既有利于学生把好自己的脉，又有利于教师把握学情，所以应要求学生整理错题，定期将典型的错题进行重做，从中发现学生的问题，争取将问题最大化地解决。另外高三化学总复习要积极引导学生学会反思，积极反思，培养学生的反思意识，要通过严格、合理、规范的要求帮助、督促学生养成良好的反思习惯。

化学所涉及的概念和原理很多，它们构建了中学化学的基础。概念复习在整个复习过程中起着奠基、支撑的重要作用。这么多知识点在高考中不可能面面俱到，对知识的考查只能是对学生所学知识的抽样，能力考查也只能考查高中学生所能达到的能力水平。但基本概念和原理不过关，后面的复习就会障碍重重。因此，必须注意这一环节的复习，讲究方法，注重实效，努力把每一个概念及理论真正弄清楚。对众多的知识点要仔细比较，认真琢磨，以思维导图的形式对比分析各个概念之间的关系，例如原子质量、同位素相对原子质量、同位素质量数、元素相对原子质量、元素近似相对原子质量，同位素与同分异构体、同系物、同素异形体、同一物质等，通过对课本中许多相似、相关、相对、相依概念、性质、实验等内容的反思，明确其共性，认清差异，达到真正掌握。

养成在解题后再思考的习惯。每次做题时，对于重要的题都要回顾解题过程，审视自己的解题方案、方法是否恰当，过程是否正确、合理，是否还可以优化，检查语言表述是否规范，是否合乎逻辑。对典型习题、代表性习题更要多下工夫，不仅要一题一得，更要一题多得，既能使知识得到不断的弥补、完善，又能举一反三，从方法上领会解题过程中的审题、破题、答题方式和奥秘，以此培养学生良好的思维品质。长期坚持就能驾驭化学问题的全貌，掌握化学知识及其运用的内在规律和联系。对于一些高考题，应要求学生在讲完后对照答案通读全题，掌握整个题的框架，熟悉一些设问的情境，反复研究甚至达到背诵的程度，从熟悉到熟练到快速做对，不断提升自身的能力。对相对薄弱的高考必考的大题，借助思维导图的功能，让学生汇总同类型题的考查点和设问方式，这样有利于学生全面掌握整个题，明确题干的考查点，以利于举一反三，触类旁通。

（五）信息化助力高三，事半功倍

高三以来，几乎把每一份题都当成测试，利用平板电脑的批阅功能，及时了解学情，有针对性地进行讲解，这样就可以将原来用于批改的时间用来分析和备课，提高了备课质量和上课效率。高三备考复习的目的在于引导学生努力达到知识结构上的自我完善，能力层次上的自我提高，意志毅力上的自我磨练，学习方法上的自我发展，科学素养上的自我升华，综合应用上的自我整合。它绝不是简单地拼时间、拼精力，漫无边际地大量演题的过程，而是科学的、有计划的过程。在复习备考过程中，一定要时刻以课本为中心，以“课标”为依据，明确复习要求，把握复习方向，突出重点，突破难点，解决关键。信息化的助力使我们达到了事半功倍的效果，这是取得成绩的保障。

目前的信息化平台虽然在许多方面提高了课堂效率，但还有许多需要完善的地方，如更加智能地分析学生错误的知识点、更多的数字化传感器和软件、更智能的阅卷系统等。相信随着新技术的迅猛发展，这些问题都会得到解决。我们将跟随时代的步伐，不断地学习和探索新技术，不断地提高教学效率和效果。

六、政治教学反思

（一）对于教师

从青年教师的角度看，他们的优势是信息技术水平比较高，只是由于教龄短、缺少授课经验，课堂内容挖掘得还不够深入，最容易“为了信息化而信息化”，学生课堂可能会一阵“热闹”就过去了，对需要掌握的理论把握不够深刻。

对于经验丰富的教师而言，信息技术的使用目前作为一个重要的课堂教学手段，需要的就是快速熟练和掌握这个技能。但是也有一部分教师依旧认为教育信息化无非就是走个形式而已，在思想认识上认为它远没有学科理论重要，从而忽视了信息化手段对课堂教学的反馈性以及对提供丰富教学资源方面的重要作用。

正在进行信息化教学的教师，对于信息技术的运用还仅处于发视频、图片等的初级阶段。信息化的使用贵在课前的备课环节，备课时教师要预测到未来课堂可能出现的任何情况，也就是教学准备工作要充分，教师可以将视频、微课、图片、相关文章、相关网站、相关博客等整合到一个网络平台上，如校园网等，以便上课使用。

（二）对于课堂

在课堂的情景设置和探究活动前，教师一定要让学生深刻领会问题的基本概念和理论，这样才能为活动指明方向，否则学生的回答就会离题太远。探究活动中，学生阅读时间一定要充分，培养他们严谨、仔细的学习习惯，教师在这个环节上不能操之过急，否则就是失败的活动设置。对于学生"五花八门"的合理的答案，教师不能不闻不问、置之不理，应注意多角度地启发学生。对于这个环节，教师可以采取录像、截屏等手段，方便学生反复收看；或者增加聊天室功能，方便课下接着讨论。

（三）对于课后

课后作业问题的设置要具有开放性和实践性，教师发挥引导作用，引导学生收集案例、问题，这些都可以通过 QQ 群、微信群进行交流，或者将影音上传到学校网站。利用网络和平板电脑开展的课后学习形式灵活，内容丰富，针对性强，学习效果好。

七、历史教学反思

在探究性教学中，我们利用信息化平台和平板电脑等学习终端，提供学习资源，设置有效问题，进行自主探究、合作探究、拓展探究、实践探究。学生各自发表见解，互相讨论交流，展示成果，教师释疑解惑，提升总结。在实际的教学过程中，这一模式提高了课堂效率，我们有了一定的收获。

课前备课组全体教师集体备课，分工合作。备课组根据年龄由老、中、青三部分教师组成。青年教师有朝气、有活力，能熟练运用信息化平台和教学手段，所以他们主要承担利用现代化教学手段收集各种课件、微课、拓展资源、习题等工作。大量的资源被收集后由中年教师根据组里教学的需要，结合学情，进行整合和处理。中年教师是学科的骨干，有干劲、有经验，通过他们的再完善让教学更有针对性。老教师是组里的"定海神针"，为备课组把握方向。经过大家的群策群力，借助信息化教学手段，我们有了课前的充分准备。

教学过程中我们借助平板电脑向学生推送各种学习资源，如课件、视频、文字拓展材料、微课等，设置有效问题，步步引导，激发了学生思考的兴趣，有了思维的碰撞，培养了学生概括分析问题的能力和科学的思维方法。同时，通过现代化的教学手段也开阔了学生的视野，使学生的知识深度和广度得到发展。

在探究性学习中，教师对学生回答的问题在引导点拨的情况下，还要及时肯定学生，鼓励学生独立思考，保护好学生的热情。自主探究和合作探究的时间要控制好，教师要及时融入学生中进行交流，了解学情，统筹课堂。在实践探究中，我们通过平板电脑上传习题，即时训练、即时反馈、即时讲解。根据信息化平台的数据统计和反馈，了解学情，确定需要讲解的习题，查看班级整体情况诊断、个体学生诊断以及每个小题的失分情况。针对学生错得相对比较集中的题目给学生统一答疑，重点讲解。个别同学有疑难问题解决不了的，我们通过平板电脑的聊天功能课后与学生沟通解答。现代化的教学手段在习题的训练中体现了它强大的优势，既减轻了教师的批改负担，又让教师第一时间掌握了学情，体现了即时性和有效性，提高了课堂效率和教学效果。

借助平板电脑，我们向学生推送了优秀的课堂笔记和测试中优秀的试卷，让学生共享，自我反思，不断改进。

在教与学的过程中教师不仅面向全体学生，还关注个体的差异，我们充分利用信息化教学手段，根据不同的学生因材施教，分层教学，达到了较好的教学效果。

利用信息化教学手段授课，探究新的课堂教学模式，我们也是在尝试和实践，也会存在一些问题，如：

(1)教师的专业素养需要进一步提高，“要给学生一滴水，教师要有长流水。”在互联网的时代，在信息和知识爆炸的时代，学生通过互联网可以获取大量的知识，很多是教师所不知道和没有掌握的。作为教师，我们要与时俱进，不仅要获取新知，还要掌握新的方法和技能，才能成为源源不断的“活水”。

(2)信息化教学手段要有效地服务于课堂。我们教学的目的是让学生学会学习，学到更多的知识，培养学生的各种能力和核心素养，所以，各种学习终端的使用不是形式，而是服务于教学。课堂上未必从头到尾使用，可以有选择，需要时使用，提高课堂效率。

(3)需要处理好平板电脑等学习终端的各种功能。学生接受新事物的能力很快，而且善于探索。平板电脑除了辅助学习的功能以外，学生还会研究各种娱乐功能，如电子书、聊天功能等，从中获取片刻的自娱。如何处理信息化手段在教学中的利弊还值得我们进一步思考。

随着时代的转型，教育的方式方法也在转型，这是机遇也是挑战。探究性教学模式需要我们从思想观念上、在教学过程中改变，我们要勇于尝试和创新，在反思中不断前行。

八、地理教学反思

信息化教学在我校开展多年，教师们从刚开始的手忙脚乱、应接不暇，到现在的应用自如、常态化教学，信息化教学已经彻底融入我们日常教学的每一个环节中，成为我们教育教学中必不可少的一部分。在深入应用信息化教学的过程中，我们结合地理学科特点，使教育信息化与地理学科教学充分融合，让我们的地理课堂更加精彩。当然,在应用之初,我们也遇到了一些问题,走过了一些弯路,我们不断地进行修正,不断地进步。

（一）教育信息化极大地丰富了教学资源,使教学形式更加多样化,但也要求教师具有更高的资源甄别能力和选取能力

在选取资源时,一定要注意符合学生的身心特点和发展,要根据教学目标,选择与教材相符的优秀教学资源,内容不在多而在精,好的教学资源的选取可以极大地提高学生的学习兴趣,使学生对于知识的认知过程具体化、形象化,利于学生真正掌握知识内涵。但在信息化教学的过程中,有的教师把多媒体课件制作得“鸟语花香、眼花缭乱”,视听冲击力过强,这反而分散了学生的注意力,让学生感到无所适从,这背离了教育的真正目的,反而使教学效果大打折扣。在信息化地理教学中,不能追求表面的浮华、花哨,应倡导返璞归真,追求信息化教学的实效性。这就需要我们教师在面对大量的教学资源时有较高的甄别能力,选取那些对我们有用并让学生感兴趣的教学资源;要求教师要有一定的处理信息的能力,把我们精挑细选的资源再加工处理,提炼出能够展示知识点、突出重点、突破难点的教学信息;要求教师有一定的驾驭教材的能力,要选择最佳的时机把这些信息以合适的方式呈现给学生。教学资源的选择是为教学服务的,简洁、有效、实用的教学资源能使教育资源的配置和运用达到较好的教学效果。

（二）信息化教学可以创设问题情境,激发学生强烈的探究欲,但也对教师的学科素养提出了更高的要求

在信息化教学中,教师通过课堂前的自学检测可以充分发现学生在自学中的薄弱点和易错点,所以在课堂教学中,教师就可以创设合适的问题情境,让学生对自己的薄弱点和易错点进行充分的探究学习,学生带着自己发现的问题去听课,通过问题的创设,问题设置由浅入深,层层递进,锻炼学生的综合思维能力和地理实践力,培养学生“理论联系实际”的科学精神。信息化教学手段的应用不仅让学生掌握了知识,更掌握了获取知识的过程,显著提升了学生的分析归纳和逻辑思维能力,但这也要求教师有较高的问题情境设计能力及逻辑思维能力。教师在备课时需要花费大量的时间和精力去准备一堂课,通过精心选编问题,特别是设置具有启发性、创新性的问题,来激发学生的求知欲,问题要有指向性和合适的思维启发性,要有一定的梯度和开放度,为学生提供更广阔的思维及探索空间,这就要求地理教师必须丰富和优化自己的知识储备,不但要有专业地理知识,而且要有比较丰富的文史知识和理化生知识。教师要不断地学习,不断对自己的教育教学进行研究、反思,对自己的知识与经验进行重组,只有这样才能胜任地理教学工作,才能不断适应信息化的地理教学。

（三）信息化教学提高了学生的合作探究能力，也对教师的调控和组织课堂的能力提出了更高的要求

学生通过合作探究，分析问题，解决问题，并提出新的问题，这就要求地理教师具备较强的调控和组织课堂的能力。教师既要使课堂沿着课程要求的路线发展，又要使其有良好的探索氛围，还要不断地引导学生解决学习中的问题，教师由过去的单一角色转变为多重角色，并对意外事件的发生要有很好的处理和引导能力。所以信息化教学的实施要求教师必须要能胜任多种角色，必须具备学生真正接受的课堂调控和组织能力。

关于信息化教学，我们还在不断地探索和研究，不断地提高和进步，在地理信息化教学过程中，我们最大的感受就是信息化教学不但让学生分析问题、解决问题的能力有了很大的提高，也对我们教师提出了更高的要求，这既是对我们的挑战，也是我们的发展机遇。

九、生物教学反思

在信息化时代，教育资源已经基本实现了共享。网络上各种各样的教育资源不仅丰富了教师自身的知识储备，为课堂教学提供了很好的素材，也激发了学生学习的积极性，从而获得较好的教学成绩。学校多年来坚持使用智慧课堂教学，取得了很好的教学成绩，但现阶段也有一些需要完善之处。

（一）智慧课堂在教学中的优势

1. 教学方式更加灵活

智慧课堂中存在大量的多媒体展示课件、视频、习题等教学资源。教师课前精心选取资源推送给学生，引导学生自主学习，完成相应作业；同时智慧课堂具有批改功能，教师只需要课前及时查看学生完成情况即可。课堂导入环节可选取一些音乐、视频、图片等促进学生眼、耳、脑的有机结合，激发学生的学习兴趣，提高学习效率。课中也会推送习题、小测等及时追踪学生的掌握情况，并通过多媒体及时展示学生的作答情况，让学生及时了解出错的原因。课下会根据课上的学习情况推送作业，比如录制微课视频、拓展训练等，根据学生水平不同分层次推送相应的内容。在使用智慧课堂的过程中可明显感觉到从课前准备寻找资源以及批改作业的负担中解脱，从而有更多时间对学生进行差异化指导。

2. 与学生的互动加强

课堂教学中，可越来越意识到学生是有个性、生动活泼的独特个体，他们有着自己的思想。因此，教师应该调整教学方式，在课堂全面讲解完成后加强与学生的互动。课上的时间是固定的，只能完成相应的教学任务，与学生的互动

只能在课下完成。智慧课堂为我们解决了空间上的障碍，通过查看学生答题情况，对于存在的问题，可利用平板电脑中的聊天功能与学生进行沟通：先了解学生的思路，指出错误，再推送正确答案或微课视频，帮助其发现问题、解决问题。对于尖子生会推送一些拓展性的视频、图片、习题与他们分享，通过聊天与他们探讨解题的思路和方法。对于学习能力差的学生可通过聊天询问其学习情况，鼓励学生，使他们感受到教师的关怀，解答他们的疑惑。

（二）在教学中有待改进的方面

虽然智慧课堂有很多优点，但是在实际使用中仍然感觉到有些地方需要完善和改进，如批改作业时想和学生探讨某道题的答案时不能直接进行；与学生聊天互动时只能用文字和图片的形式，而不能进行语言和视频的交流；学生的答题不能直接推送，需要复杂的步骤；教师端为网页的形式，缺乏互动的时效性。

虽然我们的课堂还有一些不足之处，但是相信再经过一段时间的使用和完善，智慧课堂会越来越贴近教师和学生的期望。

主要参考文献

[1] 佐藤学著，钟启泉译. 课程与教师[M]. 北京：教育科学出版社，2003.

[2] 史绍典. 交流 沟通 对话[M]. 北京：开明出版社，2005.

[3] 约翰·哈蒂著，金莺莲、洪超、裴新宁译. 可见的学习——最大程度地促进学习(教师版)[M]. 北京：教育科学出版社，2015.

[4] 韩军. "新语文教育"论纲[J]. 语文教学通讯，2000，17：4-7.

[5] 祝智庭，魏非. 面向智慧教育的教师发展创新路径[J]. 中国教育学刊，2017，9：21-28.

[6] 彭红超，陈林林，庞浩，等. 创造取向的翻转课堂教学样式：理论与实践的桥梁[J]. 中国电化教育，2017，7：58-66.

[7] 靳晓燕. 普通高中育人方式改什么，怎么改[N]. 光明日报，2019-06-21(08).

[8] 普通高中课程方案和语文等学科课程标准(2017 年版).

[9] 关于新时代推进普通高中育人方式改革的指导意见.

[10] 中国学生发展核心素养.

[11] 国家中长期教育改革和发展规划纲要(2010—2020 年).

[12] 国家教育事业发展"十三五"规划.

[13] 教育信息化十年发展规划(2011—2020 年).

[14] 教育信息化"十三五"规划.

[15] 教育信息化 2.0 行动计划.